대조 언어학과 번역학의
코퍼스기반 방법론 연구

번역학 총서 04

대조 언어학과 번역학의 코퍼스기반 방법론 연구

Corpus-based Approaches to Contrastive Linguistics and Translation Studies

Sylviane Granger
Jacques Lerot
Stephanie Petch-Tyson 엮음
박기성 옮김

도서출판 | 동인

* 이 번역학 총서는 2단계 두뇌한국(BK)21 사업에 의하여 지원되었음
(부산대 영상산업 번역전문인력 양성사업단 번역학 총서)

　영어학을 전공하는 사람으로서 새로운 분야인 번역학을 접하는 일
은 즐거운 일이면서도 또한 나름대로 힘든 과정이기도 하였다. 영어학
관련 저술들을 번역할 때도 같은 느낌이었지만, 번역을 잘 할 수 있는 힘
은 두 언어의 구조와 특성을 꿰 뚫고 있어야 함에도 불구하고, 두 언어
모두에 정통하지 못한 무능으로 번역의 한계를 많이 느끼었다.

　역자는 영어학을 전공하면서 순수 언어학적 관찰에 관심을 두면서
도, 영어와 한국어의 대조 분석적 방법론에 관심을 가져왔다. 이러한 대
조 분석은 또한 자연스럽게 번역학과의 연계로 이끌게 되었다. 본 번역
서는 이러한 역자의 관심을 잘 대변해 주는 책으로, 두 영역을 코퍼스언
어학적 방법으로 결합시키고 있다.

　한때는 중요하게 생각되지 않던 번역이 세계화시대를 맞아 문화간
의사소통의 필요성의 증대에 따라 더욱 그 필요성이 증대되고 있다. 이
러한 시점에 번역학에 관한 저술을 번역하게 되어 번역학 이론의 발전에
조그마한 보탬이 되었으면 하는 바램이다. 이 번역서는 번역 철학보다는
번역 실제를 위한 방법론을 제시하고 있어 이론보다는 실제 지향성을 지

니고 있으며, 각 학자들이 자기 분야에서의 성과들을 소개하고 있다.

본 번역서의 예문에 대해서는 번역 주석을 달지 않았다. 그 예문이 의미보다는 형태 의존적인 설명을 하는 경우들이 많아 번역을 주지 않고 예문 아래에서 그 예문에 대한 설명을 할 때 번역을 제공하고 있다. 또한 내용 중의 저자명은 원어 그대로 표기하였다. 언어마다의 고유 발음이 존재하고 또한 저자 이름들마다의 고유한 발음 방식이 존재하기 때문이다. 또한 원본의 각 장 소절은 0으로 시작하고 있으나, 본 번역본에서는 편의상 1로 시작한다.

본 번역서는 BK21영상산업번역사업단의 총서 시리즈의 일부로 발간되었으며, 책의 출판을 맡아준 도서출판 동인 관계자께 감사를 표한다. 또한 이 번역서가 출간되기까지 많은 수고를 해준 대학원생 조형숙 선생, 허윤혜 선생, 박유진 선생, 이희정 선생, 안명희 선생, 안송이 선생, 최진실 선생에게 감사를 드린다.

2009년 1월

금정산 아래 연구실에서

역자

저자서문

Sylviane Granger, Jacques Lerot, Stephanie Petch-Tyson
루뱅대학*(University of Louvain)*

전자 코퍼스와 그에 따른 자연발생적 언어자료에 대한 실증적 분석의 경향으로 말미암아, 이전에는 서로 다른 영역이었던 대조언어학과 번역학이 지난 10여년에 걸쳐 만나기 시작했다. 어떤 학자들은 이런 학문적 연계성을 간과한 반면 어떤 학자들은 매우 환영하였고, 더불어 1999년 벨기에의 루뱅시에서 개최된 학술회의를 통해 축하하기에 이르렀다. 이 회의를 통해 어휘에 초점을 맞춘 저서인『어휘대조에 대한 코퍼스 기반 접근법(Lexis in Contrast－Corpus-based approaches)(Altenverg & Granger, 2002)』과 보다 다양한 범위를 다루고 있는 바로 이 책을 출판하는 계기가 되었다. 대조언어학자와 번역학자들은 자신들의 연구에서(코퍼스 유형과 그 유형이 대조언어학 및 번역학과의 관련성에 관한 논의를 보기위해 이 책의 Granger와 Johansson의 글 참조) 종종 동일한 다중언어적 코퍼스를 사용하거나, 코퍼스의 이용가능성, 컴파일링 및 분석에 관련된 주제들을 다룬다. 또한, 대조언어학과 번역학 연구의 궁극적 목적은 다르다고 할지라도, 두 학문 영역에는 상당한 상보성이 있다는 점에서는 인식을 같이한다.

이 책은 모두 3장으로 구성된다. 1장의 세 논문은 대조 언어학과 번역학 학문을 소개하고, 최근의 발전 동향을 서술하며, 각 학문 영역에서 중심이 되는 연구들을 소개한다. 나아가, 두 학문 영역에서에서 전자 코퍼스가 갖는 주요한 역할을 기술한다. 먼저, Sylviane Granger는 대조언어학과 번역학의 발전과정을 기술하고, 각 영역의 연구자들이 어떻게 코퍼스를 하나의 연구방법으로 채택하게 되었는지를 보여준다. Granger의 연구는 두 학문 영역의 연계성을 촉진시키는 한 방법으로써, 관련된 용어를 통일시킬 것을 제안하고 있다. 마지막으로, Granger는 대조언어학과 번역학에서 코퍼스 연구의 몇몇 잠재적 운용과 연구를 위해 필요한 소프트웨어를 고려하고 있다. Stig Johansson이 쓴 대조언어학에서의 코퍼스 개관에서는 대조언어학과 관련된 광의의 정의를 채택하고 있다. Johansson의 연구는 이중언어 코퍼스에서 출발하여, 비교적 관점에서 언어기술을 향상시키고, 새로운 교재와 사전을 생성하기 위해 코퍼스를 어떻게 사용할 것인지 기술하고 있다. 이중언어 코퍼스가 번역학 연구자에게 적절한지, 그리고 어떻게 다른 목적을 위해 성공적으로 사용될 수 있는지를 논의하고 있다. 마지막으로, 번역학 연구자의 관점에서, Sara Laviosa는 코퍼스 기반 연구들이 이 분야의 이론과 기술(記述) 및 실제에 어떻게 영향을 미치는지를 논의한다. Laviosa는 코퍼스기반 번역학(CTS)이라는 새로운 영역을 명명한 선구자임에도 불구하고 코퍼스 접근법이 이 분야에서 널리 사용되지 않고 있다는 것을 인정하고 있다. 동시에 Laviosa는 Toury의 기술적 모형의 사례를 인용하여 코퍼스기반 번역학(CTS)과 번역학의 최근 접근법들 사이에 가능한 이론적 연계성에 주목한다. 번역학자와 번역가들 사이의 궁극적 연계가 촉진됨에 따라, 코퍼스 방법론의 주요 기능 및 믿을 만한 언어 자료의 어려움을 확인해 주고 있다.

2장에 있는 여섯 개 사례연구는 대조 언어학과 번역학에서 고려해야 할 변인들과 그와 관련된 광범위한 연구에 관한 것이다. 대용량 코퍼스를 사용하기도 하고 소량의 코퍼스를 사용하기도 하며, 때로는 일방향 분석을 취하기도 하고 양방향 분석을 취하기도 한다. 어떤 것은 질적 분석을 취하고, 어떤 것은 양적 분석을 취하는 등 대부분의 연구들은 전자 코퍼스를 이용하고 있다. 2장에서는 다양한 장르가 다루어진다. 연구자들이 자신이 수행하는 연구에 적합한 변인들을 부여하여 자신의 연구 설계를 증명하고 있다. 컴퓨터의 도움으로 상대적으로 쉽게 수행될 수 있는 것만을 연구하는 경향이 있는 코퍼스 연구에서는 이런 연구 설계가 특히 중요하다. 여기 실린 논문들은 코퍼스 연구를 통한 장점뿐만 아니라 한계점도 밝히고 있다.

연구논문들은 대조 언어학과 번역학의 연속체상에서의 그 위치와 관련된 순서대로 수록되어 있다. 대조 언어학적 틀 속에 위치한 Davidse & Heyvaert의 논문으로 시작하여 번역학의 틀 속에 위치한 Puurtinen의 논문으로 마치며, Hantson, Chuquet, van Herreweghe & Vermeerergen, 그리고 Charterise-Black의 연구들은 대조언어학과 번역학의 중간을 점하고 있는 논문들이다.

영어와 네덜란드어에서 중간 구문에 관한 Kristin Davidse & Liesbet Heyvaert의 비교연구는 빈도수가 낮은 이런 중간 구문의 경우에서 조차,

코퍼스 접근법이 나름의 역할을 하고 있다는 점을 보이고 있다. 즉 실제 언어 자료로 기술적인 가설들은 비교하고, 해당 구문에 대한 기존의 이론적 설명을 반박하고, 아울러 새로운 기술적 범주들을 위한 길을 열어 두고 있다. 그 구문이 사용 빈도수가 낮기 때문에, Davidse & Heyvaert는 원어민으로부터 얻은 정보를 사용하여 그들의 코퍼스를 보충한다. 코퍼스 증거가 아무리 강력해도, '진라'로 간주해선 안 된다. 즉 아무리 대용량이라고 하더라도 코퍼스는 언어적 사건의 일부일 뿐이며, 가능한 자료를 모두 포함할 수는 없다.

영어의 동명사와 노르웨이어의 *det*+부정사 / *at* 절 구문에 관한 Andre Hantson의 연구는 범언어적이며 대조언어학적 관점을 취한다. Andre Hantson은 많은 언어학자들과 달리 동명사, 행위 명사구 및 현재 분사형 구조는 차이가 있다고 주장한다. 다음으로 그는 대조언어학/번역학 관점에서 *det*+부정사 / *at* 절 구문을 고찰하였으며, 번역을 위해 사용된 영어 구조의 종류를 고찰하기 위해 영어에서 노르웨이어로의 일방향 소설 코퍼스를 이용하였다. 코퍼스를 수작업으로 분석함으로써, 문학에서 거의 논의된 적이 없는 구조를 확인하여 기술하고, 더불어 영어 동명사와 비교해 볼 때 노르웨이어 *det*+부정사 / *at* 절 구문은 상대적으로 명사적 특성을 더 많이 가지고 있음을 주장한다.

이전의 두 연구의 이론적 관점과는 달리, 플레미쉬어 수화와 네덜란드어 문자로 의사소통하는 아동에 관한 van Herrieweghe & Vermeerbergen의 대조 연구는 수화문법과 구두(verbal) 문법 비교의 어려움을 담고 있다. 그들의 코퍼스 분석에서 저자들은 청각장애 아동이 글쓰기를 할 때, 수화로부터 간섭(interference)을 받고 있음을 발견하고 있다. 즉, 청각장애 아동이 어휘적 기호에 초점을 맞추어 쓰기활동을 할 때, '비문법적' 글쓰기 문체를 만들어 낸다. 이때 씌어진 네덜란드어 코퍼스는 흥미로운 번역 코퍼스가 될 수도 있고, 외국어 (학습자) 코퍼스와 유사성을 갖는 코퍼스가 될 수도 있다. van Herreweghe & Vermeerbergen은 수화의 문법에 관한 교육자의 인식을 촉구하고 대조 교수방법을 채택하도록 하기 위해 이러한 연구의 중요성을 강조한다.

선행하는 세 개의 연구에서 다중언어 코퍼스는 엄격한 대조언어학적 관점을 사용한 반면, Hélèn Chuquet의 연구는 두 접근법의 중간적인 성격을 띤다. 소설과 기사문에 쓰인 불어를 영어로 번역한 일방향 번역 코퍼스를 이용하여, 불어 반과거의 주요 특징을 밝히고 그것들을 영어 단순과거형과 비교하고 있다. 대조언어학적 목적을 달성하기 위해, Chuquet는 번역 과정에서 상적 의미와 양상적 의미를 넣거나 빼는 번역가들의 선택에 초점을 두고 있다.

말레이어와 영어 관용어구 번역에 관한 Jonathan Charteris-Black의 연구는 통사 구조보다는 용어를 다루고 있다는 점에서 앞선 연구들과 차이를 보이며, 연구대상이 되는 두 언어의 관용어구 분석을 위해 양적 접근법을 채택하고 있다. Chuquet의 연구와 더불어 Charteris-Black의 연구도 대조언어학과 번역학의 흥미로운 조합인데, 대조언어학적 관점은 중간번역본에 초점을 둘 때 명백하게 드러난다. Charteris-Black은 관용구의 개략적인 개념정의의 중요성을 역설하면서, 자신의 연구를 위해 원형 의미론적 틀을 채택하고 있다. 또한 그 연구에서는 영어-말레이어의 번역 코퍼스가 없다는 것을 고려하여 영어와 말레이어의 대용량 비교 전자 코퍼스에 기반을 두고 있다. 이런 이유로, Davise & Heyvaert의 연구에서처럼 관용어구 번역에 관한 의견은 원어민 정보제공자로부터 얻어야만 한다. 번역학 관점에서 볼 때, 이 연구는 관용어구 번역, 두 문화에서 개념적 차이를 설명할 필요성, 그리고 형식성 보다 개념의 우위 등에 주로 관심을 가진다.

　2장의 마지막 논문은 Tiina Puurtinen의 핀란드어 아동 문학에 나타난 비정형 구문(nonfinite construction)에 관한 흥미 있는 연구이다. 단일 언어 번역 코퍼스인 원어민들의 핀란드어와 영어에서 번역한 핀란드어를 사용하여, 번역학 분야의 연구자들이 보편적이라고 여기는 번역어의 특징과 관련된 가설, 특히 단순화(simplification), 명시화(explicitation) 및 표준화(normalization)에 관한 가설과 자신의 자료가 서로 모순됨을 발견하게 된다. 따라서 Puurtinen의 연구 결과는 번역이론에 관한 주요한 시사점을 제시할 뿐만 아니라, 핀란드어로의 연구와 번역 지도에도 기여하고 있다.

　3장의 네 개의 논문들은 모두 코퍼스 이용의 실질적 문제들을 다루고 있다. 즉 분석을 도와줄 수 있는 소프트웨어 도구와 단일언어 및 다중 언어 코퍼스가 번역물과 번역수업을 향상시킬 수 있는 방법에 대해 설명한다. 첫째, Philip King은 병렬 콘코던서와 다중언어 콘코던서의 작용을 설명하고, 언어와 번역행위에 관한 많은 연구에 그것들을 사용하는 방법을 보여준다. 이 분야는 여전히 초보 단계라서, King이 보여주고 있듯이, 연구자들이 콘코던서를 사용하고 있더라도 잠재력을 인식하기는커녕 완전히 이해하지도 못하는 실정이다. Lynne Bowker의 연구는 코퍼스와 코퍼스학이 번역가 양성에서 사용될 수 있는 방법을 종합적으로 개관하고 있다. 이러한 관점에서 유효한 두 가지 유형의 코퍼스를 다음과 같이 구별한다. 첫째는 영역 특유의 언어를 포함하는 단일 언어의 특수목적언어(LSP: Language for Specific Purposes) 코퍼스이며, 둘째는 번역 훈련생들이 만든 일방향 번역 코퍼스이다. 이 논문은 두 가지 코퍼스가 교실에서 사용될 수 있는 방법에 관한 구체적 예시를 포함하고 있으며, 관례적 언어에 상반되는 LSP 코퍼스를 사용하는 번역가들이 얻은 결과가 더 우수함을 보여주는 한 실험보고서이다. 세 번째 논문인 Pierre-Yves Foucou & Natalie Kubler의 연구는 특수목적 영어(ESP; 여기서는 전산학을 지칭함)를 지도할 때 LSP 코퍼스와 번역 코퍼스의 가치를 보여준다. 기술(技術) 영어영역의 현재 정보 자료를 이용해서 누구나 인정하는 문제를 해결하려는 시도에서, 필자들은 다양한 코퍼스를 이용하여 영어의 기술(技術) 관련 동사가 실제로 어떻게 사용되고 있는지 기술하고 더불어 학습활동을 이끌어 낼 수 있는 웹기반 언어 교수환경을 만들어 관련 교수 자료를 준비하고 있다. 이상과 같이 언어 패턴과 체계적 연상의 발견을 중요시하는 어휘문법론에서 코퍼스 접근법은 특히 효력을 발생한다. 마지막으로 Elizabeth Dawes의 연구는 이중언어 어휘사전의 영역에서, 프랑스 불어와 퀘벡 불어의 관용어구를 담고 있는 새로운 대조 어법 사전 계획을 기술하고 있다. 이 연구는 대조언어학과 번역학의 전형적인 만남 지점이라 할 수 있는데, 그 이유는 두 영역의 연구자들이 동일한 언어재료를 필요로 하기 때문이다. 저널어의 비교 코퍼스를 비교하는 연구를 통하여, Dawes는 코퍼스 접근법으로 다른 사전에서는 이전에 나타난 적이 없었던 프랑스 불어와 퀘벡 불어사이의 형태, 의미, 사용법 및 빈도수에서 다양한 차이를 보여준다.

이상의 연구들은 언어 간의 관련성을 이해하려고 할 때 코퍼스의 대단한 잠재적 능력을 보여준다. 이 연구들은 또한 다양한 코퍼스 자료들의 사용 가치를 기술하고 있다. 따라서 비교 코퍼스와 번역 코퍼스를 모두 사용하는 연구자들은 그들이 연구하고 있는 현상에 관해서 보다 종합적으로 이해할 수 있을 것이다. 몇몇 논문들은 많은 언어들에서 보다 더 광범위하게 이용 가능한 코퍼스들이 필요함을 역설하고 있다. 연구자들이 전자 코퍼스와 효과적으로 분석할 수 있는 소프트웨어 도구들을 아직 갖추지 못하고 있지만, 이러한 모든 연구자들의 업적을 볼 때 언어 대조와 언어 번역에 대한 코퍼스 분석은 굉장한 발견의 과정이며, 또한 지금까지 발견된 것은 빙산의 일각일 뿐이라는 것을 알 수 있다. 기술의 발달로 인하여 우리는 지난 10-20년간에 걸친 단일 언어 연구에서 이룩한 학문적 진보와 유사한 진보를 앞으로 몇 년에 걸쳐 목격하게 되기를 기대한다.

C O N T E N T s  차례

이론적 접근법

1.

코퍼스 접근법:
대조 언어학과 번역학을 향한 공동 번영의 길

Sylviane Granger / 루뱅대학*(University of Louvain)*

개요 ● 이 도입 장에서 Granger는 오늘날에 이르기까지 수십 년에 걸친 대조 언어학과 번역학의 발전을 개관하고 있으며, 그 중에서 각각의 분야에 새로운 추진력을 부여하고 또 두 분야를 종합하는 컴퓨터 코퍼스의 역할에 초점을 두고 있다. Granger는 대조 언어학과 번역학에서 사용되는 단일언어와 다중언어 코퍼스의 각기 다른 유형들을 논의하며 동시에 코퍼스의 용어 통일을 제안한다. 그리고 Granger는 서로 다른 코퍼스 유형이 각각의 학문 분야의 주요 연구 관심사에 어떻게 기여하는지의 문제와 결부시키고 있다. 또한 그는 연구의 상보성을 강조하면서 학문 상호 간의 연계성이 증대되어야 한다는 것을 강조하고 자료수집을 요구한다. 아울러 Granger는 대조 언어학과 번역학에 특별히 소중한 가치를 갖는 코퍼스 분석 도구들을 개관하면서, 코퍼스 이용의 실제적인 문제들을 검토하고 있다. 마지막으로 코퍼스 기반 대조 언어학과 번역학 연구가 외국어와 번역 교육에 기여하는 점을 검토하고 있다.

1. 대조 언어학과 번역학, 관심이 집중되고 있는 두 분야

대조 언어학(Contrastive Linguistics)과 번역학(Translation Studies)이라는 분야가 부분적으로는 공통 기반에 걸쳐있긴 하지만, 코퍼스의 출현과 함께 최근에 들어와서야 두 분야가 한 점으로 모이기 시작했다. 두 분야의 전문가들을 한 자리에 모은 최근의 출판물1)과 학회를 보면 이런 친밀한 관계를 잘 보여주고 있으며, 또한 다중언어학 전반의 생명력을 나타내고 있다.

　　대조 언어학의 역사는 성공-쇠퇴-성공이라는 패턴으로 특징지어진다. 대조 언어학의 원래 취지는 보다 효율적인 외국어 교수법과 도구를 만들어 내는 목적을 지닌 응용 학문이었다. 차이는 어려움과 동등하다는 일반적인 전제 아래에서, 대조언어학은 당시에 대조 분석(CA)이라고 불렸고, 언어 간의 유사성과 차이의 영역을 도표로 나타내고 대조적 조사 결과에 기초하여 교수 계획표를 만들었다. 그러나 제2언어 습득(SLA: Second Language Aquisition) 장치에 대한 이해가 발달하면서 대조분석의

---

1) 대조 언어학 참고 도서 목록(http ://bank.rug.ac.be/contragram/biblio.html)과 번역학의 참고 도서 목록(http ://aix1.uottawa. ca/~lbowker/bibtsweb/bibts.htm)과 같은 참고 도서 목록들은 두 분야의 출판물에 대한 출전을 포함하고 있다. 그리고 새롭게 출간된 학술지인 『언어대조(Languages in Contrast)』에는 학제간 연구를 장려하려는 목표를 분명하게 명시하고 있으며, '특히, 대조 언어학과 번역을 연계시켜 주는 학제적 연구를 장려하고 있다.' 코퍼스 기반 접근법(Laviosa 1998)을 다루는 번역학 학술지 『메타(META)』 특별호와 코퍼스 기반 번역학에 관한 최근 Rodopi의 저서 (Laviosa 2002)도 또한 같은 경향을 보인다.

근본적인 토대에 대하여 문제가 제기되었다. 왜냐하면 언어들간의 요인들은 다른 요인들보다 그 효력이 적은 것으로 나타났기 때문이다. 여기서 다른 요인이란 목표 규칙(target rules)을 지나치게 일반화하는 등의 언어 내부적 기제, 동기 같은 개인적인 요인들, 교수법의 영향 같은 외적인 요인들이 속한다. 이러한 원인으로 인하여 대조분석이 사멸한 것은 아니지만 쇠퇴하게 되었다. 처음에는 외국어를 지도할 때 경우에 따라 모국어 사용을 완전히 금지하는 과감한 교육적 결단을 내렸다. 그러나 많은 연구 결과(Odlin 1989, Selinker 1992, James 1998 참조)를 통해 SLA에 있어서 — 가장 주요한 요인은 아니라 해도 — 주요 요인들 중 하나가 전이(transfer)라는 사실이 다시 확립되었고 그 결과, 교육에 있어 제한적으로나마 대조 연구를 점진적으로 진작시키게 되었다. 대조 분석이 외국어 교육에 유용한지에 대한 의문이 있었지만 다른 분야로 확대하는 데에는 전혀 지장이 없었다. 세계화의 물결로 인해 여러 언어와 문화 간의 소통이 중요하다는 것을 더욱 자각하게 되었고 CL의 부흥에도 도움이 되었다. 대조학을 급부상하게 하는 또 다른 요인은 코퍼스 언어학과 자연언어처리가 대두되면서 급격하게 발전했기 때문인데, 이 두 영역은 언어간의 문제에 더욱 초점을 두고 있었다. 영/불 한사드(Hansard) 코퍼스[2]와 같은 대용량 이중언어 코퍼스는 대조 언어학과 자연언어처리 전문가들에게 보다 더 굳건한 실증적 토대를 마련해 주었다. 이전의 연구는 주로 직관에 기초해 있었다. Vinay & Darbeinet (1977)와 Malblanc(1968)의 연구는 이러한 직관 기반적 접근법을 사용한 잘 알려진 예다. 그 책의 저자들이 비교 대상 언어들에 대한 방대한 지식을 갖고 있었기 때문에 그들의

---

2) 헨사드 코퍼스는 언어학 자료 연합(Linguistic Data Consortium)에서 구할 수 있다.
: http://www.ldc.upenn.edu/Catalog/LDC95T20.html

책은 흥미로운 대조적 지식과 기술들을 많이 담고 있다. 그러나 직관이란 오도할 수도 있고, 몇 가지 두드러진 차이점들을 지나치게 일반화시킬 위험성이 있다. 예를 들어 불어의 'or'나 'en effet'에 해당하는 연결사가 영어에 없기 때문에 영어는 암시적 연결을 하는 경향이 있는 반면에 불어는 명확한 연결을 선호한다는 일반적인 결론을 이끌어냈다(Vinay & Darbeinet 1977: 222, Newmak 1988: 59, hervey & Higgins 1992: 49). 이 대조학적 주장은 실증적 연구를 여전히 필요로 하고 있으며, 영/불 저널 용어 코퍼스에 기반한 예비 연구로 뒷받침되지 못했다(Anthone 1996). 이제 대조 언어학자들은 직관에 기반한 대조학적 학설들을 방대한 실증적 자료 속에서 시험하고 계량화할 방법을 갖게 되었다. 그러한 방대한 자료는 지금까지 활용할 수 있었던 대조학적 자료에 비해 질적으로나 양적으로 모두 매우 우수하다.

번역의 관행과 번역 과정의 본질에 대한 생각은 Cicero와 St Jerome까지 역사를 한참 거슬러 올라가지만, 번역학은 1980년대에 와서야 독립된 학문 분야로 등장한다. Holmes(1988)는 그의 독창적 논문『번역학의 이름과 본질(The name and nature of translation studies)』에서 번역학에 대한 전반적인 틀을 제안했다. 그를 비롯한 다른 많은 번역 전문가들은 대조 언어학자들과 마찬가지로 내관적 분석 방법에 불만을 표현했고 방대한 양의 번역된 문헌을 참고해야 한다고 주장했다. 최근 번역학 분야 내부에서 코퍼스 기반의 학문적 경향이 생겨난 것은 번역학 관점의 주요한 변화, 즉 연구의 초점을 원전 문헌에서 목표 문헌으로 바꾸어 놓은 결과라고 할 수 있다. 수년간 번역학 연구는 원전 문헌과의 의미적, 함축적, 문체론적 등의 등가성(equivalence)의 문제에 초점을 두어온 반면에, Toury(1980, 1995) 같은 이론가들은 목표 지향성을 중시하는 경향을 나타내었으며, 번역학을 번역에 있어서의 확률 법칙(probabilistic law)들을 상술하기 위한 기술적인 시도로 바꾸어 놓았다. 이런 중요한 전환에 대하여 Venuti(2000: 123)가 다음과 같이 서술했다. 즉, "등가성에 관한 책들은 언어적이고 텍스트적인 모형을 형식화하고 종종 특정한(화용적, 기능적, 의사 소통적) 번역 기량을 규정한다. 대조적으로 목표지향성은 실제의 번역에 초점을 두고 그 실제 번역에 상세한 기술과 지향성을 제공한다. 이러한 접근법은 번역된 문헌의 풍부한 코퍼스와 연관된 연구 프로젝트를 고무시킨다."

90년대 초에 코퍼스 기반의 학문적 경향을 선도했던 사람은 Mona Baker였다. Baker는 코퍼스에 기반한 번역학(1993년과 1995년)에 대한 의제를 주장했고 번역의 변별적 패턴을 밝히기 위하여 번역된 문헌의 코퍼스를 수집하기 시작했다. Baker의 연구가 기여한 점은 심화된 코퍼스 연구를 통해 확인하거나 반증해야 할 많은 잠재적인 '번역 보편소'(Baker 1993)를 세상에 알렸다는 점이다(이 책의 Puurtinen 참조).

요약하면, 대조언어학과 번역학 연구자들은 지금까지 실증적 뒷받침 자료가 거의 없던 이론을 확증하고 다듬고 명료하게 하기 위해 또한 고도의 기술적인 타당함을 성취하기 위해 코퍼스에 의지해 왔다. 그런데, 동시에 그들은 같은 유형의 코퍼스를 사용하지도 않으며, 같은 연구 목표를 갖고 있지도 않다. 그 차이는 아래의 2절에서 검토되고 있다.

2. 범언어학적 연구에 있어서의 코퍼스

코퍼스에서 대조 언어학과 번역학 학자들은 이제 공통적인 자료를 갖고 있다. 불행히도, 많은 새로운 과학 분야들처럼 엄청난 혼동을 야기하는 그 전문용어들이 아직 확고하게 정해지지 않았다.

대조 언어학은 범언어학적 연구에서 쓰이는 코퍼스의 두 가지 주요 유형을 구분한다.

- 한 언어의 원문과 하나 이상의 언어로의 번역으로 이루어진 코퍼 스 - 이것을 '번역 코퍼스(translation corpora)' 라고 부를 것이다.
- 구성 시기, 텍스트 범주, 목표 청중 등이 서로 상응하며, 둘 이상 의 언어로 된 원문으로 이루어진 코퍼스 - 이것을 '비교 코퍼스 (comparable corpora)'라고 부를 것이다.(Johansson & Hasselgård 1999)

그런데 심지어 대조 언어학자들 사이에서도 전문용어는 완전한 일관성을 갖지 못한다는 점에 주의해야 한다. '병렬 코퍼스'라는 용어는 때로는 비교 코퍼스나(Aijmer et al 1996: 79, Schmied & Schaffler 1996; 41), 번역 코퍼스(Hartmann 1980: 37)를 혹은 비교/번역 결합 코퍼스(Johansson et al 1996)를 지칭하는데 사용되곤 한다.

대조 언어학자들은 두 유형의 코퍼스가 각각 그 장점과 단점(이 책의 Johansson 참조)을 갖고 있기 때문에 동시에 사용해야 한다는 점을 강조한다. 비교 코퍼스들은 그 언어의 원어민 화자가 자연스럽게 생산한 두 가지 이상의 언어로 원전을 비교해 나타낼 수 있다는 주요한 이점이 있다. 비교 코퍼스는 번역 코퍼스와는 달리 원칙적으로 다른 언어의 영향을 받지 않는다. 번역 코퍼스의 경우 그 원전은 다른 언어로 되어 있고 목표 번역본에 매우 자연스럽게 어떤 영향을 미치게 된다.[3] 비교 코퍼스

---

3) 이것은 분명하게 완전한 진실은 아니다. 예를 들어, 프랑스 신문 텍스트는 신문 기자들의 기사에서 영어 텍스트의 흔적이 남아 있는 것으로 발견 되었다.

의 주요 단점은 문헌들의 부합(혹은 비교) 가능성을 확증하기 어렵다는 데 있다. 문헌의 유형 가운데 어떤 것은 그 문화만의 특수성이 있어 다른 언어에 그 상응 문헌이 없기도 하다. 번역 코퍼스는 같은 의미 내용을 전하기 때문에 언어들 간의 등가성을 확인하기 위한 이상적인 자료이다. 그런데 번역 코퍼스의 주요 단점은 번역 코퍼스 내에 원본 텍스트의 흔적이 남아 있어서 특히 자주 쓰이는 용어들의 경우 목표 언어에 대한 신뢰할 만한 자료로 간주될 수 없다는 점이다. 거기다 문헌의 유형(예를 들어 편지와 이메일은 대개 번역되지 않는다) 때문에 혹은 한 방향(예를 들면 영어에서 노르웨이어로)만의 번역본이 다른 방향(노르웨이어에서 영어로)보다 더 많이 존재하기 때문에 항상 모든 문헌의 번역본을 찾을 수 있는 것도 아니다.

번역학자들은 다른 유형의 문헌을 포괄하기 위해 '번역 코퍼스, 병렬 코퍼스, 비교 코퍼스'라는 용어를 사용한다. '병렬 코퍼스'는 '같은 언어로 되어 있는 두 개의 다른 문헌'을 가리킬 때 사용한다. 하나의 코퍼스는 그 언어로 된 원본으로 이루어지고 나머지 하나는 그 출발 언어의 번역으로 이루어진다(Baker 1995: 234). '번역(또는 번역용) 코퍼스'는 번역된 문헌의 코퍼스를 지시할 때 사용한다(Baker 1999와 이 책의 Puurtinen 장을 보라). 표준 대조언어학 용어집에서 비교 코퍼스는 대개 다중 언어(다른 언어들로 비교되는 원본)이고, 번역학 용어집에서는 대개 단일 언어(출발언어와 목표언어가 같은 언어)이다. 번역학 틀에서 '병렬 코퍼스'는 대개 '그들의 해당 번역과 나란히 정렬된 일련의 원본들을 포함하는 코퍼스'를 지칭한다. 다시 말해 대조 언어학자들이 대개 번역 코퍼스라고 지칭하는 용어이다.

용어의 차이 외에도 두 가지의 범언어학적 접근법들 간에는 보다 근본적으로 일치하지 않는 부분이 많이 있다. 번역학 틀에서는 번역된 문헌을 "번역이 무엇이며 어떻게 하는 것인가를 이해"하기 위하여 분석되는 또 다른 문헌으로 여긴다(Baker 1993: 243). 대조언어학 틀에서는 자주 그 번역본들이 확립해야할 범언어적 유사성과 차이점이 번역 과정에서 원본에 대한 언어 간섭의 결과로 '왜곡될 수도 있기 때문에 신뢰할 만하다고 여겨지지 않는다.

이 책은 지금의 범언어학적 연구들의 특징인 용어의 다양성을 반영하고 있다. 그러나 용어 통일이 바람직하기 때문에 그림 1에서 예시된 일반 유형학을 제안한다. 이 유형학에서 첫째 구분은 다중언어와 단일 언어 코퍼스다. **다중언어 코퍼스**는 두 개 이상의 언어를 포함한다. 거기엔 두 가지 주요한 유형이 있다. (a) '**번역**(또는 **병렬**) **코퍼스**'[4](원본과 그 번역본을 포함하고 일방향임-X 언어에서 Z 언어로- 또는 양방향이나 다방향)와 (b) '**비교 코퍼스**(같은 장르의 비번역본이나 번역본을 포함)'이다. 범언어학적 연구에 관련된 **단일 언어 코퍼스**는 모두 비교 코퍼스이다. 거기에는 (a) 한 개 또는 같은 언어로 되어 있는 **원문**과 **번역본**이나 (b) 한 개 또는 같은 언어로 되어 있는 **원어민**과 **학습자용 문헌**이 포함될 것이다.[5] 이 유형학에서, '**병렬 코퍼스**'라는 용어는 원문과 그 번역본들만을 가리키는 것으로 중의적으로 사용되지 않는다. 비교 코퍼스를 가리

---

4) 만약, 번역학 용어에 따라 '번역 코퍼스'라는 용어가 번역된 텍스트의 코퍼스를 지칭하기 위해 사용된 것이라면, '번역 코퍼스'라는 용어의 혼동을 피하기 위해서 원문의 코퍼스와 그 번역의 코퍼스를 지칭하기 위해 병렬 코퍼스라는 용어를 사용하는 것이 더 낫다. '병렬 코퍼스'라는 용어를 사용해야 하는 또 다른 이유는 범언어적 자연 언어 처리 연구에 있어서 그들의 번역과 관련 있는 텍스트 모음집을 지칭하는 기준어가 되고 있기 때문이다.

5) 대조 중간언어 분석(Contrastive Interlanguage Analysis)이라는 특별한 유형의 대조적 연구에 대한 설명은 Granger 1996 참고

키거나 다중 언어 코퍼스를 총칭하는 용어로는 사용되지 않는다(Teubert 1996: 245).

그림 1. 범언어학적 연구 분야의 코퍼스

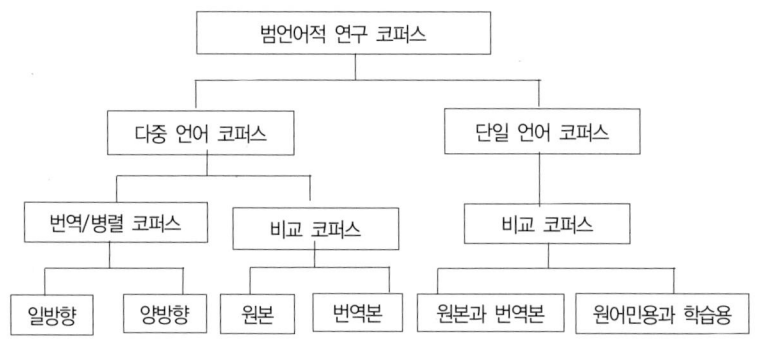

이 도표는 예를 들면 번역자의 지위(전문가인가 학생인가)라든가 번역 과정의 방향(번역자의 모국어로 번역했는지 아닌지)과 같이 자료에 영향을 주고 그로 인하여 주의 깊게 기록될 필요가 있는 많은 언어외적 요소들은 포함하지 않는다.

3. 코퍼스 기반 비교 유형

각기 다른 코퍼스 유형들을 가지고 다양한 방식으로 비교할 수 있다. 표 1에는 서로 다른 범언어적인 비교 유형이 제시되어 있다. 또한 그 유형에 따른 학문영역이 나와 있다.(이 책의 Johansson 참조).

표 1. 코퍼스 기반 범언어적 비교 유형

	비교 유형	코퍼스 유형	학문영역
1	OLx ⇔ OLy	원문에 대한 다중언어 비교 코퍼스	CL
2	SLx ⇔ TLy	다중언어 번역/병렬 코퍼스	CL & TS
3	SLx ⇔ TLx	원문과 번역문에 대한 단일언어 비교 코퍼스	TS & CL
4	TLx ⇔ TLy	번역문에 대한 다중언어 비교 코퍼스	TS

OL = 원어   CL = 대조언어학
SL = 출발언어   TS = 번역학
TL = 목표언어(번역어)

첫 번째 비교 유형은 다른 언어로 된(x 와 y) 원문의 코퍼스를 비교하는 것으로써 대조 언어학의 우수한 전문 영역에 속한다. 그러나 번역학자 가운데서도 이런 종류의 번역학을 위한 연구에 대한 관심도가 점차 증가하고 있다. 두 번째 비교 유형은 대조 언어학과 번역학 사이에 있는 가장 분명한 접점이다. 두 분야의 연구자들은 다른 목적을 가지고 있을지라도 같은 자료를 사용한다. 즉, 대조 언어학의 목적은 둘 이상의 언어가 가지고 있는 공통점과 차이점을 구분하는 것이고 번역학에서는 번역 과정과 번역물의 변별적 자질을 찾는 것이다. 세 번째 비교 유형은 단일어로 되어있는 원문과 번역문을 대조하는 방식으로써 번역문의 변별적 자질을 보여주는 이상적인 방법이기 때문에, 이 유형의 비교는 번역학에만 속하는 것으로 여겨진다. 그러나 이러한 비교 유형은 원어와 번역어의 차이점을 설명하고자 하는 대조 언어학자들이 점차 많이 사용하고 있으며, 관련된 언어들 간의 차이점을 보여주는 간접적인 증거로서 활용되고 있다.(Johansson & Hasselgard 1999와 이 책의 Johansson 참조). 마지막으로 다양한 언어로 된 번역본을 비교하는 것은 분명한 번역학의 특권이다. 그러나, 대조 언어학자들도 이러한 종류의 연구에 반드시 관심을 가져야 한다. 번역된 텍스트의 특성을 제대로 이해하지 못한다면 대조 언어학자들은 원어와 번역어의 일부 차이점이 원어의 간섭 때문이라고 생각할 것이다. 그러나 그 현상은 실재로 번역 보편소의 발현 때문에 단순히 생긴 것일 수도 있다.

4. 범언어적인 연구에 있어 코퍼스 기반 접근법의 한계

대조 언어학과 번역학이 코퍼스를 사용함으로써 혜택을 보고 있다는 것이 명백한 사실일지라도, 코퍼스 기반 방법론이 한계를 가지고 있다는 사실을 주지해야 한다. 다음과 같이, 우리는 두개의 부분에 초점을 맞출 것이다. 하나는 보다 실용적이고 일시적이며 범언어적 연구에 있어 코퍼스 적용의 한계에 관한 것이다. 그리고 다른 하나는 보다 근본적이며 형태 기반 연구를 선호하는 코퍼스에 관한 것이다.

4.1 이용가능성

범언어적 연구에 대한 최근의 조사를 통해 많은 대조 언어학과 번역학 연구자들이 여전히 수작업으로 그들의 연구를 수행하고 있음을 알 수 있다. 이러한 현상은 부분적으로는 컴퓨터 공포증 때문에 발생하기도 하지만, 무엇보다 주된 이유는 전자 코퍼스에 대한 이용가능성이 제한적이기 때문이다.

범언어적 연구를 위해 가장 쉽게 접근 할 수 있는 코퍼스는 당연히 원어의 비교 코퍼스이다. 영어는 특히 '전영언어코퍼스(British National Corpus)' 또는 '영어은행(Bank of English)'과 같이 다수의 안정된 코퍼스

를 구비하고 있다. 스페인어, 네덜란드어, 이탈리아어, 그리스어, 포르투
갈어, 스웨덴어, 체코어, 중국어와 같은 다른 언어들은, 범언어적 연구를
위해 규칙적으로 사용하는 전자 텍스트 모음집을 가지고 있다. 그러나
대체로 이러한 언어들 보다는 영어의 대용량 코퍼스가 더욱 대표적인 성
격을 지니고 있다. 그러나 널리 알려지지 않은 언어들은 코퍼스 자료를
전혀 가지고 있지 않거나, 그 언어에 대한 접근이 엄격하게 제한되어 있
다.6)

　　다른 유형의 코퍼스를 위한 전자 자료는 부족하다. 번역어의 비교
코퍼스는 단지 소수의 언어에서만 존재한다(영어는 Baker 19997) 참조 그
리고 핀란드어는 이 책의 Puurtinen 참조). 그리고 이중언어와 다중언어
자료가 급격하게 증가하고 있고, 심지어 일부는 온라인으로 검색이 가능
하다고 할지라도, 학계에서는 많은 고품질 자료에 대한 접근이 여전히
어려운 상태이다. 예를 들어, 영어-노르웨이어와 영어-스웨덴어의 우수한
코퍼스가 바로 그러한 경우이다. 그리고 이 경우 판권의 제약 때문에 제
한된 그룹의 연구자들만 이용 할 수 있다. 이용 가능한 병렬 코퍼스에는
오래 되어서 판권과 관련 없는 텍스트가 있으며 유럽 연합이나 세계보건
기구의 문서처럼 고도로 전문화된 텍스트들이 있다. 이것들의 단점은 대
조 언어학과 번역학 연구의 주요 변인이 되는 출발 언어와 목표 언어를
결정하는 것이 가끔 불가능 하다는 것이다.

　　병렬 코퍼스의 부족으로 인해 완전한 전자 코퍼스에 기반을 둔 연
구를 하지 못하고 오히려 믿을만한 텍스트에 의지하는 정도의 코퍼스 기

---

6) 오직 현장에서만 검색해 볼 수 있으며 말레이시아 언어 계획 기관이 보유하고 있는
　 말레이어 코퍼스가 하나의 사례이다.(Charteris-Black 참고)
7) 베이커의 번역 영어 코퍼스는 자유롭게 이용가능하며 온라인상에서 검색 가능하다.
　 : http://tec.ccl.umist.ac.uk/tec/

반 연구를 하는 범언어적 연구가 왜 많이 이루어지는 이유를 알 수 있다. Hantson과 Chuquet의 논문은 이 범주에 속한다. 병렬 코퍼스의 부족을 해결하기 위한 또 다른 방법은 원문의 비교 코퍼스를 사용하는 것이고 다른 언어의 번역을 이해하기 위해 원어민의 직관에 의존하는 방법이다. 이 책에 있는 Davidse & Heyvaert의 연구와 Charteris-Black의 연구를 통해 알 수 있듯이, 이러한 접근 방법은 전자 자료의 부족 때문에 만든 임시방편의 조치이지만, 훌륭한 결과를 가져 올 수 있다.

4.2 형태 기반 접근법

코퍼스 이용가능성의 문제 외에도, 연구자들이 수작업을 선호하는 또 다른 요인이 있다. 만약 그 연구자가 특정한 형태에 초점을 두고 있다면(전치사 in, 부사 actually, 또는 -ly로 끝나는 모든 부사) 전자 코퍼스와 워드스미스 툴(Wordsmith Tools)[8]과 같은 단일언어 텍스트 검색 소프트웨어 도구를 사용하면 매우 편리하다. 그렇게 되면 문맥 안에서 혹은 이중언어 콘코던서 안에서 빠르고 확실하게 정해진 형태를 도출시킬 수 있다 (절 4.1 참조). 그러나, 만약 연구의 초점이 행위성이나 사역과 같은 의미적 범주에 있거나 또는 복합명사구와 같은 통사적 구조에 있다면, 자동검색은 더 어렵게 될 것이다. 어떤 경우에는, 자동검색을 할 때 부적절한 자료가 너무 많기 때문에 연구자들은 순수하게 수작업으로 된 연구를 더 선호하게 될 것이다. (이 책에 있는 비정형절에 대한 Puurtinen의 연구 참조). 게다가, 자동검색과 그에 따른 콘코던스 표시는 시제 용법과 같은 현상에는 별로 적합하지 않다. 그것을 분석하기 위해서는 광범위한 문맥이

---

8) 프로그램 견본은 마이크 스코트의 웹사이트에서 다운로드 가능하다.
   : http://www.lexically.net/wordsmith/version3/index.htm

필요하다(이 책에 있는 '반과거'에 대한 Chuquet의 연구 참조).

비록 코퍼스의 사용이 장려되어야 할지라도, 그것이 강제성을 띠어서는 안 된다. 그리고 전자 코퍼스든 아니든, 믿을 수 있는 실증적 자료를 사용하는 것이 중요하다. 마지막으로 연구자들이 전자 코퍼스 또는 그 컴퓨터의 가용성을 바탕으로 그들의 연구를 체계화 하기를 바란다.

5. 운용과 도구

5.1 다중언어 소프트웨어 도구

다중언어 코퍼스를 광범위하게 사용 하려면, 새로운 다중언어 소프트웨어 도구를 개발해야 할 것이다. 가장 중요한 도구는 이중언어 또는 다중언어 콘코던서이며, 그 소프트웨어 도구는 연구자들이 한 언어 내에서 형태소, 단어, 구, 문장과 같이 정해진 형태가 나타나는 것을 찾아내도록 해준다. 그리고 다른 언어로의 번역을 연계시키도록 해준다. '멀티콘코드(Multiconcord)'(Woolls 1997, Corness 2002 & 이 책의 King 참조)와 '패러콘크(Paraconc)'(Barlow 1995 & 1999) 라는 두 개의 이용 가능한 프로그램이 있다. 이러한 두 개의 도구는 범언어적 연구를 위해 매우 유용한 프로그램이라는 공통점을 가지고 있지만, 몇 가지 중요한 사항에서 다른 점을 가지고 있다. '멀티콘코드(Multiconcord)'는 장착된 문장 정렬기와 언어 테스트를 할 수 있게 만드는 도구를 갖추고 있지만, 그 종류와 탐색 기능이 제한되어 있다. 이와 반대로, '패러콘크(Paraconc)'는 정렬된 문장 텍스트를 필요로 하는 단점이 있지만, 보다 발전된 종류와 탐색 기능들을 갖추고 있다.[9] 두 개의 도구는 텍스트의 사전 편집을 요구한다('멀티콘코드(Multiconcord)'에 대한 단락 정렬과 '패러콘크(Paraconc)'에 대한 문장 정렬). 이러한 점들은 이러한 도구를 광범위하게 사용하는데 분명히 걸림돌이 될 것이다. 상업적으로 이용 가능하고, 문장 정렬기와 검사 장치를 결합하는 자동 다중언어 도구는 아직도 생산되지 못하고 있다. 다행스럽게도, 연구자들에게 다중언어 코퍼스를 온라인으로 검색하도록 해주는 몇 개의 웹 기반 콘코던서가 있다.[10]

5.2 교육

코퍼스 기반 분석은 데이터 주도 학습법(DDL: Data-driven Learning)이라고 불리는 새로운 귀납적 교수법을 제시해왔다. DDL에 대해서 Johns & King(1991:iii)은 다음과 같이 묘사했다. "목표언어에서 학생들이 유형의 규칙성을 찾게 하고, 콘코던스 출력에 근거한 활동과 연습을 발전시키기 위하여 컴퓨터로 만든 콘코던스를 교실에서 사용하는 것을 말한다." DDL은 단일언어 코퍼스와 이중언어 코퍼스를 포함하며 외국어 지도(일반적 지도와 특수 목적 언어 지도 모두)와 번역 지도 내에 통합될 수 있다.

일반적인 외국어 지도에서, 정렬된 코퍼스는 자각 의식 고양 (consciousness-raising) 연습 과정에서 사용된다. 출발 언어와 목표 언어로 정렬된 번역 속에 나타난 양상 조동사, 전치사, 접속사, 또는 대명사와 같

---

9) 멀티콘코드(Multiconcord) 프로그램에 대한 더 많은 정보를 얻기를 원한다면, 다음을 참조하라. http://web.bham.ac.uk/johnstf/paracon.htm;
패러콘크(Paraconc) 프로그램에 대한 더 많은 정보를 얻기를 원한다면, 다음을 참조하라. http://www.ruf.rice.edu/~barlow/pc.html
10) 다음의 이중언어 코퍼스는 온라인에서 검색 가능하다 :
영어-슬로베니아어 코퍼스 : http://n12.ijs.si/corpus/index-bi.html
영어-포르투갈어 코퍼스 : http://www.portugues.mct.pt/COMPARA/
영어-불어 코퍼스 : http://www-rali.iro.umontreal.ca/ProjectTransSearch.fr.html

은 언어적 특징의 사례를 학습자들에게 제시하고 언어 간의 유사점과 차이점을 생각해 보도록 한다. 이러한 귀납적인 단계 뒤에 대개 몇가지 활동이 뒤따르게 되는데, 그 활동이란 검색 항목 또는 정렬된 번역을 공란으로 두는 코퍼스 기반 빈칸 메우기 연습의 형태를 말한다.[11] DDL을 이용한 문법 지도에 대한 좋은 예는 '온라인 캠니츠 인터넷 문법(Online Chemnitz Internet Grammar)'인데, 이 문법은 영어-독일어 번역 코퍼스를 광범위하게 사용하고 있다.[12] DDL이 고급 단계의 언어 숙달자에게 적합하긴 하지만, St. John(2001)의 실험은 초보자에게도 매우 큰 이점이 될 수 있음을 보여준다.

이중언어 코퍼스는 또한 특수목적언어(LSP)에서 매우 중요한 교수법의 자료이다. Kübler & Foucou는 본 저술에서 기술(技術) 영어 코퍼스가 중요한 공헌을 했다는 사실을 제시하고 있다(단일언어와 영어-불어 이중언어 모두). 전산학에서 사용된 동사의 사용을 설명할 때 기술(技術) 영어 코퍼스가 사용되었으며, 불어를 말하는 ESP 학생들에게 부합되는 교수법의 자료를 준비할 때도 기술 영어 코퍼스가 사용되었다.

Bernardini(1997)는 다음과 같이 언급했다. "일반적으로 이해되는 것처럼 번역지도(연습과 수정)가 종종 효과가 없고 불확실한 것으로 인식되는 이유는, 확고한 교수법적 배경 지식이 여전히 부족하기 때문이다." 그녀의 관점에서 본다면, 번역에서의 전통적인 연습은 코퍼스 기반 학습 활동과 연계시켜야 한다. 그 학습 활동은 자각, 자성(自省), 수완의 관점에서 번역가 양성을 위해 직접적으로 관련 있는 기술을 개발하는 것이다.

---

11) 견본 자료는 팀 존스의 DDL 웹사이트와 Joseph Rezeau에서 다운로드 받을 수 있다.
  http://web.bham.ac.uk/johnstf/ddl_lib.htm
  http://www.uhb.fr/campus/joseph.rezeau/concord.htm
12) http://www.tu-chemnitz.de/phil/InternetGrammar/. 또한 Schmied 참조(이용가능)

번역 연습생들을 위한 코퍼스 기반 교실 활동은 일반적인 언어나 전문화된 언어의 비교 코퍼스와 병렬 코퍼스를 포함한다. Zanettin(1998: 618-620)은 영어와 이탈리아어의 소량의 비교 코퍼스가 두 언어에 있는 유사한 담화 단위의 행위를 비교하는데 학습자에게 얼마나 도움이 되는지를 보여주고 있다. 또한 목표 문화의 언어적 관습과 장르 관습을 가장 잘 고수하는 번역을 하는데 그 소량의 비교 코퍼스가 학습자에게 얼마나 도움이 되는지에 대해서도 보여주고 있다. 번역지도에 있어 코퍼스 기반 방법의 유효성을 검증하기 위해서, Bowker(1998, 이 책 일부)는 한 팀에게는 전문화된 단일 언어 코퍼스를 사용하게 하고, 다른 팀에게는 전통적인 참고 도구를 사용하게 하면서 두 그룹의 번역 연습생에게 같은 번역 업무를 할당했다. 그리고 전자가 주제에 대한 이해, 올바른 용어 선택, 그리고 관용적 표현이라는 몇 가지 중요한 측면에서 현저하게 후자보다 뛰어나다는 것을 발견했다. 명백히, 아직까지 이러한 사실에 실증적 근거가 거의 없다. 그럼에도 불구하고, Aston(1999)은 번역과 학습 도구로서의 코퍼스의 미래에 대해 다음과 같이 낙관적인 관점을 보였다. "코퍼스를 사용하는 법을 배우고 그것을 컴파일링 하는데 많은 시간과 노력을 들였음에도 불구하고 코퍼스를 사용해 본 대부분의 번역 연습생들은 그것을 사용하기 원했던 것을 포를리(Forli)에서 경험한 바 있다. 그리고 이용 가능한 코퍼스와 적합한 소프트웨어가 증가함에 따라서, 번역 작업과 번역 연습을 위한 코퍼스 사용이 높은 비용 효율로 더 힘차게 추진 될 수 있기를 기대한다."

6. 결론

대조 언어학과 번역학의 분야는 상당히 많은 영역을 공유한다. 즉, 두 분야는 "비록 각 분야가 다른 목적을 위해 이 정보를 사용할지라도, '공통된 것'이 어떻게 다른 방식으로 설명되는지 이해하는 데에 공통된 관심을 가지고 있다"(Chesterman 1998: 39). 대조 언어학과 번역학 연구자들이 이제 같은 종류의 자료에 의존하고 있고 같은 소프트웨어 도구를 사용하며, 같은 코퍼스 기반 응용 프로그램, 특히 사전 문법서와 같은 참고문헌, 그리고 교수법에 관심을 가지고 있기 때문에, 두 분야를 더 가까이 접목시킬 수 있는 잠재성을 가지고 있다. 그러나 Chesterman(1998 : 6)은 다음과 같이 우려했다. "대조 언어학과 번역학이 인접한 학문분야이기 때문에 각각의 통찰력에서 이익을 얻을 수 있을 것으로 보이지만, 종종 한 분야에서의 이론적인 발전은 다른 분야에서는 간과되고 있는 것처럼 보인다." 특히 대조 언어학자들이 번역학의 연구성과들을 잘 알지 못하면, 대조 언어학 연구자료가 번역 기준과 전략에서 기인할지라도, 언어 체계 간의 차이점으로 자료를 설명하도록 유도할 수 있다. 마찬가지로 번역 연구자들은 대조 언어학이 구축해 놓은 두 언어 체계의 조직적인 차이를 제대로 인식 못 해 그들의 자료를 잘못 해석할 수 있다. 연구자들에게 두 분야를 연계시키도록 해야 하는 또 다른 실질적인 이유는 범언어적 연구에 걸림돌이 되는, 코퍼스의 부족 현상 때문이다. 우리는 범언어적 연구를 위해 보다 다양하고 질 좋은 코퍼스를 개발해야 한다. 그리고 자료 수집 하는데 매우 많은 시간이 걸리기 때문에, 둘을 연계시킴으로써 상당한 이점을 얻을 수 있을 것이다. 만약 대조 언어학과 번역학의 도구 지식과 자료가 풍부하다면, 우리는 코퍼스 기반 범언어적 연구와 이용가능성에 대한 밝은 미래를 예측 할 수 있을 것이다.

■ 참고문헌

Aijimer, K., B. Altenberg, and M. Johansson (eds). 1996. *Languages in Contrast. Papers from a Symposium on Text-based Cross-linguistic Studies.* Lund Studies in English 88. Lund: Lund University Press.

Aijimer, K., B. Altenberg, and M. Johansson. 1996. Text-based contrastive studies in English. Presentation of a project. In Aijimer et al (eds) *Languages in Contrast.* 73-85

Altenberg, B., and S. Granger (eds). 2002. *Lexis in Contrast. Corpus-based approaches.* Studies in Corpus Linguistics 7. Amsterdam & Philadelphia: Benjamins.

Anthone, A. 1999. *Patterns of French/Enhlish Conjunct Use in Original and Translated Journalese.* Unpublished MA Dissertation. Louvin-la-Neuve: Univertisité catholique de Louvin.

Aston, G. 1999. Corpus use and learning to translate. *Textus* 12: 289-314. Also available online: http://www.sslmit.unibo.it/guy/textus.htm

Baker, M. 1993. Corpus Linguistics and Translation Studies. Implications and Applications. In M. Baker, G. Francis, and E. Tognini-Bonelli(eds) *Text and Technology*, 233-250. Amsterdam & Philadelphia: Benjamins.

Baker, M. 1995. Corpora in Translation Studies: An Overview and Some Suggestions for Future Research. *Target* 7(2): 223-243.

Baker, M. 1999. The Role of Corpora in Investigating the Linguistic Behaviour of Professional Translators. *International Journal of Corpus Linguistics* 4(2): 281-298

Barlow, M. 1995. ParaConc: A concordancer for parallel texts. *Computers and Texts* 10 (CTI Textual Studies). Also available from http://www.ruf.rice.edu/~barlow/para-ox.htm

Barlow, M. 1999. MonoConc 1.5 and ParaConc, *International Journal of Corpus Linguistics*, 4(1): 319-327.

Bernardini, S. 1997. A 'trainee' translator's perspective on corpora. Corpus use and learning to translate, 14-15 November. Avalable online http://www.sslmit. unibo.it/cultpaps/trainee.htm

Bowker, L. 1998. Using specialized Monolingual Native-language Corpora as a Translation Resource: A Pilot Study. In S. Laviosa (ed.) *L'approache basée sur corpus/The Corpus-based Approach*, 631-651

Chesterman, A. 1998. *Contrastive Functional Analysis*. Benjamins: Amsterdam & Philadelphia.

Corness, P. 2002. Multiconcord: A computer tool for cross-linguistic research. In Altenberg & Granger (eds) *Lexis in Contrast. Corpus-based approaches*, 307-326.

Granger, S. 1996. From CA to CIA and back: An integrated approach to computerized bilingual corpora and learner copora. In Aijmer et al (eds) *Languages in Contrast*, 37-51.

Granger, S., L. Beheydt, and J. P. Colson (eds). 1999. *Contrastive Linguistics and Translation. Special issue of Le Language et l'Homme* 34(1). Leuven: Peeters.

Hartmann, R. 1980. *Contrastive Textology*. Heidelberg: Julius Groos Verlag.

Hervey, S., and J. Higgins. 1992. *Thinking Translation*. London: Routledge.

Holmes, J. 1988. The name and Nature of Translation Studies: In J. Holmes (ed.) *Translated Papers on Literary Translation and Translation Studies*, 67-80. Amsterdam: Rodopi.

James, C. 1998. *Errors in Language Learning and Use. Exploring error analysis*. London & New York: Longman.

Johansson, S., J. Ebeling, and K. Hofland. 1996. Coding and aligning the English-Norwegian Parallel Corpus. In A Aijmer et al (eds) *Languages in Contrast*, 87-112.

Johansson, S., and H. Hasselgård. 1999. Corpora and cross-linguistic research in the Nordic countries. In Granger et al (eds) *Contrastive Linguistics and Translation*. 145-162.

Johns, T., and P. King (eds). 1991. *Classroom Concordancing. ELR Journal* (New Series) 4.

King, P., and D. Woolls. Creating and using a multilingual parallel concordancer. Available online: http://web.bham.ac.uk/johnstf/paracon.htm

Laviosa, S. 1998. L'approche basée sur corpus/The Corpus-based Approach. Special issue of *META. Journal des Traducteurs* 43(4): 473-659.

Laviosa, S. 2002. *Corpus-based Translation Studies. Theory, Findings, Applications.* Amsterdam & New York: Rodopi.

Malblanc, A. 1968. *Stylistique comparée du francais et de l'allemand.* Paris: Didier.

Malmkjaer, K. 1998. Love thy Neighbour: Will Parallel Corpora Endear Linguists to Translators? In S. Laviosa (ed.) *L'approche basée sur corpus/The Corpus-based Approach.* 534-541.

Newmark, P.1988. *A Textbook of Translation.* Englewood Cliffs: Prentice-Hall.

Odlin, T. 1989. *Language Transfer. Cross-linguistic influence in language learning.* Cambridge: Cambridge University Press.

Schmied, J. Forthcoming. Learning English Prepositions in the Chemnitz Internet Grammar. In Granger, S. & Petch-Tyson, S (eds) *Extending the Scope of Corpus-based Research: New Applications, New Challenges.* Amsterdam & Atlanta: Rodopi.

Schmied, J,. and H. Schäffler. 1996. Approaching translationese through parallel and translation corpora. In C. Percy, C. Meyer &I. Lancashire (eds) *Synchronic Corpus linguistics,* 41-56. Amsterdam & Atlanta: Rodopi.

Selinker, L. 1992. *Rediscovering Interlanguage.* London & New York: Longman.

St. John, E. 2001. A case for using a parallel corpus and concordancer for beginners of a foreign language. *Language Learning and Technology* 5(3): 185-203. Available online: http://llt.mus.edu/vol5num3/stjohn/default.html

Teubert, W. 1996. Comparable or parallel corpora? *International Journal of Lexicography* 9: 238-264.

Toury, G. 1980. *In search of a theory of translation.* Tel Aviv: Poter Institute.

Toury, G. 1995. Descriptive Translation Studies and beyond. Amsterdam & Philadelphia: Benjamins.

Venuti, L (ed.).2000. The Translation Studies Reader. London & New York: Routledge.

Vinay, J.P., and J. Darbelnet. 1997. Stylistique comparée du francais et de l'anglais. Paris: Didier.

Woolls, D. 1997. MultiConc (version 1.0), CFL Software Development, Birmingham.

Zanettin, F. 1998. Bilingual Comparable and Training of Translators. In S. Laviosa (ed.) *L'approche basée sur corpus/The Corpus-based Approach*, 616-630.

2.

비교 언어학과 코퍼스[1])

Stig Johansson / 오슬로대학(*University of Oslo*)

개요 ● 본고에서는 컴퓨터를 이용한 코퍼스가 대조 언어학에 적용되는 다양한 방법을 다룬다. 예문은 각 언어마다 원문으로 구성된 양방향 번역 코퍼스와 그 번역을 다른 언어로 번역한 영어-노르웨이어 병렬 코퍼스를 중심으로 한 연구에서 발췌하였다. 코퍼스 모형은 동일한 전반적인 틀 내에서 다른 유형의 코퍼스와 결합하고, 각 유형은 다른 유형을 통제하고 보충하는데 사용된다. 이를 통해 번역의 결과를 확인하는 것이 가능하며, 비교 언어학에서 번역 코퍼스의 사용에 일반적으로 제기되었던 반대 의견들도 극복될 수도 있다. 코퍼스 기반 연구의 실제적인 운용도 논의할 것이며, 이 분야에서 앞으로 해야 할 과제도 제안한다.

---

1) 이 글은 1999년 5월 Freiburg 대학에서 열린 제 20회 ICAME 회의에서 발표되었던 논문을 수정하고 확장시킨 것이다.

1. 목표

언어학의 역사는 이론과 방법적인 면에서 변화가 빈번했다. 대조 언어학도 예외는 아니다. 본 논문에서는 일반적으로 코퍼스 언어학이라는 용어로 언급된 언어 연구의 새로운 접근법과 대조 언어학의 합일점에 대해서 생각해 볼 것이다.

코퍼스의 컴파일링과 그 사용에 엄청난 성장이 있었다. 이는 이론상의 언어학적인 체계를 연구하기보다는 실제 언어를 연구하고자 하는 언어학자들의 관심이 높아진데 어느 정도 관련이 있다고 본다. 그러나 그 이유는 또한 전자 코퍼스라고 일컫는, 기계로 읽을 수 있는 형태의 코퍼스가 부여하는 다양한 가능성과 주로 연관이 있다. 가장 중요한 최근 추세 중의 하나는, 이론적이고도 응용적인 범언어적인 연구에 사용할 수 있는 다중언어 코퍼스의 발전이다. 이러한 다중언어 코퍼스는 대조 언어학에 다시 활기를 불어 넣어 줄 수 있을 것으로 기대된다.

2. 대조 언어학이란 무엇인가?

대조 언어학이란, 언어의 유사점과 차이점을 설명할 목적으로 2개 혹은 그 이상의 언어를 체계적으로 비교하는 학문이다. 비교의 목적은 다양하다.

언어 비교는 응용의 측면에서 뿐 아니라 이론적인 면에서도 아주 흥미롭다. 보편적인 면과 언어 특징적인 점을 알 수 있게 해주므로, 언어의 일반적인 이해와 개별 언어 비교 연구에도 모두 중요하다.
(Johansson & Hofland 1994:25)

따라서 대조 언어학은 단일한 학문 분야가 아니다. 그 초점을 보편적 특징에 둘 수도 있고 언어 개별적 특징에 맞출 수도 있다. 연구 방향이 직접적 응용이 없는 이론적 방향일 수도 있고, 혹은 특정 목적을 위해 수행되는 응용적 방향일수도 있다.[2]

'대조 언어학'이나 '대조 분석'[3]이라는 용어는, 특정 모국어를 사용하는 사람이 다른 목표 언어를 배우고자 할 때, 그러한 제 2 외국어 학습자의 어려움을 예측하거나 설명하는 수단으로서 널리 사용되는 응용 대조 연구와 특히 연관되어 있다. Lado(1957)는 잘 알려진 자신의 책의 서문에 그 접근법의 이론적 원리를 설명한다.

이 책의 계획은 학습을 할 때 어려움을 야기 시킬 수 있는 패턴과 그렇지 않은 패턴을 예측하고 설명할 수 있다는 가정에 기반을 둔다.

언어의 각기 다른 단계(음운론, 형태론, 통사론, 어휘론, 문화)에서의 비교를 통해 각 언어간의 차이점 및 어려운 점의 핵심을 파악할 수 있고, 언어 교육에 있어 중요한 결과물을 얻을 수 있다.

가장 효율적인 자료는 학습자의 모국어와 학습될 언어에 대해 비교

---

2) 비교 언어학 연구들의 다른 유형들에 관해서는 역사 비교 언어학, 비교 유형론적 언어학과 대조언어학 사이의 구분이 되어있는 Fisiak(1980)을 참고하라. 대조언어학은 이론적이거나 응용적일 수 있다.
3) '대조 언어학'과 '대조 분석'은 흔히 분별없이 사용되고 있다. 그러나 전자가 더 일반적인 용어이고 응용 대조 분석으로부터의 발전을 포함하여 사용 가능하다(참조 아래 주석 5).

설명을 잘 할 수 있는 언어의 과학적인 기술에 기반을 둔 자료이다.
(Fries 1945: 9)

응용 대조 언어학에 대한 높은 기대가 무너졌다. 이 접근법에는 많은 문제가 있는데, 특히 언어 학습이 순수한 언어적 연구4)에 의해 이해될 수 없다는 것이다. 그래서 언어 습득을 다루는 사람들은 그 대신 오류 분석이나 수행 분석 또는 중간언어 연구 등의 새로운 학문 영역에 눈을 돌렸다. 그리고 비교 분석은 많은 학자들에게 응용 학문으로 받아들여지지 못했다.5)

응용 대조 언어학에 대한 비판에도 불구하고, 대조 연구는 계속되었으며, 그 영역은 확대되었다.

3. 새로운 방향

비록 Lado(1957)가 문화 비교를 포함하긴 했지만, 초기의 대조 연구는 음운론, 문법, 어휘론과 같은 미시언어학 대조 분석에 초점을 두었다(James 1980: 61ff). 연구 의문점의 예를 들어 보면 다음과 같다.

---

4) 응용 대조 언어학의 문제점에 대한 논의를 위해서는 Johansson(1975: 15), Ringbom (1994: 738-740), Sajavaara(1996:17-20)를 참고하라.

5) 오류 분석은 그 오류가 모국어에 의해 유발된 것이든 또는 다른 원인에서 기인한 것이든 제 2언어 학습자에 의해 만들어진 오류의 분석 및 서술과 관련되어 있다. 수행 분석은 단순히 오류에 연관된 것이 아니라 학습자의 총체적인 수행의 기술로 그 연구 영역을 확장하고 있다. 중간언어 연구에서는 학습자 언어의 발전과 학습자가 사용한 전략에 초점을 맞춘다. 대조 분석에서 시작된 발달 과정에 대한 연구는 Ringbom(1994: 740-741)을 참고하라.

- X 언어와 Y 언어의 자음 음소는 무엇인가? 이 자음 음소 목록과 실제사용, 분포는 서로 어떻게 다른가?
- X 언어와 Y 언어의 시제 체계는 무엇인가?
- X 언어와 Y 언어의 말하기(saying) 동사는 무엇인가?

1970, 80년대 일반적 언어 연구의 확장과 함께, 대조 연구는 점점 텍스트 언어학, 담화 분석과 같은 거시언어학 비교 분석을 다루기 시작했다.

- 응집 개념이 X 언어와 Y 언어에서 어떻게 표현될까?
- X 언어와 Y 언어에서 사과와 요청의 화행은 어떻게 표현될까?
- X 언어와 Y 언어에서 대화는 어떻게 시작되고 끝맺어질까?

이런 종류의 의문점을 제기할 때, 텍스트 비교 연구에 기초를 두어야 한다는 사실이 점점 더 중요하게 되었다.

4. 코퍼스의 역할

지난 몇 십 년 간 언어 연구에 있어 전자 코퍼스는 큰 발전을 해왔다. 이 코퍼스는 문법, 어휘론, 담화분석, 언어 변이 등 다양한 범위에 사용된다. 또한 공시적 연구, 통시적 연구 모두에, 더 나아가 범언어적 연구에서도 사용된다. Salkie(1999)는 다음과 같이 언급했다.

병렬 코퍼스[즉, 다중언어 코퍼스]는 자료의 소중한 원천이다. 실제로 이것은 1990년대 비교 언어학이 부활한 결정적인 이유였다.

이 논문의 나머지 부분에서는 비교 언어학에서 코퍼스의 역할에 대해 주로 논의할 것이다. 먼저, Aijmer & Altenberg(1996: 12)가 언급했던 이중언어 코퍼스가 부여하는 여러 가능성을 살펴보자.

- 단일언어 코퍼스 연구에서는 쉽게 알 수 없는 새로운 통찰력을 비교 대상 언어에 부여해 준다.
- 다양한 비교 목적을 위해 사용할 수 있고, 언어 보편적인 특징은 물론, 언어 개별적인 차이와 언어유형학적 혹은 문화적 차이점에 대한 이해를 돕는다.
- 출발언어 텍스트와 번역문 또는 모국어와 비모국어 텍스트의 차이점을 나타내 준다.
- 사전 편찬법이나 언어 교육, 번역 등 많은 실제적 응용 분야에 사용할 수 있다.

위에 나열된 순서대로 차례로 논의해 가고자 한다. 지시의 편의를 위해, 이중언어 코퍼스와 다중 언어 코퍼스를 다중 언어 코퍼스로 통일하고, Aijmer & Altenberg(1996)은 간단히 Aijmer & Altenberg로 표시한다.

5. 분석적 비교

비교는 비교되는 대상의 특징을 강조할 수 있는 좋은 방법이다. 이것은 더 일반적인 것 뿐 아니라 언어 비교에도 적용된다. 그리고 이것은 위에서 제시된 Aijmer & Altenberg의 목록의 첫 번째 사항이라는 것은 주목할 만하다. 프라하 언어 학파의 창시자인 Vilém Mathesius는 분석적 비교나 언어적 성격 분석은 각 언어의 특성을 결정짓고 세부적인 특징에 대한 더 깊은 통찰력을 가질 수 있게 해주는 하나의 방법이라고 말했다 (Mathesius 1975). 그는 영어와 체코어의 어순 비교에서 분석적 비교 방법을 사용했는데, 후에 Jan Firbas가 뒤를 이어 연구하였다. 그의 책『문어와 구어 의사소통에 나타나는 기능적 문장 구성론(Functional Sentence Perspective in Written and Spoken Communication)』(1992: 3ff)의 첫 장에서 불어로 된 원본 텍스트와 영어, 독일어, 체코어로 번역된 것을 비교하고 그 책 후반부에서 계속 같은 종류의 비교를 사용한다. Firbas는 다음과 같이 언급한다.

> 대조 방법론은 비교 대조되는 언어의 특징적 자질을 설명하는데 귀중한 도움이 되는 유용한 발견적 학습 도구가 된다. ... (Firbas 1992: 13)

연구과정이 컴퓨터 기술의 사용에 의해 확장될 수 있다는 점을 제외하고는 Firbas의 대조 방식과 다중언어 코퍼스를 사용하는 우리의 방식은 원칙적으로 차이가 없다. 한 예로, 영어-노르웨이어 병렬 코퍼스(Ebeling 2000)에 기초로 한 Jarle Ebeling의 제시 구문 연구를 살펴보자. Jarle Ebeling는 두 언어에서 발견되는 세가지 구문을 연구하였다. (1)은 완전 제시문, (2)는 원형(bare) 제시문, 그리고 (3)은 *have/ha*-제시문이라고 한다.

(1) There's a long trip ahead of us.

Det ligger en lang reise foran oss

(2) A long trip is ahead of us.

   En lang reise ligger foran oss

(3) We have a long trip ahead of us.

   Vi har en lang reise foran oss.

구문들이 통사적, 의미적, 담화적 기능에서 유사하다 하더라도, 여기에는 중요한 차이점이 있다. 대조 연구는 이 차이점에 대해 정의를 내리고 동시에 개별 언어를 보다 자세히 설명한다.

6. 대조 연구

개별 언어들의 특성을 강조하고 언어들 간의 관계를 정의하는 일은 단순히 관점의 차이일 뿐이다. Aijmer & Altenberg가 위의 두 번째 항목에서 말했듯이, 비교 연구의 초점을 언어 개별적 특징, 유형학적 특징 혹은 보편적 특징에 둘 수 있다. 여기서는 특히 짝을 이루는 언어들을 비교하는 데 중점을 두고 대조 연구에 관해 다룬다.

대조 연구의 심각한 문제점 중의 하나는 등가성의 문제이다. 우리는 무엇을 비교하는 지를 어떻게 아는가? 예를 들어, 한 언어에서 양상 조동사에 의해 표현되는 것이 다른 언어에서는 상당히 다른 방식으로 표현될 수도 있다. 이런 경우에 양상 조동사들의 비교는 그다지 큰 진전이 없다.

대부분의 대조 언어학자들은 언어간의 관계를 확립하는 도구로써 번역을 명시적으로든 함축적으로든 사용해왔고, Carl James는 그의 대조 분석에 관한 저서에서 번역이 비교의 가장 기본이라는 결론에 이르게 된다.

이러한 다소 엄격하게 정의된 부류의 [관념적인 의미뿐 아니라 대인적이고 텍스트적 의미도 포함하는] 번역 등가성이 대조 분석을 위한 가장 유용한 공통 본질이라고 결론지을 수 있다. (James 1980: 178)

Levenston은 '번역 패러다임'에 관한 그의 논문에서 다음과 같이 제안한다.

> ... 대조에 관한 진술은 (a) 어떤 이중언어 사용자가 정보 제공자로서 자기 자신의 두 언어 사용을 통해서 이루어지든가, 또는 (b) 특정 텍스트와 그것의 번역물과의 면밀한 비교를 통해 이루어진다. (Levenston 1965: 225)

다양한 텍스트와 많은 번역가들이 포함된 다중 언어 코퍼스를 사용함으로써 비교의 타당성과 신뢰도를 높이게 된다. 실제로 이런 다중언어 코퍼스를 사용하게 되면 번역가들의 이중언어적 직관을 체계적으로 활용할 수 있는 것으로 생각할 수 있는데, 그 이유는 이러한 다중언어 코퍼스는 코퍼스 텍스트에서 출발언어와 목표언어 표현 짝 지우기 과정에 반영되어 있기 때문이다.

이런 종류의 코퍼스가 세르보_크로아티아어(Serbo-Croatian)와 영어 간의 대조 프로젝트(Filipović 1969)를 위해 만들어졌었다는 사실은 아마도 잘 알려져 있지 않을 것이다. Spalatin은 그 논거를 아래의 방식으로 나타내고 있다.

(1) 언어들 간의 유사성은 관련 언어들 내에서 대응하는 수준의 요소들 간의 유사성에 반드시 제한되지는 않는다. 그리고 (2) 언어들 간의 유사성은 관련 언어에서 대응하는 군(class)이나 위계(rank)에 속하는 요소들 간의 유사성에 반드시 제한되지는 않는다(Spalatin 1969: 26).

비교의 기반은 양방향 코퍼스여야 하는데, 이것은 영어 텍스트와 세르보-크로아티어어로의 번역본과 (브라운 코퍼스의 절반이 발췌되었다!) 그리고 세르보-크로아티어 텍스트와 그 영어 번역본으로 구성되는 대응 자료를 포함했다. 특별히 이 프로젝트를 위해 그 번역들이 의뢰되었고, '의도적으로 그 프로젝트 외부에서 선정된' '유능한 전문 번역가들'이 실제 번역을 수행하였다(Filipović 1971: 84). 우리가 출판된 번역본을 사용해왔다는 사실 이외에도, 이 방법은 수년 뒤에 영어-노르웨이어 병렬 코퍼스를 위해서도 우리들이 선택한 모델이기도 하다. 우리가 그 프로젝트를 시작할 당시에는 이러한 유사성을 잘 인식하지 못했으며, 바로 최근에 Jarle Ebeling의 논문 연구와 관련되어 그 문제가 부각되었다.

코퍼스 기반 대조 연구의 한 예로 Berit Løken(1996, 1997)의 영어와 노르웨이어의 가능성(possibility) 표현의 연구를 들 수 있는데, 이는 영어-노르웨이어 병렬 코퍼스를 기반으로 한다. Løken의 연구결과들 중의 하나는 비록 그 두 언어가 처리되는 방법은 유사하지만, 인식론적 가능성의 표현에 있어서는 중요한 차이점이 있다는 것이었다. 영어 양상 조동사는 노르웨이어에서 대략 절반의 경우 부사에 의해(예문 4, 5) 또는 조동사와 부사의 결합(예문 6)으로 번역된다.

(4) You *may* not know about this one: it's a modern sin.

Du kjenner *kanskje* [lit. 'perhaps'] ikke til den, det er en modern synd.

(5) I had become frightened on the way home, thinking that my father *might* be waiting up for me.

På veien hjem var jeg blitt ganske redd da jeg tenkte på at faren min *kanskje* [lit. 'perhaps'] satt oppe og ventet på meg.

(6) At moments ... he realized that he *might* be carrying things too far.

Iblant ... innså han at han *kanskje* kunne [lit. 'perhaps could'] drive det for vidt.

반면, 노르웨이어 양상 조동사가 영어의 양상 조동사가 아니라 어떤 다른 표현에 의해 번역되는 경우는 흔하지 않았다. Løken은 다음과 같이 결론짓는다.

> 코퍼스 자료에서 발견된 영어와 노르웨이어 간 차이점의 대부분은 각 언어 조동사의 문법화 정도가 다르기 때문인데, 노르웨이의 조동사는 영어 보다 덜 문법화 되어 있다. (Løken 1977: 55f.)

영어와 노르웨이어에 관한 Løken의 연구는 이후에 Aijmer(1999)의 연구에서 영어와 스웨덴어에 다시 적용되었는데, Aijmer는 스웨덴어 *kan* 과 영어 *may/might*의 상대적인 문법화 정도를 그 연구결과에 결합시켰다.

이러한 연구들은 보다 일반적인 언어 간의 차이점들에 관한 가설이 어떻게 코퍼스 연구 결과에 의해 도출되는지를 설명한다. 이와 관련해서, Andrew Chesterman의 최근 저서 『대조 기능 분석(Contrastive Functional Analysis)』으로부터 다음을 인용하고자 한다.

> 코퍼스 연구는 가설의 훌륭한 원천이다. 그러나 코퍼스 연구는 특히 가설이 검증되는 장소이다(유일한 장소는 아님). 주어진 가설이 보다 설득력 있게 검증될수록 — 통제된 실험에서 코퍼스나 다른 화자들의 직관과는 달리... — 그것은 더 잘 확증될 것이다. (Chesterman 1998: 60f.)

코퍼스의 사용은 어떤 한 언어 이론에 얽매이지 않는다. 연구자는 자료를 설명하기에 적절한 어떤 언어 이론이든 선택할 자유가 있는 것이다.

7. 번역학

Aijmer & Altenberg는 위의 세 번째 항목에서, 출발언어 텍스트와 번역본 간의 차이점에 관한 연구를 다룬다. 코퍼스로 번역물의 본질에 관해 연구할 필요성은 Baker(1993)에 의해 제창되었고, 실제로 최근에 와서야 번역가를 위한 한 정기 간행물의 특별 주제가 '코퍼스 기반 접근'(META, 1998 12월호)이기도 했다. Baker의 논문 첫머리에 편집자는 다음과 같이 쓰고 있다.

> ... 점차 많은 번역학자들이 코퍼스 기반 접근법을 번역물과 번역이 새롭고 체계적인 방법으로 연구될 수 있는 실용적이고 생산적인 한

관점으로서 진지하게 고려하기 시작했다. (Laviosa 1998: 474)

번역 텍스트에 대한 연구는 그 출발언어에 의해 야기된 특징(Gellerstam 1996에 따라)에 초점을 두든지, 아니면 (Baker 1993가 제안한 대로) 번역 텍스트의 보다 일반적인 특성에 초점을 맞출 수 있다.

영어 동사 'love'와 'hate' 그리고 그 노르웨이어 대응어에 관한 본 연구에서(Johansson 1998c), 필자는 원문 텍스트와 번역 텍스트 간의 분포에 있어 중요한 차이점들을 발견했다(그림1 참조). 이 그림은 영어-노르웨이어 병렬 코퍼스의 소설 원문 텍스트에서 이 영어 동사들이 그 노르웨이어 대응어 보다 약 세 배 많이 쓰인다는 것을 보여준다. 그러나 번역 텍스트에서는, 노르웨이어 동사들인 'elske'와 'hate'의 빈도수는 올라간다. 반면 아마도 출발언어에 의해 야기된 것으로 보이는 영어 동사들의 수치는 내려간다. 이러한 종류의 사례들은 쉽게 찾아볼 수 있다.

그림 1. 영어-노르웨이어 병렬 코퍼스의 원문과 번역된 소설 텍스트에서의 영어 love 와 hate, 그리고 노르웨이어 elske와 hate의 분포(각 유형의 30개 텍스트)

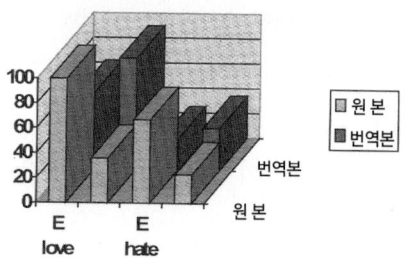

번역의 보다 일반적인 특징에 관한 연구의 한 사례는 Linn Øverås

(1996, 1998)의 영어-노르웨이어 병렬 코퍼스를 기반으로 한 번역된 영어와 노르웨이어에서의 명시화(explicitation)에 관한 연구이다. 다음 예들은 영어-노르웨이어 번역문에서(예문 7, 8) 그리고 노르웨이어-영어(예문 9, 10) 번역물에서 더 명시화되었음을 보여준다.

(7) At least I haven't had to pin anything this time, *he said.*
Denne gangen slapp jeg I alle fall å bruke skruer, *sa ortopeden.*
[lit. 'said the orthopedist']

(8) Her companion hesitated, *looked at her,* then learned back and released the rear door.
Den andre kvinnen nolte og *så på piken,* så snudde hun seg og trakk opp låseknappen på døren bak. [lit. 'looked at the girl']

(9) *En av dem* får tak I øksa til tommermannen. [lit. 'one of them']
But then one of them got hold of an axe belonging to the carpenter.

(10) *Husk nå* at du ikke gir fra deg så mye som en bitteliten lyd. [lit. 'now remember']
Now remember, she admonished, not a sound.

(7)과 (8)에서 번역가는 더 특정적 지시 표현을 삽입했고, (9)에서는 연결사를 첨가했으며, (10)에는 원문 텍스트에는 대응하는 형태가 없는 보고

문이 있다. 이러한 변화들은 양쪽 번역 모두에서 나타났으며, 그 반대 유형인 함축화(implicitation)보다 훨씬 더 흔하게 나타났다. Øverås의 연구들의 궁극적 목표는 번역 규범에 관한 결론에 도달하는 것이다. 번역 규범을 연구하기 위해, 똑같은 단편소설과 과학 기사 텍스트를 몇몇 최고로 숙련된 노르웨이 번역가들에게 의뢰하여 그 번역본에 관한 소용량 코퍼스를 수집하였다.

이제, 만약 번역 텍스트들이 특별한 특징을 가지고 있다면, 어떻게 그런 자료를 대조 연구에 사용할 수 있는가? 이 질문은 다음 절에서 다룰 것이다.

8. 연구 유형에 따라 어떤 종류의 코퍼스가 필요한가?

이 질문은 Lauridsen(1996), Granger(1996), Teubert(1996), Johansson (1998a, 1998b) 등 다수의 논문에서 논의되었으므로 가능한 간략히 다루고자 한다. 코퍼스의 특성은 연구에 따라 달라진다. 여기서 다루는 모든 연구의 공통점은 특히 그 연구들이 각기 다른 종류의 병렬 코퍼스를 필요로 한다는 것이다.

- 원본 텍스트와 그 번역본의 다중언어 코퍼스 (대조 연구와 번역학에 적합)
- 장르나 작문의 시대와 같은 기준에 부합하는 원본 텍스트의 다중언어 코퍼스(대조 연구에 적합)
- 원본 텍스트와 번역 텍스트로 구성된 단일 언어 코퍼스(번역학에 적합)

각 종류의 가능성과 제한점을 논의하기보다, 영어-노르웨이어 병렬 코퍼스(Johansson 1998b; 그림 2 참조)에서 해왔던 것처럼 같은 전반적인 틀 내에서 세 유형이 결합될 수 있다는 점과, 또한 각각의 코퍼스가 다른 종류의 코퍼스를 통제하고 보충하는데 사용될 수 있다는 점만 언급하고자 한다. 이러한 방식으로 같은 코퍼스를 대조연구와 번역학 모두에 사용할 수 있고, 따라서 위의 7장에서 제기된 문제를 피할 수 있다.

그림 2. 영어-노르웨이어 병렬 코퍼스의 구조

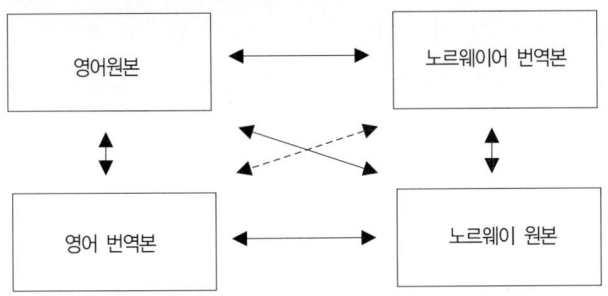

모국어 텍스트와 비모국어 텍스트간의 차이점과(참조 Aijmer & Altenberg의 세 번째 논점), 다른 모국어 배경을 가진 학습자들이 쓴 텍스트들 간의 차이점 등을 다루는 학습자 언어 연구를 위해서는 특별한 종류의 코퍼스가 필요하다. 국제 학습자 영어 코퍼스(International Corpus of Learner English)와 연계된 이 분야는 최근 상당히 발전해왔다. 여기서 다루어진 연구는 엄밀한 면에서는 대조적이지 않으며, 오류분석과 수행 분석에 대한 코퍼스 기반 접근법을 나타내는 것으로 볼 수 있다.

9. 응용 분야

마지막 논점에서 Aijmer & Altenberg는 사전 편찬, 언어 교육, 번역과 같은 여러 가지 실용적 응용에 관심을 기울였다. 언어학의 역사에 대해 잘 아는 사람들은 과장된 주장의 위험성을 잘 알고 있다. 제2차 세계대전 이후 수십 년간 응용 대조 언어학에 대한 붐이 일었다. 그러나 그 희망은 좌절되었다(위의 2절 참고).

현재 새로운 코퍼스 방법론에 의해 대조 언어학이 다시 활기를 띄고 있으므로 이 접근법의 주장을 과장하지 않는 것이 중요하다. 다중언어 코퍼스가 아무리 훌륭하더라도 학습자의 어려움을 확실히 예측할 수는 없다. 그럼에도 불구하고 코퍼스 기반 대조 연구는 특히 다음과 같은 중요한 역할을 한다.

- 새로운 이중 언어 사전의 편찬
- 대조 문법을 포함한 새로운 교육 자료의 개발
- 의식 고양 훈련과 같은 번역가 훈련을 위한 자료 개발 (코퍼스 속에 실례로 나타나 있는 전문 번역가들이 문제 X 또는 Y를 어떻게 다루었는가?)

응용분야에 관한 간단한 논의를 마무리 짓기 위해 필자의 이전 논문을 인용하고자 한다.

코퍼스의 가장 흥미로운 관점 중 하나는 연구와 교육 두 분야에서 훌륭한 장점으로 사용될 수 있다는 것이다. 이론에서 실제로 이어지고, 문법과 사전에서 언어사용으로 이어지는 방법을 찾는 것은 언어 교육의 영원한 과제였다. 만일 학습자들이 문법과 사전뿐만 아니라 코퍼스를 제공받는다면…, 언어 기술과 언어 사용사이의 연계를 더욱 쉽게 알 수 있을 것이다. 학습자들은 더 편리하게 이중 언어 사전에서 적절한 형태를 고를 수 있고, 대조 문법은 사용 언어에 대한 더 효율적인 지침이 될 것이다. 코퍼스에 접근 하면서, 언어 학습은 발견의 과정이자 연구의 한 형태이다. 다시 말해 흥미로우면서도 아마도 효율적이기도 한 학습 방법이 될 수도 있을 것이다. (Johansson 1998a: 286f.)

10. 결론

이 연구에서 필자는 대조언어학을 아주 넓은 의미로 사용하였다. 모두가 이 넓은 정의에 동의하지는 않겠지만, 지금까지 논의해왔던 모든 분야에서 코퍼스가 중요한 역할을 한다는 것을 보여주고자 했다. 코퍼스 기반 방법론의 사용은 Firbas & Levenston에 의한 번역 사용법과 같은 과거 전통적 방법론에 의해 실행되어온 연구 유형의 계승이며 확장이다. 그러나 코퍼스의 도움으로 도수분포와 문체적 선호도를 포함한 실제 언어사용을 연구하고 대조할 수 있는 전례 없는 기회를 얻게 되었다. 코퍼스는 거시언어학적(macrolinguistic) 연구에 절대적으로 중요하지만, 또한 어휘적, 문법적 패턴에 대한 연구를 강화시킬 것이다.

그러나 그 발전은 이제 막 시작 단계이다. 미래를 위해 특히 흥미로운 요망 사항을 열거해 보면 다음과 같다.

- 여러 가지 언어가 나타나는 다중언어 코퍼스(실질적인 의미의 다중언어)에 대한 더 많은 연구가 필요하다. 이와 같은 코퍼스의 연구는 언어특유의, 유형학적, 혹은 보편적인 특징에 대한 우리의 지식을 늘려 줄 것이다.
- 번역 텍스트와 학습자 언어의 코퍼스에 관한 작업을 수행해갈 필요가 있다. 번역문의 출발언어와 목표언어의 체계적 변화 과정과, 학습자 모국어의 체계적 변화 과정을 파악할 필요가 있다. 이러한 방식으로 우리는 번역 텍스트와 학습자 언어의 언어 개별적 특성뿐만 아니라 일반적 특성을 밝혀낼 수 있다.
- 우리는 실제 언어사용에 기반을 둔 신형문법과 사전을 원한다. 우리가 하나의 언어든, 그 이상의 언어를 말하든 간에, 이상적으로 볼 때 문법, 사전, 코퍼스간의 연계가 이루어진 전자 형식의 새롭게 통합된 언어 기술이 필요하다(Johansson 1998b). 이러한 언어기술이 시작된 경우도 있지만, 여전히 걸음마 단계이다.

이 간략한 연구를 끝내기 위해 영어-노르웨이어의 병렬 코퍼스에 대한 연구의 머리 부분에서 했던 예측을 언급 하는 것이 적절할 것 같다.

개별 언어 연구에 있어서의 전자 코퍼스의 중요성은 현재 확실히 정립되었다. 따라서 이중 언어와 다중 언어 코퍼스는 정확히 수집되고 사용된다면 언어의 비교 연구를 강화시켜 줄 것이다.

우리의 주장을 추후 연구들이 증명해 주기를 바란다.

■ 참고문헌

Aijmer, Karin. 1999. Epistemic possibility in an English-Swedish contrastive perspective. In H. Hasselgard and S. Oksefjell (eds), *Out of Corpora. Studies in honour of Stig Johansson*, 301-323. Amsterdam and Atlanta, GA: Rodopi.

Aijmer, Karin and Bengt Altenberg. 1996. Introduction. In Aijmer et al (eds), 11-16

Aijmer, Karin, Bengt Altenberg Mats Johansson (eds). 1996. *Languages in Contrast. Papers from a symposium on text-based cross-linguistic studies, Lund 4-5 March 1994.* Lund Studies in English 88. Lund: Lund University Press.

Baker, Mona. 1993. Corpus linguistics and translation studies: Implications and applications. In M.Baker, G. Francis, and E.Tognini-Bonelli (eds), *Text and Technology. In honour of John Sinclair*, 223-250. Amsterdam and Philadelphia: John Benjamins.

Chesterman, Andrew. 1998. *Contrastive Functional Analysis.* Amsterdam: Benjamins.

Ebeling, Jarle. 2000. *Presentative Constructions in English and Norwegian: A corpus-based contrastive study.* Acta Humaniora 68, Faculty of Arts, University of Oslo. Oslo: Unipub firlag.

Filipović, Rudolf. 1969. The choice of the corpus for the contrastive analysis of Serbo-Croatian and English. In *The Yugoslav Serbo-Croatian - English Contrastive Project B. Studies 1*, 37-46. Institute of Linguistics, University of Zagreb.

Filipović, Rudolf (ed.). 1971. *Zagreb Conference on English Contrastive Projects, 7-9 December 1970. Papers and discussion.* Institute of Linguistics, University of Zagreb.

Firas, Jan 1992. *Functional Sentence Perspective in Written and Spoken Communication.* Cambridge: Cambridge University Press.

Fisiak, Jacek. 1980. Some notes on contrastive linguistics. *AILA Bulletin* 1 (27): 1-17

Fries, Charles C. 1945. *Teaching and Learning English as a Foreign Language.* Ann Arbor: University of Michigan Press.

Gellerstam, Martin. 1996. Translations as a source for cross-linguistic studies. In

Aijmer et al (1996), 53-62.

Granger, Sylviane. 1996. From CA to CIA and back: An integrated approach to computerized bilinguial and learner corpora. In Aijmer et al(1996), 37-51.

Granger, Sylviane (ed.).1998. *Learner English on Computer*. London: Longman.

James, Carl. 1980. *Contrastive Analysis*. London: Longman.

Johansson, Stig. 1975. *Papers in Contrastive Linguistics and Language Testing*. Lund Studies in English 50. Lund: CWK Gleerup.

Johansson, Stig. 1998a. On computer corpora in contrastive linguistics. In W.R. Cooper (ed.), *Compare or Contrast? Current issues in cross-language research*. Tampere English Studies 6, 259-289. Tampere: University of Tampere.

Johansson, Stig 1998b. On the role of corpora in cross-linguistic research. In S. Johansson and S. Oksefjell (eds), *Corpora and Cross-linguistic Research: Theory, method, and case studies*, 3-24. Amsterdam and Atlanta, GA: Rodopi.

Johansson, Stig 1998c. Loving and hating in English and Norwegian: A corpus-based contrastive study. In D. Albrechtsen, B. Henriksen, I. M. Mees, and E. Poulsen (eds), *Perspectives on Foreign and Second Language Pedagogy. Essays presented to Kirsten Haastrup on the occasion of her sixtieth birthday*, 93-103. Odense: Odense University Press.

Johansson, Stig and Kunt Holfland. 1994. Towards and English-Norwegian parallel corpus. In U.Fries, G. Tottie, and P. Schneider (eds), *Creating and Using English Language Corpora*, 25-37. Amsterdam and Atlanta, GA: Rodopi.

Lado, Robert. 1957. *Linguistics Across Cultures: Applied linguistics for language teachers*. Ann Arbor: University of Michigan Press.

Lauridsen, Karen. 1996. Text Corpora in contrastive linguistics: Which type of corpus for which type of analysis? In Aijmer et al (1996), 63-71.

Laviosa, Sara. 1998. The corpus-based approach: A new paradigm in translation studies. META 43: 474-479.

Levenston, E.A. 1965. The 'translation paradigm': A technique for contrastive syntax. *International review of Applied Linguistics* 3: 221-225.

LØken, Berit. 1996. Expressing possibility in English and Norwegian. Unpublished *hovedfag* thesis. Department of British and American Studies, University of Oslo.

LØken, Berit. 1997. Expressing possibility in English and Norwegian. *ICAME Journal* 21: 43-59.

Mathesius, Vilém. 1975. *A Fucntional Analysis of Present-day English on a General Linguistic Basis.* Transl. L. Duskova, ed. J Vachek. Prague: Academia.

Øverås, Linn. 1996. In search of the third code: An investigation of norms in literary translation. Unpublished *hovedfag* thesis. Department of British and American Studies, University of Oslo.

Øverås, Linn. 1998. In search of the third code: An investigation of norms in literary translation. META 43: 571-588.

Ringbom, Håkan. 1994. Contrastive analysis. In R.E. Asher and J.M.Y. Simpson (eds), *Encyclopedia of Linguistics*, Vol. 2, 737-742. Oxford: Pergamon Press.

Sajavaara. Kari. 1996. New challenges for contrastive linguistics. In Aijmer et al(1996), 17-36.

Salkie, Raphael. 1999. How can linguistics profit from parallel corpora? Paper given at the symposium on parallel corpora? 22-23 April 1999, University of Uppsala.

Spalatin, Leonardo. 1969. Approach to contrastive analysis. In *The Yugoslav Serbo-Croatian - English Contrastive Project B. Studies 1*, 26-36. Institute of Linguistics, University of Zagreb.

Teubert, Wolfgang. 1996. Comparable or parallel corpora? *International Journal of Lexicography* 9: 238-264.

3.

코퍼스와 번역학

Sara Laviosa / 바리대학*(Bari University)*

개요 ● 코퍼스를 통한 번역 연구는 번역학 분야에서 완전히 성숙된 패러다임을 제시한다. 코퍼스를 통한 번역 연구의 역할은 두 가지 점에서 중요하다. 먼저 그러한 번역 연구는 새롭고 유연한 방법론을 발달시키며, 여러 언어와 번역현상의 다양한 자료를 축적한 코퍼스기반 번역학(Corpus-based Translation Studies)은 코퍼스 언어학의 방법적 · 이론적 통찰에 바탕을 두고 있다. 본 연구는 두 연구 영역의 유사점과 차이점을 평가하기 위해 두 영역 사이의 관계를 고찰한다.

1. 서론

코퍼스를 체계적으로 제작하고 연구함으로써 지속적으로 기술 언어학과 응용 언어학에서 새로운 연구 분야가 개척되고 있다. 코퍼스 언어학으로 인하여, 대조언어학, 사전 편찬법, 교육언어학, 전산언어학, 용어학, 제2언어 습득론, 법언어학, 문헌학 및 비판적 언어학 모두 방법적 이론적 측면에서 중요한 전환을 맞이하였다.

번역학에서 특히 코퍼스 기반 연구는 번역의 개념화, 연구 및 교수·학습에 새로운 방법을 가져다 주었다. 코퍼스와 번역학의 결합은 필자가 언급한 '번역의 이론, 기술 및 실제에 관한 다양한 주제들을 다루는 풍부하고도 혼성적인 그리고 일관된 패러다임(Laviosa 1998a: 474)'을 창출하였다. 그 이론적 연구는 연구 가설과 분석 방법을 정교화하고, 번역 행위의 기저에 있는 언어적 문화적 이념적 원리를 상세하게 설명하는데 초점을 두고 있다. 그 기술적 연구는 여러 언어에 관해 비교가능한 실증적 자료를 상당히 축적해 두고 있다. 또한 응용 분야는 번역가를 양성하기 위하여 혁신적이고 효과적인 방법을 발전시키고 있다. 새로운 패러다임인 코퍼스기반 번역학(CTS)은 원문과 번역 텍스트의 코퍼스를 이용하는 학문의 하위 분야로서 그 목적은 번역 창작물과 과정에 대한 실증적 연구, 이론적 틀의 정교화 및 번역가 양성을 위함이다. 코퍼스기반 번역학은 엄격하고도 유연한 방법론을 사용하고, 그 이론적 원리는 실증적 관찰에 기반하고 있으며, 번역 연구에 귀납적 방법과 연역적 방법 모두를 사용하며, 이론 기반 연구자와 실증 기반 연구자 및 응용 기반 연구자들의 협력과 대화를 촉진시킨다. 코퍼스기반 번역학의 혼성적 성질과 내적 일관성은 정보화 시대의 지식과 조사의 전형적인 형태를 따르는 장기적 다중 언어 프로젝트를 장려하는 잠재력을 갖고 있으며, 전반적 번역학을 발전시키는 중심적 특성이라 할 수 있다. 그러나 필자의 견해로는 이러한 코퍼스기반 번역학의 역할이 완전히 효과적으로 실현되기 위해서 코퍼스기반 번역학과 번역학 내의 오랜 전통을 갖는 접근 방법들 사이의 이론적 연결고리를 고려해야 한다는 것이다. 이러한 전통적 접근방법들은 풍부한 이론적 상술을 지니며, 코퍼스 기반 방법론을 사용하여 실증적으로 검증될 수 있는 가설들의 소중한 원천들을 지니고 있다. 본 연구는 기술(記述) 번역학(Descriptive Translational Studies)과 기술적 코퍼스기반 번역학 사이에 존재하는 중요한 관계를 분석하고자 한다. 이 두 영역의 유사점과 차이점을 확인하고 기술함으로써 성과 있는 토론이 이루어지고, 새롭고 흥미로운 연구 프로젝트를 촉진시킬 수 있을 것이다.

2. 기술 번역학

1980년대 번역학에서 기술(記述) 접근법을 발전시킨 이는 Gideon Toury 이다. Holmes (1972)의 기본 개념을 채택한 Toury(1995)의 이론에서 기술 번역학은 번역학의 중심에 있다. 기술 번역학은 변별적 내부 조직을 갖추고 있으며, 번역 이론과 상호 작용하고, Toury가 응용 번역학이 아니라 '응용 확장(applied extensions)'이라고 불렀던 분야와 일방향 관계를 가진다.[1) 기술 번역학의 세 가지 연구 초점은 하나의 복합체를 구성하고 있으며, 그 복합체 내에서 번역의 기능은 번역물과 번역 행위가 목표 문화에서 어떤 위치를 점하고 있는가와 관련된다.[2) 기능은 번역의 실제적 텍스트 구조를 결정하고, 번역 과정을 통제한다. 즉, 기능은 원본으로부터 번역본을 만들기 위해 번역가가 사용하는 책략이며 동시에 책략들 사이에서 나오는 결과적 관계이다. 이러한 선험적 입장은 역동적 기능주의

---

1) Toury가 사용한 이 명칭은 하위 응용 영역이 그 분야의 통합적 구성 성분이 아니라 그 분야를 넘어서 확장된다는 점을 강조한다.

2) Toury가 사용한 '기능(function)'이라는 말은 아주 특수한 의미를 갖는다. 그것은 Vermeer의 목적이론(Skopostheorie; Toury 1995: 12에서 재인용된 Vermeer 1986)에서 처럼 특정한 번역의 목적을 의미하는 것이 아니라, 관계의 네트워크에 의해 특정 체계의 일부에 부여된 '가치'를 뜻한다(Toury 1995: 12).

(Dynamic Functionalism)에서 도출된 것이며(Even-Zohar 1990), Toury의 모형을 특징짓는다.

기술 번역학과 이론과의 관계는 상호적이다. 관찰적이며 실험적인 기술적 연구의 결과는 다양한 상황에서 번역이 무엇과 관련되는지 왜 관련되는지를 보여준다. 또한 그 기술적 연구 결과는 원칙적으로 번역이 무엇과 관련될 수 있는지에 대한 기존 가정을 증명하거나, 교정하거나, 확장하는 방식으로 이론 부분과 연관성을 갖는다(이러한 연구들이 이론에 따라 처리되든 혹은 자료에 따라 처리되든 상관없음). 이러한 실증적 토대 위에서, 번역이 다양한 상황에서 무엇과 '관련될 것 같은'지를 그 이론은 예측할 수 있는 입장에 놓이게 될 것이다(Toury 1995: 15). 이런 예측은 번역 행위에 관한 확률 법칙으로서, 번역에 영향을 미치는 다양한 변인들 사이에 존재하는 관계를 기술한다. 확률 법칙은 실증적 연구 결과들과 더불어 번역 행위의 규범적 규칙의 기초를 형성할 수 있다. 이러한 규범적 규칙은 이론에 의해 형성되는 것이 아니라, 각기 다른 번역학 응용 분야에서 활동하는 번역 비평가, 번역 교사, 번역 기획자와 같은 이들에 의해서 형성된다. 순수 번역학과 응용 번역학과의 관계는 일방향적이며 간접적임을 뜻한다. Toury의 이론에서 번역학의 응용 분야는 번역의 이론과 기술(記述) 뿐 아니라 교수 학습 이론, IT, 대조 분석, 전산 언어학과 같은 다양한 학문 분야에 의존한다. Toury는 번역학 내에서의 기술 번역학의 중심적 역할을 제안하였는데, 번역학의 기술적(記述的) 분야의 발전이 번역학을 하나의 완전하고 독자적인 실증 과학으로 발전시키기 위한 선행조건이라고 강조하고 있다. 이는 20년 전 Holmes가 예견한 바 있으나, 지금까지 실현되지 않고 있다.

기술 번역학의 목적은 번역의 기능, 번역물과 번역 과정 사이의 관계를 밝히는 것으로써, Toury가 제안한 방법론적 절차는 연구 대상을 확인하는 것으로부터 출발한다. 이것은 '상정(想定) 번역들(assumed translations)'로 구성되는데, 상정 번역이란 '어떤 근거에서든 목표 문화 내에서 그런 기능으로 제시되거나 간주되는 모든 발화들'로 정의될 수 있다(Toury 1995: 32). 이런 정의의 근거는 다음과 같이 기술 번역학에 관한 두 개의 가정에서 나온다. 첫째 가정은 '번역은 목표 문화에 관한 사실들이며, 특별한 경우에 그 사실들이 가끔 자신이 속한 문화의 하위 체계를 구성할 때조차 목표 문화의 하위 체계를 구성한다'는 것이다 (Toury 1995: 29). 두 번째 가정은 번역물은 그 자체로 텍스트이며, 다른 어떠한 텍스트의 단순한 표상이 아니라는 것이다. 이상과 같은 번역본 지향적이며 실증적 관점에서, 개별 텍스트와 텍스트의 코퍼스3)를 선별하는 기준은 외부적이고 잠정적이며 또한 전적으로 목표 언어에 기반을 둔다.

'상정 번역'에 대한 분석의 첫 단계는 원본과 상관없이 각 개별 번역 텍스트가 일반적 목표 언어 텍스트로서 그리고 목표 문화내의 번역으로서 수용할 만한 지 평가하는 것이다. Toury에 의하면, 이런 평가는 동일한 원전을 한 언어로 번역한 동시대의 다른 번역본들을 비교함으로써 이루어진다. Toury가 제시한 예는 '오즈의 마법사'를 핀란드어로 번역한 1977년 판 번역본 두 가지가 얼마나 가독성이 있는지를 비교한 Puurtinen의 비교 분석이다. Puuritinen은 핀란드 아동 문학체계에서 가독성은 이러한 번역본의 수용 가능성을 나타내는 한 측면이라고 가정하며, 상대적 가독성에 영향을 미치는, 두 번역가의 언어적 선택을 분석하고 있다

---

3) 번역학에서 '코퍼스'라는 용어는 코퍼스 언어학에서 쓰이는 것처럼 고정된 의미를 갖고 있는 것은 아니라, 일반적으로 특정 기준에 따라 수작업으로 엮어진 상대적으로 작은 텍스트 모음집을 의미한다. 예를 들어, 이런 모음집은 특정 번역가나 번역가나 번역가나 작가 시대별 텍스트 등을 포함한다.

(Toury 1995에서 재인용된 Puurtinen 1989a, 1989b). Toury의 견해에 따르면, 목표 문화 틀 내에서 완전히 이루어질 수 있고 번역 텍스트의 코퍼스에 대한 수용 가능성(acceptability)을 연구자가 확립할 수 있도록 하는 또 다른 비교는, 다양한 시대에 걸쳐 한 언어로 번역된 번역본들에 대한 연구라고 할 수 있다. 더구나, 한 번역가가 작업한 번역본을 다양한 시기별로 분석하면 번역 과정에서 일어나는 번역가의 언어 선택을 특징지워 주는 수용 가능성을 고찰할 수 있다. 또 다른 유형의 연구는 다양한 문화에서 수용 가능성과 타당성(adequacy)이 어떻게 달라지는지를 평가하기 위한 목적으로, 동일한 원본을 다양한 언어로 번역한 번역본들을 비교해 볼 수도 있다. 이런 분석은 번역에서 언어 개별성과 언어 보편성이 무엇인지 구분하는데 도움이 된다(Ben-Ari 1988 참조). 그러나 한 번역본의 수용 가능성을 평가하는 것은 상당히 어렵다. 연구를 위해 사용된 방법들은 대개 순환 논증에 기반하고 있는 것 같다. 수용 가능성에 관한 몇몇 기준들이 먼저 주어지고, 특정한 번역본(들)이 주어진 기준에 어느 정도 부합하는지를 정하기 위해 언어 분석이 수행된다. 어느 것이 수용가능한 번역이 되는지를 독자적으로 결정하는 하나의 방법은, 판매량과 재판본의 횟수 등에 대한 분석과 더불어, 독자의 의견을 이끌어 내도록 고안된 질문지와 서평에 대한 분석을 사용할 수 있겠다. 그러나 이런 과정은 현대 출판물의 경우에만 적용될 수 있을 것이다.

분석의 두 번째 단계는 Toury가 주장한 것처럼, 원본이 어떤 것인지 성격을 규정하고, 다음으로 원본의 일부와 번역본의 일부를 사상(mapping)시켜서 원본과 번역본 사이의 관계를 결정하는 것이다4). 이러

---

4) 번역본이라고 알려진 텍스트는 번역본이 아닐 수도 있다. 즉, 번역본으로 제시되고 있거나, 그 문화권에서는 번역본으로 생각되어질 만큼 번역체의 특징들을 사용하고 있지

한 분석은 번역의 진정한 출발로서의 상정된 원전 텍스트의 정당성을 또한 확인시켜 줄 수 있다. 원본과 번역본의 부분들을 비교 분석해 봄으로써, 원본에 대한 번역본의 변화를 연구할 수 있다. 그러나 번역이 담고 있는 것들을 이해하고 기술하려고 하기보다, 번역본의 변화를 확인함으로써 번역속의 잘못된 점과 잘 된 점을 평가하도록 유도하는 '부정적 논법'에 대해 Toury는 경고한다 (Toury 1995: 84).

분석의 세 번째 단계에서 원본과 번역본 사이에 만들어진 관계는 두 텍스트에 대한 등가성을 지배하는 규범을 일반화하기 위한 기초가 된다. 등가물이란 원본의 표현만을 고수해야 한다는 절대적 기준에 바탕을 둔 선험적 개념이 아니다. 그러므로 그것은 특정 번역본에 사용될 지도 모르는 가능한 모든 해결책의 집합을 지시하는 것이 아니라, 주어진 목표 문화에서 수용 가능한 번역을 특징지을 수 있는 실제적 관계를 포함한다. 따라서 기술적(記述的) 연구에서는 연구자가 등가성이 존재한다고 항상 가정하고 있다는 뜻이 된다. 연구자가 밝혀야 할 것은 불변성과 변형 간의 균형이라는 측면에서 등가가 실현되는 구체적인 방법이다. 이러한 유형의 기능적·관계적·문화적으로 규정되는 등가성은 연구되는 목표 텍스트를 특징짓는 번역의 개념을 발견하기 위한 발판을 이루고 있다.

지금까지 서술된 '발견 절차'는 특정 번역가, 번역가 학파, 시대, 지리, 장르 등과 같은 기준에 근거하여 만들어진 코퍼스 속의 모든 텍스트마다 반복된다(Toury 1995: 36-39). 그렇게 연구를 확대하는 목적은 특정한 하나의 원전-번역본의 쌍에만 국한되는 일반화 원칙을 찾는 것이 아니라, 특정한 원칙에 따라 엮어진 일관된 번역 모음집에 적용하기 위한 일반화 원칙을 찾기 위한 것이다. 이런 일반화는 각론적 이론에 의해 정

만 사실은 그것이 원전일 수도 있다.

교해지고, 장소, 장르, 시대와 같은 특정 변인들과 관련되는 각 부분의 이론 내에 융합될 것이다. 그런 이론들은 결과적으로 번역학 전체의 궁극적인 목표를 달성하는데 기여할 것이다. 즉, 번역과 관련된 모든 변인들을 설명할 번역의 확률 법칙을 만들 수 있을 것이다.

Toury가 제안한 기술적 방법론에는 실제의 번역물에서 관찰 가능한 현상으로부터 번역 행위를 지배하는 관찰 가능하지 않은 요인들까지의 점진적인 귀납적(inductive) 진행이 관련되어 있다. 그 과정의 각 단계마다 실증적 기술(記述)의 토대 위에서 가설이 세워지고, 그 가설은 추가적 '발견 절차(분석과정)'를 통하여 확인받는다. 그 발견 절차들은 보다 더 높은 수준의 일반화를 이루는 것을 목표로 하여 최초의 개별적인 번역본에 먼저 적용되고 같은 목표 문화 안의 코퍼스 또 그것을 넘어서는 코퍼스로 확대 적용된다. 자료들과 기술된 내용 또 경험에서 도출된 원칙들 사이의 상호 작용은 번역학의 주제에 대한 이러한 조사 방법론의 두드러진 측면이다. 결과를 비교하고 연구를 일반화하고 번역의 본질에 관한 우리의 현재 지식을 체계적으로 넓히기 위하여 일관된 기술 방법론을 발달시키는 것이 바람직하다고 Toury는 강조한다.

Toury는 개별적인 번역과 코퍼스를 연구하는 것 뿐 아니라 번역 행위를 제한하는 규범을 번역학의 두 번째 연구 대상으로 본다. 이러한 규범을 설정하는 이유는 번역 행위가 사회 문화적 환경 안에 내포되어 있으며 따라서 번역 행위는 목표 공동체가 부여한 기능을 완수해야 한다는 인식 때문이다. 또한 어떤 선택의 범위 내에서 번역가를 안내하는 적절한 행위의 기준이 존재한다는 인식에 기반을 두고 있다. 그는 다음과 같이 세 종류의 규범을 제언한다. 1) 전반적 번역 책략으로서 타당성 대 수용 가능성의 선택과 관계되는 '초기(initial) 규범', 2) '번역 정책'과 '번역의 직접성'에 관련된 '예비(preliminary) 규범', 3) 번역본의 텍스트적 구성을 결정하는 '운용(operational) 규범'(Toury 1995: 56-58) 등이다. 규범은 관찰 가능한 것이 아니기 때문에 단지 재구성될 뿐이다. 자료의 주요한 두 원천 가운데 하나는 번역 텍스트 자체에서 볼 수 있는 언어적 규칙들(텍스트적 원천)이고 다른 하나는 번역의 규범 이론들, 즉 비평가, 번역가, 편집자, 출판업자들과 이 분야에서 일하는 다른 사람들의 진술에 의해 제시된 원칙들로 이루어진 문맥외적 원천이다. 그러나 간접적 자료에서 모은 정보들은 언어학적 증거들보다 신뢰성이 떨어진다(Toury 1995: 65). 왜냐하면 그런 정보들은 '규범에 의해 규제된 행위'의 직접적 결과라기보다 '규범의 존재와 행위'의 부수적 결과로 여겨지기 때문이다. 게다가 이 자료는 편향적일 수 도 있고 실생활의 수행과 앞뒤가 맞지 않을 수도 있다. 결론적으로 규범은 규정적이라기보다는 기술적인 것이며, 번역할 때 관찰할 수 있는 규칙 속에 반영되어 있다. 규범은 번역가의 선택을 인도하고 주어진 목표 문화 체계 내에서 번역에 부여된 위치에 의존적이다.

3. 코퍼스기반 번역학(CTS)과의 연계

번역학에 대한 Toury의 역사 기술적 접근법과 코퍼스기반 번역학의 근저에 있는 원칙들 사이에는 중요한 연결 고리가 있다. 둘 다 직관적인 자료나 선험적 가정에 기초하는 고찰보다는, 실증적 관점을 취하고 실생활의 예들을 직접 관찰함으로써 각각의 연구 대상을 조사한다. 개별 텍스트나 코퍼스 선택은 조사를 위해서 어떤 것이 적합한가 하는 고정된 정의에 따라 결정되는 것이 아니라, 적어도 시작할 때는 합의에 의한 기준과 외부적인 분류에 토대를 두는 경우가 대부분이며 때로는 텍스트들이 임의로 선택되기도 한다(코퍼스 설계에 대한 주요 주제들에 대한 논의는 Laviosa 1997 참조). 기술 번역학과 기술적 코퍼스기반 번역학 모두 언어학적 조사를 하는 것을 넘어서서, 출발언어와 목표언어 공동체 사이에 널리 퍼져있는 번역 규범들과 언어적 패턴 사이의 연결 고리를 만드는 시도를 하는 것이 중요하다(Øverås 1998; Puurtinen 1998 참조). 역사적 정보, 논평, 비평가의 평가 등과 같은 자료에 대한 언어외적인 근거는 번역을 통제하는 규범을 찾기 위해 매우 귀중하다. 게다가 실증적 증거에서 도출된 일반화는 개별적인 예가 아니라 대량의 텍스트 모음에 대한 연구에 기반을 둘 때만 유효하다는 점을 두 접근법 모두 확언하고 있다. 마지막으로 각각의 연구 대상에 관계된 원칙들은 체계적이고 엄밀한 연구를 통해 발견할 수 있으며 규범적인 선언보다는 행위에 대한 확률 규칙들의 형태로 표현된다.

Toury의 모형과 기술적 코퍼스기반 번역학의 특징들 간에도 차이가 있다. 코퍼스기반 접근법에는 이론, 자료, 기술 그리고 방법론 사이에 뚜렷한 경계가 없는 반면에, Toury에게 이 네 가지 요소들은 상호작용 하지만 본질적으로 다른 개념이다. 사실 이론은 무엇이 그럴듯한가 뿐 아니라 번역 상에서 무엇이 가능한가를 기술하는 별개의 기능을 갖고 있다. 그래서 이론은 가설들의 독자적 원천으로서 뿐 아니라 번역 행위에 대해 자료 주도적 확률 모형을 생성해 내는 역할을 한다. 게다가 기술 번역학은 다양한 분석 방법을 수용하는데, 그 분석 방법이 실증적이고 엄정하고 기술적이며 번역학 분야 내에서 생각될 수 있는 분석 방법이기만 하면 가능하다. 그래서 연구의 대상이 방법론 자체에 의하여 생겨나는 기술적 코퍼스기반 번역학에서의 경우와 같이 방법론은 그 정의의 필수적인 부분이 아니라 기술 번역학의 또 다른 차원으로 여겨진다. 더욱이 기술적 코퍼스기반 번역학에 대해 유일하게 합리적인 자료는 실생활에서 말하고 씌어진 텍스트들이다. 번역가의 '블랙 박스'를 탐구하는 연구는 어떤 형태라도 연구의 영역이 아니다. 번역 과정은 병렬 코퍼스를 통해서 검토되거나, 마지막과 중간 그리고 처음의 원고를 상호 비교하는 것으로 검토될 수 있다. 한편, Toury의 모형에서 기술 번역학의 목적은 기능과 번역물과 번역 과정 사이의 일방향적인 관계를 탐구하는 것이기 때문에, 번역물과 과정에 대한 실험적인 조사로 밝혀지게 되는 번역가의 '중간 단계의 결정(interim decision)'에 대한 연구는 적절하다고 여겨지고, 기술 번역학을 특징짓는 실증적 접근법과 일치한다. 특히, 실험적 방법론은 '변수에 대한 상대적 제어 가능성'과 '고도의 검증가능성'을 제공하기 때문에 호평을 받는다(Toury 1995: 222). 마지막으로 Toury는 번역학의 궁극적인 목표가 체계적으로 축적된 사실과 부분 이론들의 토대 위에서 일반 이론을 형식화하는 것이라고 주장한다. 코퍼스기반 번역학에서 부분적이나마 이론적 상술은 그 자체로 타당한 것으로 간주된다. 왜냐하면 그러한 상술 노력들은 두 언어 짝짓기의 이질성과 문화적 특이성을 반영하고 있기 때문이다.

이 분석을 기반으로 볼 때 기술 번역학과 코퍼스기반 번역학은 방법론, 실증적 연구 결과, 이론적인 상술 등의 차원에서 각 이론의 업적으로부터 상호 이익을 얻을 수 있을 것 같다. 그들의 목표나 전망은 많은 중요한 방식에서 일맥상통한다. 그래서 그들은 공통의 연구 프로젝트에 대하여 협력하여 일할 뿐 아니라 가설, 자료, 결과를 교환한다.

그 학문 분야를 전체적으로 보았을 때 기술 번역학과 코퍼스기반 번역학 간의 의견 교환과 협력이 이루어지면, Toury가 그리는 번역학 지도의 기초가 되는 일부의 이론적 주장은 영향을 받게 될 것 같다. 예를 들어 많은 양의 실증적 자료를 얻을 수 있는 대용량 코퍼스를 기반으로 하는 프로젝트를 수립하게 되면, 이론이나 심지어 직관에 의해 제시될 수 있는 유형(patterns)에 대한 귀납적 연구가 촉진될 것이다. 그러면 어떤 것이 가능한 번역인지를 선험적으로 설정하고 그것을 검증하는 일이 더 이상 필요하지 않을 수도 있다는 말이 된다. 왜냐하면 실생활의 행동을 관찰한 결과를 통해 가능한 번역을 직접적이고 확실하게 알 수 있기 때문이다. 이런 상황에서 가설들은 기술(記述)에 의하여 만들어지고 기술에 의해 확인되며, 결과적으로 기술적 연구와 이론적 연구를 분리하는 것은 불가능하게 된다. 따라서 기술 번역학은 이론 그 자체와 거의 구분이 되지 않게 되고 순수 번역학 내에서 두 개의 별개 분야를 설정해야 한다는 Toury의 가정은 타당성이 떨어질 수 있다.

또한 번역의 기능을 그 텍스트 실현과 그 번역 과정에 연결시키는 Toury의 결정론적이고 일방향적인 관계는 장기적인 관점에서 볼 때 보다 상호작용적인 관계로 수정될 것이라고 사료된다. 여기서 상호작용적인 관계란 세 요소가 같은 지위를 누리면서도 상대적으로 독립적이고 그 자체로 완전한 이론들을 생성해 낼 수 있는 관계를 말한다. 그러한 이론들은 번역 행위의 일반 이론으로 통합될 수도 있고 그렇지 않을 수도 있다. 마지막으로 기술 번역학과 번역학의 응용 분야 사이의 관계는 아마도 공통적이고도 일관된 기술적 방법론을 발전시킴으로써 변화할 것이다. 그 일관된 기술적 방법론은 각기 다르지만 보완적인 시각에서 다루어진 여러 현상에 대한 연구를 통해 실재 전문번역가들과 이론가들을 연결시키게 될 것이다. 이러한 유형의 협력의 예는 단순화(simplification)에 관한 연구에서 볼 수 있는데, 이론가들은 번역의 보편적인 특질로 여기는 반면(Laviosa-Braithwaite 1998) 현장 번역가들은 하나의 문제로 여기고 있다. 코퍼스는 단순화의 두 측면 모두에서 사용될 수 있다. 학자들은 단일 언어 비교 코퍼스를 사용하여 그 현상이 번역 과정에 내재해 있는 정도를 전반적으로 검토한다(Laviosa-Braithwaite 1996; Laviosa 1998b, 1998c, 2001). 반면 실제 번역 작업자들(교사, 평가자, 번역가 등)은 같은 원본의 다른 번역본을 가지고 각 번역본이 나타내는 단순화 수준의 차이를 확인하거나, 전문가 번역본과 학생 번역본의 코퍼스를 비교하여 번역 수행 능력을 향상시키고 교수 방법과 평가 기준을 정교하게 다듬는 목적을 갖게 될 것이다. 공통적인 방법론이라면 기술적인 연구와 응용 연구에서 나온 결과물을 합리적으로 비교할 수 있을 것이다. 또한 양쪽 학문 영역의 효과적인 의견 교환이 가능할 뿐만 아니라 각각의 관심 분야의 상호 발전을 위해서도 바람직할 것이다.

4. 결론

코퍼스는 순수 번역학과 응용 번역학 내부에서 생겨나는 의문들에 답하기 위하여 더욱더 많이 만들어지고 있다. 코퍼스기반 번역학만의 특징적인 장점 가운데 하나가 유연하고 철저한 방법론이다. 코퍼스 기반 방법론이 갖는 추가적인 특징 두 가지는 응용력이 크고 비교하기 편리하다는 것이다. 그것들은 같은 기법을 사용하면서도 다른 영역과 다른 목적에 적용될 수 있다. 그것만으로도 번역학 내부의 각기 다른 관심 분야를 두루 연구할 수 있고 학문 영역 상호간이나 그 영역 내부의 의사소통을 장려할 수 있는 잠재력을 갖는다. 이미 코퍼스 기반 기술 접근법은 대조언어학(Maia 1998; Ebeling 1998; Johansson & Oksefjell 1998 그리고 이 책)이나 이중 언어 사전 편찬법(Geoffrey-Skuce 1997)과 관련된 분야에서 부상하고 있다. 그들은 특히 번역물을 평가하거나 번역가의 수행 능력을 향상시키기 위해서가 아니라 번역학자들과 현장 번역가들이 관심을 갖고 있는 언어 현상을 연구하기 위하여 번역 코퍼스를 사용한다. 그와 반대로, 기술적 코퍼스기반 번역학에서 얻는 통찰력은 이 학문 영역 내 연구의 질을 높일 수 있다. 그것은 사용되는 두 언어 쌍의 특유한 현상이나 번역상의 특유한 현상들에 대한 증거를 제시함으로써 가능하다. 게다가 코퍼스기반 번역학의 결과들은 언어내 매개 사건(intra-lingual mediated events) 연구에 대한 가설의 원천으로 사용될 수 있다. 그 언어내 매개 사건들이란 발췌하기나 단순 판독기 제작과 같은 것으로, 단일 언어 코퍼스 언어학자들에게 흥미로운 주제가 될 수 있는 것들이다.

마지막으로 코퍼스기반 번역학이 그 학문 영역 내에서 일관된 접근법으로 자리매김하고 있듯이 이론가, 교사, 훈련생, 전문 번역가들이 기술된 내용과 실제 번역 사이의 관계가 강하고 효과적이라는 것을 깨달을 것이라고 나는 믿는다. 그 이유 가운데 하나는 코퍼스에 대한 기술적 분석이 대량의 (번역가들 자신이 친절하게도 제공했던) 실증적 자료에 초점을 두고 있고, 그 일을 하는 개인들의 직관적인 통찰력을 중요한 가설의 원천으로 여기기 때문이다. 또 다른 이유는 번역 관계자들은 전형적인 번역으로 확인된 것에 비추어 자신들이 한 번역을 평가하기 위해 기술 언어학자들이 제공한 발견에 의존한다. 코퍼스기반 번역학은 추상적이고 모호한 학자들의 개념을 세련되고 명확하게 만들기 때문에 예전에는 학문적인 논의에 전문번역가들이 참여하는 것이 힘들었으나 코퍼스기반 번역학이 발전됨으로써 요즘은 더욱 쉬워졌다.

비슷한 종류의 협력이 그 학문 영역 내부에서만이 아니라 외부에서도 전개된다면, 코퍼스 기반 패러다임의 충격 덕분에 미래엔 번역학의 경계 안과 밖 모두가 더욱 역동적이고 개방적이게 될 것이다.

■ 참고문헌

Ben-Ari, Nitsa. 1988. *Norms Underlying Translation of German Literature into English, French and Italian.* MA Thesis. Tel Aviv University: Department of Poetics and Comparative Literature.

Ebeling, Jarle. 1998. Contrastive Linguistics, Translation, and Parallel Corpora. In Sara Laviosa (ed.), *The Corpus-based Approach. Meta* Special Issue 43(4), 602-615.

Evan-Zohar, Itamar. 1987. The position of translated literature within the literary polysystem. In Gideon Toury (ed.), *Translation Across Cultures,* 107-115. New Delhi: Bahri Publications.

Geoffrey-Skuce, Ann. 1997. Polysemous Adjectives in Legal Translation. In Karl Simms (ed.), *Translating Sensitive Texts. Linguistics Aspects,* 155-168. Amsterdam: Rodopi.

Holmes, James. S. 1972. *The Name and Nature of Translation Studies.* Unpublished manuscript. Amsterdam: Translation Studies Section, University of Amsterdam, Department of General Literary Studies. Reprinted in James Holmes (ed.), *Translated!: Papers on Literary Translation and Translation Studies,* 67-80. Amsterdam: Rodopi.

Johansson, Stig and Signe Oksefjell (eds). 1998. *Corpora and Cross-Linguistic Research. Theory, Method, and Case Studies.* Amsterdam: Rodopi.

Laviosa-Braithwaite, Sara. 1996. *The English Comparable Corpus (ECC): A Resource and a Methodology for the Empirical Study of Translation.* PhD Thesis. Manchester: UMIST.

Laviosa-Braithwaite, Sara. 1998. Universals of translation. In Mona Baker (ed.), *Routledge Encyclopedia of Translation Studies,* 288-291. London and New York: Routledge.

Laviosa, Sara. 1997. How comparable can 'comparable corpora' be?. *Target* 9(2): 289-319.

Laviosa, Sara 1998a. The Corpus-Based Approach: A New Paradigm in Translation Studies. In Sara Laviosa (ed.), *The Corpus-Based Approach. Meta* Special Issue 43(4): 474-479.

Laviosa, Sara. 1998b. Core patterns of lexical use in a comparable corpus of English narrative prose. In Sara Laviosa (ed.), *The Corpus-Based Approach. Meta* Special Issue 43(4): 557-570.

Laviosa, Sara. 1998c. The English Comparable Corpus. A Resource and a Methodology. In Lynne Bowker, Michael Cronin, Dorothy Kenny and Jennifer Pearson (eds). *Unity in Diversity? Current Trends in Translation Studies*, 101-112. Manchester: St. Jerome.

Laviosa, Sara. 2001. Corpus and simplification in translation. In Susan Petrilli and Augusto Ponzio (eds), *Lo stesso altro [The same other]. Athanor* XII(4): 78-86.

Maia, Belinda. 1998. Word Order and the First Person Singular in Portuguese and English. In Sara Laviosa (ed.), *The Corpus-Based Approach. Meta* Special Issue 43(4): 589-601.

Øverås, Linn. 1998. In Search of the Third Code: An Investigation of Norms in Literary Translation. In Sara Laviosa (ed.), *The Corpus-Based Approach. Meta* Special Issue 43(4); 571-588.

Puurtinen, Tiina. 1998. Syntax, Readability and Ideology in Children's Literature. In Sara Laviosa (ed.), *The Corpus-Based Approach. Meta* Special Issue 43(4): 524-533

Puurtinen, Tiina. 1989a. Two Translations in Comparison: A Study on Readability. In Stephen Condit and Sonja Tirkkonen-Condit (eds). *Empirical Studies in Translation and Linguistics*, 87-111. Joensuu: University of Joensuu.

Puurtinen, Tiina. 1989b. Assessing Acceptability in Translated Children's Books. *Target* 1(2): 201-213.

Toury, Gideon. 1995. *Descriptive Translation Studies and beyond.* Amsterdam and Philadelphia: John Benjamins.

Vermeer, Hans. J. 1986. *Voraussetzungen für eine Translationstheorie: Einige Kapitel Kultur-und Sprachtheorie [Presuppositions for a theory of translation: Some theoretical considerations on culture and language].* Heidelberg: Vermeer.

XII

코퍼스 기반 사례 연구

1.

영어와 네덜란드어의 중간 구문에 관한 연구

Kristin Davidse & Liesbet Heyvaert / 루뱅대학(*University of Leuven*)

개요 ● 영어와 네덜란드어의 중간 구문에 관한 본 논문은 먼저 영어에 현존하는 중간 구문 분석이 코퍼스 자료에 충분히 근거를 두지 않았기 때문에 그 설명이 전형적인 중간 구조에 국한된다는 점을 보여준다. 코퍼스 자료는 우리가 예측할 수 있는 것보다 더 많은 과정-참여 구성이 중간 구문에 나타난다는 것을 보여줄 수 있다. 또한 네덜란드어 중간 구문에 관한 비교 자료는 수동 주어보다 정황적 주어를 가진 영어의 자동 중간 구문의 존재를 알게 해준다. 중간 구문들이 보여주는 각기 다른 과정-참여 관계는 의미론의 일부이다. 그러나 비행위성 주어와 능동 동사구 사이의 구문적 연결이 그 구문을 특징화시켜 주는데, 모든 중간 구문이 공유하는, '사역(causing)'보다는 '약한 사역(letting)'으로 확인할 수 있는 의미적 성분을 추가하고 있다.

1. 서론

본 논문은 일반적으로 중간(middle) 또는 중간 수동(mediopassive), 능수동 (activo-passive, Jespersen 1927)이라고 불리는 구문의 종류에 초점을 두고 있다.[1] 왜냐하면, 이 구문이 능동과 수동절(즉, 각각 능동 동사 형태와 비 행위성 주어)의 전형적인 특징과 결합하기 때문이다. 다음의 예에서 그 구문을 살펴보자.[2]

(1) *And it's latex paint, so it cleans up quickly and easily with soap and water.* (CB)

(2) *She does not photograph well, and the portraits of her pinched features snatched outside the High Court only added to the picture of a shrew.* (CB)

(3) *[alarm system:] Installs quickly and easily — no wiring, no mains connection!* (CB)

(4) *If they wanted to do Eliot, why didn't they do The Magi? It's narrative, it reads well(...).* (CB)

먼저, 선행 연구에서 제시 되었던 중간 구문의 구조에 대한 분석을 알아 보고 소위 말하는 능격(ergative) 접근법과 타동사(transitive) 접근법을 구 분하여 논의하고자 한다. 중간 구문을 능격으로 보는 입장을 지지하는

---

1) 본 논문의 초고에 유용한 논평을 해주신 Sylviane Granger, Jacques Lerot, Stephanie Petch-Tyson 그리고 Jean-Christophe Verstraete에게 진심으로 감사를 드리고자 한다.

2) 원천 자료에서 가져온 모든 예들은 그 코퍼스를 확인해 주는 줄임말로 표기했다. 네덜 란드어 예들은 '네덜란드어 사전편찬위원회(Instituut voor Nederlandse Lexicografie (INL))'에서 그리고 영어 예들은 코빌드(CB) 코퍼스에서 채택했다. 출처가 없는 예들은 개인적으로 만든 것이다.

학자들(Van Oosten 1977 & 1986; Lakoff 1977; Hale & Keyser 1987; Sinclair et al. 1990; Francis et al. 1996)은 함축하고 있는 행위자가 없으므로 중간 구문이 2항 술어 구조가 아닌 1항 술어 구조라고 주장한다. 이 학자들은 주어의 행위성이 다양하다고 보고, 중간 구문을 *the door opened*나 *the water was boiling*과 같은 능격의 1항 술어 구조와 같은 능격 구조의 틀 내에 있거나 그 틀과 유사하다고 주장한다. 반면, 타동사적 접근에서는 중간 구문이 반드시 행위자를 함축하고 있고 원래 순수한 피영향자적 (patientive) 주어를 가지고 있는 2항 술어의 구조라고 본다. 주어의 피영 향자적 성질이 강조되고, 일반적인 수동문과의 유사점과 차이점이 지적 된다. Sweet(1891), Jespersen(1927), Halliday(1967), Keyser & Roeper (1984) 그리고 Fellbaum(1986) 등이 이 입장을 지지하는 언어학자들이다. 요약하면, 중간 구문 형성에 관한 연구는 거의 정반대되는 2개의 입장으로 나뉜다. 하나는 중간 구문이 능동태이고 행위자 역할을 하는 주어를 가지고 있다는 견해이며, 또 다른 하나는 수동적 유형의 해석을 옹호하여 중간 구문의 주어를 피영향자로 보는 견해이다.

영어와 네덜란드어의 중간 구문 형성에 관한 선행 연구가 가지고 있는 중요한 문제점 중의 하나는 코퍼스 자료를 충분히 활용하지 못한다는 것이다. 그러나 코퍼스 자료를 통해서 보면 이제까지 설명되었던 것보다 더 많은 참여자의 구성과 과정(동사)의 유형이 중간 구문에서 기능을 한다는 것을 확실히 알 수 있다. 더 중요한 것은, 예를 들어, *The green ran three seconds faster* (CB)와 같은 중간 구문이 정황적(circumstantial) 주어와 자동사를 가질 수 있다는 점인데, 이 가능성은 네덜란드어를 기술할 때에는 잘 인식되고 있지만, 영어 문헌에서는 일반적으로 잘 받아들여지지 않았다.

본 논문에서는 기존의 기술들이 코퍼스기반의 비교언어학적 접근에서는 잘 적용될 수 없다는 점을 주장하고자 한다. 또한 전통적인 분석과는 획기적으로 다른 영어와 네덜란드어의 중간 구문에 관한 대안적 기술을 제안하겠다. 주어라는 개체와 동사의 내재적 결합가(valency) 관계에 의해 구문 자체가 그 자체의 고유한 의미를 부여한다고 주장한다. 본고에서는 Halliday식과 Langacker식의 중심적 견해를 따라, 언어 의미가 구조적 특성에 의해 자의적이지 않은 형식으로 부호화된다고 본다. 이러한 견해를 따라, 중간 구문에 나타나는 능동 동사구의 형태에 대해 확실한 설명을 할 수 있다. 따라서 여기에서는 비행위성 주어와 능동 동사 사이에 성립되는 중간 구문의 관계가 본질적으로 양상적(modal)이라고 주장하고 있다.

2. '능격' 접근법

2.1 주장
능격 접근법은 중간 구문을 다음과 같은 유형의 구조와 관계가 있다고 본다.

(5) *The boat sank.*

(6) *The house collapsed.*

위의 두 구문 중에서 (5)의 *The boat sank*(그 배가 가라앉았다)는 많은 중요한 면에서 중간 구문과 비슷하다. 첫째, 동사는 사역화의 사건을 추가

할 수 있고(Hale & Keyser 1987: 6), 이것은 일반적으로 소위 능격 동사의 특징으로 여겨진다. 예를 들어, *torpedo sank the boat*(어뢰가 그 배를 침몰시켰다)의 구조는 *the boat sank*(그 배가 가라앉았다)의 sinking(가라앉는) 과정의 외부적 원인을 확인시켜준다. 중간 구문인 *this pan cleans easily*(이 냄비는 쉽게 깨끗해진다)는 *you clean this pan*(당신이 이 냄비를 청소하다)과 비슷한 관계를 보인다. 그러나 *the house collapsed*(그 집이 붕괴했다)의 구조는 그러한 구조적 확장을 허용하지 않기 때문에(따라서 **a bomb collapsed the house*), 이것은 1항 술어나 자동사로 분류된다. 게다가 능격 1항 술어 구조와 유사하게 중간 구문은 '중심적 사건'(Hale & Keyser 1987: 6)에 초점을 두고 있으며, '중심적 참여자'(중심 사건 속의 참여자)에서는 어떤 변화가 명백히 표현된다(1987: 6). 1항 술어 구조에서 나타남으로서, 이 변화는 '독립적으로' 혹은 '외부 행위자의 참여 없이' 실현되는 것으로 볼 수 있다. 요약하면, 능격 구조인 *the boat sank*는 *a torpedo sank the boat*의 중심 사건으로부터 분리되어 있고, 독자적으로 주어에 초래된 변화를 보여준다. 이와 유사하게, 중간 구문 *this pan cleans easily*는 *you clean the pan*의 중심적 참여자를 나타내고, 변화를 겪는 대상인 참여자 *the pan*을 가지고 있다.

중간 구문과 1항 술어 능격 해석이 가지고 있는 외관상의 유사점 때문에 중간 구문 형식과 능격구문이 '문법적으로 같고'(Hale & Keyser 1987: 20), 따라서 중간 구문을 능격의 1항 술어 구조(예를 들어 Sinclair et al. 1990; Francis et al. 1996 참조)의 특별한 경우로 봐야한다는 결론에 도달한다. 구문 유형으로서의 중간 구문은 구조적으로 능격이라는 특별한 과정의 유형으로 그 범위가 좁혀진다.

더욱이 능격 접근법을 지지하는 학자들은 중간 구문의 주어에 다양한 행위성의 정도가 있다고 본다. 중간 구문 주어는 '직관적으로 볼 때 술어에서 묘사된 과정에 분명히 책임이 있는 참여자에 해당된다'는 점에서 '행위자(agent)와 같다'라고 설명할 수 있다(Hale & Keyser 1987: 9 또한 Lakoff 1977 참조). 이 **책임성**에 대한 개념은 Van Oosten(1977, 1986)에서 시작되었는데, 중간 구문의 주어를 '행위의 에너지 원천'이라고 설명하였다. 즉 중간 구문의 목적은 '피영향자가 독립적으로 술어 행위를 유발시키는데 있다(1986: 93)'고 Van Oosten은 주장하고 있다. 네덜란드어의 중간 구문을 다루는데 있어, DeVries(1910: 133)는 주어에 행위자와 같은 특징을 부여할 뿐만 아니라 중간 구문의 동사를 **분석적 사역** (analytic causative)으로 해석하고 있다. 예를 들어 *deze schoenen lopen lastig* ([these shoes walk uncomfortably], 'these shoes are difficult to walk with (이 신발은 신고 걷기가 불편하다)')라는 중간 구문에서 동사 *lopen* '걷다 (walk)'는 실제로 *doen lopen* '걷게 만들다(cause to walk)'라는 의미가 된다고 주장한다. 그러므로 그는 중간 구문 *these shoes walk uncomfortably*(이 신발은 신고 걷기가 불편하다)가 *these shoes make you walk uncomfortably*(이 신발은 너가 걷는데 불편하게 만든다)라는 의미가 된다고 설명한다.

　마지막으로, 중간 구문은 함축하고 있는 행위자가 없으므로 구조적으로 행위자를 나타낼 수 없다. Hale & Keyser(1987: 18-19)는 이른바 함축된 행위성을 중간 구문 속의 부사나 일부 유형의 동사에 의해 유발되는 **직관적 판단**이라고 일컫는다. 예를 들어, *this bread won't cut*(이 빵은 자르기 힘들다)이라는 중간 구문에서 행위자의 존재는 반드시 수단(means) 혹은 도구(instrument)를 내포하는 '자르다(cutting)라는 특정한 사건에 의해 유발되며, 그로 인해 행위자를 필요로 하게 된다는 것이다. 즉 중간 구문 자체가 행위자를 함축하는 것은 아니라고 주장하고 있다.

2.2 '능격' 접근법의 문제점

능격 틀과 중간 구문의 유사성, 주어의 행위적인 특징, 그리고 함축된 주어의 부재 등의 특성은 여러 가지 측면에서 문제가 된다. 첫 번째 문제점은 중간 구문의 '분포적' 특징에 대한 능격 접근법의 해석과 관계된다. 중간 구문을 능격 틀 내에 두는 것은 잘못되었으며, 얼핏 보면 그 구문을 능격 동사 중의 특정 과정 동사 유형에 한정하는 것처럼 보인다. 그러나, 대부분의 능격 접근법 지지자들이 인식하고 있듯이, 타동사뿐만 아니라 능격 동사가 중간 구문에서 작용할 수 있다.

(7) *Broiler rack removes easily.* (CB) (타동사 *remove*와 관련)

(8) *Nylon carpets are prone to static (...) and the pile flattens easily.* (CB)
    (능격동사 *flatten*과 관련)

더 중요한 것은, 모든 중간 구문이 2항 술어 구조와 관련이 있다고(*the boat sank/a torpedo sank the boat*와 *this pan cleans easily/you clean this pan*의 문장을 참조) 주장하는 능격 접근법의 주장은 부적절하다. 네덜란드어의 중간 구문에 관한 연구는 주어가 기본적으로 자동사이거나 1항 술어 과정 동사의 정황역이 되는 중간 구문의 유형이 있다는 것을 보여준다. 다음에 나오는 네덜란드어의 예를 살펴보자.

(9) *Ja, ja bomen genoeg, maar sommige bomen zitten nu eenmaal lekkerder dan andere en in deze wilg zit ik het lekkerst.* (INL)
    yes, yes, trees enough, but some trees just sit more comfortably than others and in this willow tree I sit most comfortably

'Yes, yes, there are enough trees, but some trees are just more comfortable to sit in than others, and in this willow tree I like sitting best'

(10) *(...) een oude deur (...) met daarop een gewone matras en een hoeslaken (...) ligt (...) nog lekkerder dan op de meeste behandeltafels die smaller en harder zijn* (INL)

(...) an old door (...) with on it an ordinary mattress and a fitted sheet (...) lies (...) even more comfortably than on most doctor's tables, which are smaller and harder

'(...) an old door (...) with an ordinary mattress and a fitted sheet on it (...) is even more comfortable to lie on (...) than most doctor's tables, which are smaller and harder'

(11) *Asfalt fietst prettiger dan grind.* (ANS 1997: 52)

'Asphalt cycles better that gravel'

zitten '앉다(sit)', *liggen* '눕다(lie)' 그리고 *fietsen* '자전거를 타다(cycle)'과 같은 자동사는 문장의 정황역(예를 들어 처소역이나 도구역)을 나타내는 성분을 주어로 가진다. 중간 구문에서는 이 정황역이 주어 기능으로 상승하지만, 중간 구문이 아닌 다른 문장에서는 보통 전치사구 내에서 정황역으로만 실현된다(*in sommige bomen* '(in some types of trees(일부 종류의 나무에서)', *op een oude deur* 'on an old door(오래된 집에서)', *op asfalt* 'on asphalt(아스팔트 위에서)'). 영어 중간 구문에서 정황역 유형의 빈도가 네덜란드어에 비해 훨씬 적다하더라도 중간 구문의 체계 안에서 한 유형이 될 수 있다는 것을 보여줄 것이다. 요약하자면, 중간 구문은 1항

해석의 주어가 2항 구조의 목적어 기능을 하는 구조와 교체되는 분석을 하는 능력과 유사하게 분석되어서는 안 된다. 모든 중간 구문이 그러한 교체 현상을 허용하지는 않는다. 그보다는 영어의 중간 구문 형식을 설명할 때 타동사와 능격동사, 자동사 과정 동사들이 중간 구문에서 기능할 수 있고, 그 결과 중간 구문은 어느 하나의 동사 부류로 설명될 수 없다는 점을 고려해야 한다.

능격 접근법의 두 번째 중요한 문제점은 중간 구문의 문법적·의미적 특징에 대한 설명과 관계가 있다. 더 정확하게 말하자면, 구조적으로 중간 구문이 1항 술어 능격 동사 구문과 다르다는 점을 능격 접근법은 간과하고 있다. 이 두 구조의 체계적인 교체 현상을 살펴보면 그 문제는 확실해진다. 예를 들어서, 능격 주어는 스스로 행위를 하는 것으로 나타날 수 있는 반면에, 중간 구문의 주어에는 이 특징이 없다. *the door closed slowly*(그 문이 천천히 닫혔다)(능격 1항 술어 구조 또는 중간 구문)와 *the book read slowly*(그 책은 빨리 읽히지 않는다)(중간 구문)을 비교해보자. *all by itself*(저절로, 자연히) 라는 구가 능격 구조에는 삽입 가능하지만, 중간 구문에는 삽입될 수 없다 (*the door closed slowly all by itself*(그 문이 저절로 천천히 닫혔다), **the book read slowly all by itself*(그 책은 저절로 빨리 읽히지 않는다). Keyser & Roeper(1984: 405)는 이것이 *all by itself*의 개념과 중간 구문이 함축하고 있는 행위자 사이에 존재하는 모순 때문이라고 주장하고 있다(Smith 1978 참조).[3] this ice cream scoops out quite easily(이 아이스크림은 매우 쉽게 떠진다)와 같은 중간 구문은 실제로 scooping out

---

3) 논문에서 타동사 접근법과 능격 접근법 사이의 해결되지 않는 모순은 Keyser의 연구에서 흥미로운 방식으로 반영되어 있다. 타동사 접근법(Keyser & Roeper 1984)을 옹호해오다, 능격 접근법(Hale & Keyser 1987)으로 바꾸었다.

(떠내다)하고 있는 행위자를 포함한 해석을 할 수 밖에 없다. 아이스크림 그 자체가 'scooping out(떠내다)'하는 것은 머릿속에 그려지지 않는다. 그러나 모든 중간 부분이 행위자를 함축하는지에 관한 문제는 다음 장에서 살펴보기로 하자. 마지막으로 의미적인 관점에서 능격 접근법은 비판을 받을 수 있다. 중간 구문의 주어가 어떤 변화를 겪는다고 주장함으로써, 많은 중간 구문들이 설명되지 못하는 것이다. 다음 예문을 살펴보자.

(12) *She does not photograph well.* (CB)

(13) *His earlier short stories don't read so well.* (CB)

(12)의 *she*는 *photographing*(사진 찍는 일)에 의해 영향을 받지 않고, (13)의 *read*라는 과정 동사는 *the book*의 상태에 변화를 주지 않는다.

3. '타동사' 접근법

3.1 주장

타동사 접근법은 Sweet(1891: 90)의 저술에서 제시되었다. 중간 구문은 논리적인 직접 목적어를 주어로 취하는 '수동형 동사'를 포함하고, 따라서 수동태 구문과 유사하다고 Sweet는 주장했다. 행위자(즉, 원래 주어)는 비한정적이기 때문에, 표현되지 않는다. 중간 구문에 대한 그의 몇 가지 견해들은 그 구문 유형에 대한 최근의 분석에 여러 면으로 영감을 주었다. 이러한 모든 설명은 그것들이 중간 구문이 외현적으로 1항 술어를 표현하지만 실제로는 2항 술어를 포함한다는 가정에서부터 시작된다. 이것이 바로 우리가 이 접근법을 타동사(적) 또는 2항 술어적이라고 부르는 이유이다. 다른 주장은 어떤 것이 제기되었는가?

첫째, 중간 구문의 주어는 피영향자이며, 행위자와 비슷한 자질이 전혀 없는 것으로 확인된다. Keyser & Roeper(1984: 405, 위 참조)는 *all by itself*(저절로)를 이용한 테스트에서 이 주장을 뒷받침하는 근거를 제시했다. 이 테스트에서 중간 구문 주어가 과정 동사의 행위자로서 해석될 수 없다는 것을 보여주었다. 오히려, 행위자가 의무적으로 존재해야 하지만 표현되지는 않는다는 점을 명확하게 해준다. 게다가, Fellbaum & Zribi-Hertz(1989: 19)는 중간 구문에 나타나는 명령법의 사용에 대한 제약은(예를 들어 *Read easily, book!*(책아! 쉽게 읽혀라)) 주어의 비동작주 특성 때문이라고 주장했다. 즉, 주어는 행위를 수행할 수 있는 것으로 인지되지 않는다. 따라서 주어가 행위를 수행하도록 하는 명령법은 불가능하다.

중간 구문 능격 분석에 사용되었던 **상태의 변화**라는 개념은 주어의 행위자적 특성을 설명하기 위해 주장되었는데, 2항 술어 접근법의 지지자들이 주어가 그 과정 동사에 의해 **영향**을 받았다는 것을 증명하기 위해 이 개념을 또한 사용한다는 것은 흥미롭다. 다시 말하면, 주어가 그 과정에 의해 영향을 받는 것은 중간 구문에 대한 주된 선택 제약 중의 하나를 형성하는 것이라는 주장이며, 다음의 구조가 비문이라는 사실을 설명해 준다(Levin 1993: 26).

(14) *This poem understands easily.*
　　 The Eiffel Tower sees easily from my window.

마지막으로, Sweet(1891)의 견해를 따라, 중간 구문은 수동 틀과 자

주 비교되었으며, 때때로 그것은 수동의 틀 안에서 위치했다. 왜냐하면
능동태의 동사 형태가 있음에도 불구하고, 중간 구문은 수동 의미를 가
지기 때문이다(Halliday 1967: 47ff). 보통의 수동과 같이 중간 구문은 피
영향자 주어를 갖는다. **중간 수동(mediopassive)**과 **능수동(active-
passive)**이라는 용어는 피영향자 주어와 능동 동사의 결합을 표현하기
위해 사용된다. 그러나, 동시에 중간 구문은 보통의 수동태와는 다르다.
예를 들어, Keyser & Roeper(1984:406)는 수동태는 그 주어가 실현되는
반면에, 중간 구문은 실현되지 않기 때문에, 중간 구문의 함축적인 행위
자와 수동의 행위자는 서로 다르다는 점을 지적했다. 예를 들어, 수동태
의 경우 *John was hit/John was hit by Bill*(존은 (빌에게) 맞았다) 두 문장이
모두 허용되지만, *bureaucrats bribe easily/*bureaucrats bribe easily by managers*(관
리들은 (*관리자들에 의해) 쉽게 매수가 된다)의 경우 한 문장만 허용된
다. 게다가, 중간 구문은 피영향자/목적어를 주어로 바꾸며 따라서 목적
어 기능은 비어있는 상태로 남아 있다는 것은 일반적인 사실이다. 즉, 중
간 구문은 직접 목적어를 결코 취할 수 없다고 주장하고 있다(Keyser &
Roeper 1984: Fellbaum & Zribi-Hertz 1989). 예를 들어, **Greek translates*
(easily) a fine translation(그리스어는 좋은 번역으로 쉽게 번역된다)과 같은
문은 비문이다. 그러나, *Jane was given the last piece of cake*(제인에게 마지막
케익 조각을 주었다)과 같이 일부의 일반적인 수동태는 직접 목적어를
취할 수 있다.

3.2 타동사 접근법의 문제점

중간 구문에 대한 타동사 접근법 역시 결함을 가지고 있다. 앞에서 언급
한 것처럼, 중간 구문에 항상 2항 술어 구조에 근거한 것은 아니다. 즉

자동사 중간 구문도 역시 존재한다. 일부 중간 구문에서는 심지어 직접 목적어가 포함될 수 있다. 예를 들어, 목적어 개체가 만들어 질 수 있는 재료를 주어가 나타낼 때 가능하다(예를 들어, *beautiful toys*(아름다운 장난감) 가 직접 목적어의 기능을 하는 *that wood carves beautiful toys*(그 나무를 조각하여 아름다운 장난감이 만들어진다)). 다른 중간 구문에서는 목적어가 함축되어 있지만, 표현하지 않고 내버려 두는 절대적 타동 동사구를 (*that brush paints well*(그 붓은 (페인트)칠이 잘 된다)) 포함하기도 한다. 요약하면, 모든 중간 구문이 2항 술어이거나 또는 중간 구문이 직접 목적어를 포함할 수 없다고 주장하는 것은 너무 협소한 일반화이다.

게다가, 그 구문 유형을 너무 수동태와 동일시하면, 우리는 동사의 **능동** 형태에 대해 만족스런 설명을 제시하지 못하게 된다. 중간 구문이 수동태와 같은 의미적 중요성을 갖는다고 주장하면 능동 동사 형태를 제대로 평가할 수 없다. 그러므로 다음과 같은 수수께끼가 남게 된다. 왜 중간 구문은 능동사를 사용하며, 비행위자 주어와 결합하는가? 또한 그 주어의 **피영향자적** 성질이 과대평가 되면 안 된다. 다시 말하면 그것이 중간 구문을 설명하기 위한 주요 조건중의 하나라고 주장하는 사람들은 다른 요소들도 또한 역할을 한다는 것을 인정해야 한다(예를 들어, 동사의 상적 특성). 2.2 절에서 지적한 것처럼, 모든 중간 구문 주어가 그 과정에 의해 영향을 받는다는 주장에 대해 많은 반례가 있다. 예를 들어, *My children have always photographed well*(나의 아이들은 지금까지 항상 사진이 잘 나왔다)이라는 문장이 예가 될 수 있겠다. 마지막으로, 왜 중간 구문이 비행위자 참여자 또는 심지어 정황역을 주어로 파악하는지에 대해 설명해야한다. 중간 구문은 이러한 주어에 어떤 의미적 가치를 부여하고 있는가?

4. 대안적 코퍼스 기반 분석

4.1 목록과 인식 기준

앞에서 살펴 본 바와 같이, 이 구문의 동사구를 능격이든 타동사든지 간에, 하나의 타동 유형으로 축소하기 위한 끊임없는 시도가 선행 연구들에서 제시되어 왔다. 이로 인해 기존 논문들에서 해결될 수 없는 상반된 의견들이 생기게 되었고, 어떤 주장은 주어에 대해 행위자 상태를 주장하고, 다른 주장은 주어의 피영향성을 강조하게 되었다. 기술 언어학의 경우에서처럼, 이 교착 상태는 실제 언어 자료를 가지고 기술적인 가설을 검증함으로써만 해결될 수 있다. 게다가, 중간 구문의 경우, 오직 영어만 다루는 설명에서 발견되는 어떤 약점과 편향성을 극복하기 위해, 네덜란드-영어 비교 언어자료를 가지고 설명할 필요가 있다. 네덜란드어 중간 구문에서 자동사가 흔히 나타나는 현상은 영어의 보다 제한적인 사용법에 대한 주의를 환기시키고 있으며, 지금까지 영어 관련 논문에서 거의 만장일치로 부인되어 왔던 가능성에 대한 주의를 환기시킨다. 따라서, 네덜란드어와 영어의 중간 구문에 대한 비교 코퍼스 기반 접근법은 우리에게 분명히 구문의 특성뿐 아니라 확대된 설명을 재고려할 필요가 있다는 증거를 제시하고 있다.

영어와 네덜란드어 구문에 중요한 기준 특성은 그 구문 내에서 가능한 동사군에 대한 좁은 선택 제약이 아니라 비동작주(피영향자 또는 정황역) 주어와 능동 동사구 사이의 구문적 연결(constructional link) 관계이다. 일단 이 기준이 분명하다면, 그 구문은 타동성의 측면에서 다양한 술어 동사를 매우 자유롭게 선택할 수 있는 것으로 보인다. 즉, 자동사 (c-f), 타동사(a), 능격 타동사(b), 그리고 다양한 참여자를 가진 타동사 (g) 등이 될 것이다. 게다가, 비행위자 주어는 **피영향자** 유형 (a-c)뿐 아니라 **정황** 유형 참여자도 될 수 없다. 따라서 중간 구문은 적어도 아래에 있는 각기 다른 과정-참여자 형태를 포함하고 있다.

본고는 네덜란드어와 영어 코퍼스의 예를 가지고 그 하위 유형을 예시한다. 그러나, 중간 구문은 통계적으로 매우 유표적이다. 예를 들어, *handle*(다루다)과 같은 중간 빈도 동사의 경우 코빌드(COBUILD) 코퍼스의 오스트레일리아어 하위 코퍼스에서 총 326 개의 경우 가운데 오직 11 개의 중간 구문만 나타나고 있다. 그런 드문 구문을 접하면 코퍼스 자료를 갖고 연구하는 이점과 어려움을 이해할 수 있다. 반면, 코퍼스에 기반을 두지 않은 언어 기술에 쓰이는 일부의 인위적 예에서는 잘 볼 수 없었던 유형을 실제 언어 자료에서는 잘 볼 수 있다. 그렇지만 심지어 코빌드 같은 대량의 코퍼스도 여전히 전체 언어 체계의 한 부분만을 나타내기 때문에 문법적 자질의 모든 가능한 결합의 예를 포함하지는 않는다. 따라서, 잘 쓰이지 않는 구문의 허용 가능한 체계 틀을 보완하기 위해, 여전히 원어민 화자 자료 제공자가 제시하는 예들에 일정 부분 의지해야 한다.

중간 구문에서 볼 수 있는 특징적인 과정(process)-참여자(participant) 관계에 대한 다음의 분류는 의미역 구성에 관한 체계 기능적 접근법 (systemic functional approach)에 근거하여 이루어지고 있다(Halliday 1985/1994; Davidse & Geyskens 1998; Davidse 1999 참조). 그 이론은 주류 이론에서 잘 다루어지지 않는 많은 구분을 포함하고 있다. 따라서, 순 **수한** 타동사 형태는 (유형 a) **능격** 타동사 형태(유형 b)와는 구분되는데, 그 인정 기준은 오직 후자만 그 과정 동사와 중심적인 참여자가 독립절로서의 해석을 허용한다는 것이다. 즉, *he slotted the belt into place*(그는 그

허리띠를 잘 맞추었다) - *the belt slotted into place*(그 허리띠가 잘 들어맞았다)와 비교하여 *he wiped the board*(그는 그 칠판을 닦았다)-*the board wiped(그 칠판이 닦이었다)의 대조를 참조할 수 있다(2.1 참조). 유사하게, 자동사절 형태(유형 d-g)들은 영역(Range) 의미역(유형 c) 형태와는 구별된다. 영역 의미역을 갖는 절은 기본적으로 자동사와 관련되어 있는데, 그 보어는 과정에 의해 영향을 받는 피영향자를 나타내는 것이 아니라, 자동사 과정 동사의 영역 의미역, 즉 질적이고 양적인 동등어구(coordinates)를 나타낸다. *climb the highest mountain*(가장 높은 산을 오르다), *sing three arias*(세 곡의 아리아를 부르다)가 여기에 속한다(4.3 참조).

a) 피영향자/주어 + 타동 동사구:

(15) *The bike is handling well and that's very important at Lakeside.* (CB)

(16) *Outer flap wraps around little hands and secures with Velcro.* (CB)

(17) *The ladder fixes quickly and easily under the window ledge.* (CB)

(18) *The 1993 drinks so well now.* (CB)

(19) *In Britain, however, the traditional image of schools drama as being all chalk and blackboards does not wipe easily from people's minds.* (CB)

(20) *De in-line-skate verkoopt zo goed dat de kindermaten in de meeste speelgoedzaken al niet meer te verkrijgen zijn.* (INL)

the in-line-skates sell so well that the children's sizes in most toy stores are not anymore to get

'The in-line-skates are selling so well that in most toy stores the children's sizes can already no longer be bought'

(21) *Dikke stof naait zwaar.* (de Vries 1910: 135)

thick cloth sews difficult

'Thick cloth is sewn with difficulty'

(22) *Die kunststof wast niet zo lekker.* (Van den Toorn 1982: 182-183)

'That synthetic material doesn't wash so well'

b) 피영향자/주어 + 능격 타동 동사구

(23) *Nylon carpets are prone to static (...) and the pile flattens easily.* (CB)

(24) *The lap portion of the car seat belt slotted into place easily, but the belt clip at the back was rather difficult to thread.* (CB)

(25) *Die deur sluit niet goed.*

'That door doesn't shut properly'

c) 동족 영역(Cognate Range)/주어 + 자동 동사구

(26) *If they wanted to do Eliot, why didn't they do The Magi? It's narrative, it reads well (...)* (CB)

(27) *Als een zin (...) niet lekker wegzingt, schrap ik 'm meteen.* (INL)

'If a line doesn't sing well, I drop it immediately'

(28) *Te korte zinnen (...) lezen niet lekker.* (INL)

'Sentences that are too short don't read well'

d) 처소격/주어 + 자동 동사구

(29) *The top loch is fishing well.* (CB)

(30) [테니스 코트에 대해] *It is slightly coarser, so it plays a bit slower.* (CB)

(31) *The Strathayr track is racing consistently nowadays.* (Barry Blake와의 사신)

(32) *"They rolled the green just before the match and it ran three seconds faster,"* said Curtis (...). (CB)

(33) *Ja, ja, bomen genoeg, maar sommige bomen zitten nu eenmaal lekkerder dan andere.* (INL)

yes, yes, trees enough, but some trees just sit more comfortably than others

'Yes, yes, there are enough trees, but some trees are just more comfortable to sit in than others'

(34) *(...) een oude deur (...) met daarop een gewone matras en een hoeslaken (...) ligt (...) lekkerder (...).* (INL)

(...) an old door (...) with on it an ordinary mattress and a fitted sheet (...) lies (...) more comfortably (...)

'(...) an old door (...) with an ordinary mattress and a fitted sheet on it (...) is even more comfortable to lie on'

e) 수단/주어 + 자동 동사구

> (35) *This music dances better than the other one.* (Van Oosten 1986)
>
> (36) *Jazz danst beter dan klassiek*
>
>   'Jazz dances better than classic'

f) 수단(도구)/주어 + 자동 동사구

> (37) *Pencils create a more defined look than crayon, and as they contain more powder they last longer and do not smudge easily.* (CB)
>
> (38) *Narrow tyres manoeuvre more easily.* (CB)
>
> (39) *Nieuwe schoenen lopen lastig.* (De Vries 1910: 132)
>
>   new shoes walk uncomfortably
>
>   'New shoes are uncomfortable to walk with'

g) 수단/주어 + 타동 동사구

> (40) *This wood carves beautiful toys.* (Levin 1993: 173)
>
> (41) *That whole meat flour bakes wonderful bread.* (Levin 1993: 82)
>
> (42) *Dat potlood trekt duidelijke lijnen.*
>
>   that pencil draws clear lines
>
>   'With that pencil you can draw clear lines'

앞으로 제안할 대안적 분석에서는, 다른 동사군과 관련된 모든 다른 참여 유형은 다양한 하위유형 의미론의 **일부라는** 것을 한편으로 강조하고 있다. 예를 들어, a와 b 유형절에 있는 주어는 과정 동사에 대해 피영향자 관계를 가진다. c유형에 있는 것들은 그 과정 동사의 영역 의미역을 명시한다. 반면에 d~g 유형들은 다양한 종류의 정황역의 관계를 표현하고 있다. 동시에, 비행위자 주어와 능동 동사구 사이의 구문적 연계관계는 모든 하위 유형이 **공유하는 추가적인** 의미 요소를 부여하고 있다고 제안할 것이다. 피영향자, 처소역, 수단과 같은 비행위자 개체가 능동 동사구의 주어로 해석되는 특수한 방식이 중간 구문을 특성화시키고 올바른 일반화를 제공하는 요소라고 볼 수 있다. 우선 능동 동사구가 중간 구문에 대해 어떤 의미적 기여를 하는지를 자세히 살펴보고(4.2절), 중간 구문의 변별적 요소인 주어가 능동 동사구에 관련되는 방식을 살펴보고자 한다(4.3과 4.4절).

4.2 능동 동사구의 의미

중간 구문의 능동 동사구에 대한 의미론적 특성을 기술하기 위해 본고는 동사구에 대한 Langacker의 접근법을 이용하고자 한다. 첫째, 그는 (1987: 183) 언어적 표현 의미 **내에** 있는 일반적 구분인 **바탕**(base; 언어 상징에 의해 제공된 전체 개념적 영역)과 **윤곽**(표현에 의해 실제로 지정된 바탕 구조)을 구분하고 있다. 이 구분은 상태 수동에 대한 Langacker (1990: 130)의 논의를 가지고 예시해 볼 수 있다. 이 상태 수동은 행위자가 명백하게 표현될 수 없기 때문에, 일반적으로 행위자를 언급하지 않는 것으로 가정되는 표현이다.

(43) *The cathedral is totally destroyed* (Langacker 1990: 130)

Langacker의 분석에 따르면, 오직 마지막 상태와 그 과정에 의해 영향 받은 개체인 피영향자만이 **윤곽화된다.** 그러나 동사구는 또한 그것의 **바탕** 내에 피영향자에 힘을 발휘하는 **행위자**를 가진 2항술어 과정을 연상시킨다.

두 번째 유용한 개념은 2항 술어 과정 동사에 의해 표현되는 Langacker(1991: 282f)의 **에너지 흐름**이라는 의미론적 모형이다. 그 모형에는 행위자라는 '에너지 원천'이 있는데, 하나의 과정을 작동시키고, 그 과정을 수행할 수 있는 필요한 에너지를 제공하는 참여자이다. 또한 그 모형에는 에너지 흐름의 목표가 되는 피영향자인 '에너지 흡수자'가 있다.

중간 구문의 동사구에 이 구조를 적용해 보면, 다음과 같이 관찰할 수 있다. 만약 동사구가 능동 타동사라면, 그 동사구는 피영향자 혹은 정황역 주어와의 관계 속에서 한 과정을 **윤곽화시킨다.** 그러나 그 **바탕**은 또한 에너지 원천인 행위자를 포함하고 있다. 예를 들어, (15)의 예에서, 타동사 *is handling*은 비록 행위자를 윤곽화 시키지 못하지만 그 과정의 개념화에 필요한 모든 요소들을 연상시키고 있다. 즉 *handling*을 수행하는 행위자와 조정을 당하는 피영향자를 연상시키고 있다. 따라서 만약 (15)에서 우리가 스스로 조정되는(*handling itself*) 자전거 (Langacker 1991:334)를 가정하지 않는다면, 단지 상식만으로는 이해되지 않을 것이다. 오히려, 우리는 능동 타동사인 *is handling*이 주는 의미적 지시를 따라서 그것의 바탕에 있는 행위자를 반드시 포함할 것이다. 그 행위자는 명시적인 명사형에 의해 윤곽화 되지 않고 또한 되어 질 수도 없다. 왜냐 하면 주어 위치가 또 다른 참여자에 의해 채워지고 행위자 *by*-부가어는 수동의 술어 동사를 요구하기 때문이다.

(26)-(39)와 같은 예에 있는 능동 자동사구들은 유사한 의미적 분석

이 제시되어야 한다. 그 능동 자동사구는 처소나 수단과 관련 있는 자동사 과정을 윤곽화한다. 그러나, 그것들의 바탕(base)은 실제로 그 자동사 과정을 수행하는 행위자를 포함하고 있다.[4] 예를 들어, (38)에 있는 *Narrow tyres manoeuvre more easily*(좁은 타이어가 조작하기가 보다 쉽다)와 (32)에 있는 *The green ran three seconds faster*(그 잔디에서는 3초 빨리 구른다)는 실제로 'manoeuvring(조작하다)'와 'running(구르다)'의 동작주를 연상시킨다. 중간 구문의 의미론에서 타동사 동작주 또는 자동사 동작주가 나타난다는 사실은 윤곽과 바탕을 구분하는 Langacker와 같은 의미론에서는 긍정적인 요인으로 작용할 수 있다.

동사구에 대한 Langacker의 설명은 또한 중간 구문에서 능동 동사구의 의미론에 대한 다른 측면을 보여준다. 첫째로, 우리는 능동태가 그 과정을 성분 상태들(component states)의 **연속적 주사**(scan)로써 묘사하고 있다는 것을 알 수 있다(Langacker 1991: 21). 가끔 주장되어 왔던 것처럼, 그 구문에 **상태적인 요소**는 없다. 다음은 과정 동사의 한 가지 경우를 보여주는 분명한 예들이다.

(44) *But on closer inspection, he realized he was wrong. When he scraped a fingernail over the blotchy stains, they sloughed off easily.* (CB)

(45) *If it's too like dough and bread you'll get a sticky mess so you've got to make it so it is a little thinner than that. You can hear it - it just sort of pours quite easily.* (CB)

---

4) 타동사 행위자와 자동사 동작주를 구분한다. 전자는 피영향자에게 전해지는 행위를 선동하는 반면에 후자는 유일한 직접 참여자가 되는 활동에 관련되어 있다.

예를 들어, (45)에서 *pours*는 연쇄적인 방식으로 쏟아 붓는(pouring) 성분 상태들을 분명하게 나타낸다. 또한, 형태와 의미 사이의 (Langacker 1991: 3f) 유기적인 부호화 관계에 부합하여, 능동 동사구는 지정된 행위에 대한 **능동적 국면**을 해석하는 것으로만 이해된다. 그 과정은 에너지를 가지고 행위에 참여하는 행위자의 관점에서 해석된다. Langacker (1990: 127f)의 용어로 에너지 흐름에 대한 유표적 '역류(upstream)' 관점을 나타내는 피영향자의 관점으로 해석되지는 않는다.

4.3 중간 구문 주어의 조력성

중간 구문에 대한 기존 설명의 주요 문제점 중의 하나는 중간 구문 의미가 표상적(representational) 용어인 행위자나 피영향자와 같은 전통적인 범주로 설명할 수 있다고 가정하는데 있다. 본고에서는 그 구문이 주어가 어휘적 과정에 대한 **내재적**(inherent) 관계에다 (중간 구문에서는 항상 피영향자 주어이거나 또는 정황역 주어이다), '그 자체의(of its own)'라는 의미를 덧붙이고 있다고 주장한다.

기존 연구에서 나타나는 편향성을 피하기 위해, 본고는 이 문제를 주변적 범주, 즉 피영향자/주어 유형이 아니라, 정황역 유형을 통해 접근할 것이다. 이러한 주변적 범주는 특히 영어에 관한 기존 연구에서 대부분 간과되어 왔다. 다음을 보자.

(46) *This surface races well.*

(47) *That music dances better than this.*

(48) *That brush paints well.*

처소나 수단을 중간 구문의 주어로서 부호화하는 의미적 효과는 무엇인가? 본고는 중간 구문을 **약한 사역(letting)** 구문으로, 그 주어는 약한 사역(letting) 주어로 가장 잘 특성화된다고 제안한다. 중간 구문의 주어로 해석됨으로써, 비행위자 개체가 어떤 과정이 수행되도록 '만드는 (let)' 필수적인 특성이나 잠재성을 가지는 것으로 제시된다. 매우 일반적으로 말해, 주어는 그 과정을 수행하는 동작주(Actor)에게 **조력적 (conductive)**이거나 또는 그렇지 않다. 중간 구문 주어는 스스로 어떤 힘을 가함으로써 이것을 행하는 것이 아니다. 따라서 Van Oosten (1968: 85)과는 반대로, 본고는 주어가 그 과정을 수행하지 않기 때문에, 행위자와 같은 에너지 원천은 아니라고 주장한다. 예를 들어, *This pitch bowls or doesn't bowl well*(이 크리켓 경기장은 투구가 잘 되든지 혹은 잘 되지 않는다)에서 주어 'this pitch'는 그것이 행위자에게 도움이 되거나 또는 그렇지 않음으로 해서 행위자가 굴리는 과정을 가능하게 하거나 또는 못하게 한다. 마찬가지로, *This brush paints well*(그 붓은 (페인트) 칠이 잘 된다)에서 주어 *this brush*는 칠하는 행위를 수행하지는 않지만, 특정하지 않은 어떤 동작주에 의해 실행되는 칠 과정에는 도움이 된다.

본고에서 논의하는 중간 구문이 실현하는 약한 사역의 의미는 사실상 **양상적**이며 Talmy (2000: 443)가 말하는 '언어의 더 큰 양상 체계' 속에 속한다. 여러 학자들이(예: Fellbaum 1985, Fagan 1992, Massam 1992, Iwata 1999) 실제로 중간 구문에서 VP의 양상 조동사 분석을 제안했다. 그러나 그들은 함축된 행위자 능력의 관점에서 그것을 특성화 하려고 했다. 바꾸어 말하면 'Subject can be V-ed (함축된 인간 행위자에 의해)'를 중간 구조의 일반적인 의미 해석으로 제안하는 것이다. 이 분석은 중간 구조를 타동사로 제한하고 동사구(VP)의 태를 바꾸는 문제에 부딪힌다.

(49) [일종의 벽판지에 대해] *It nails easily.* :: *It can be nailed easily.*
(Fagan 1992: 54)

(50) *That tennis court serves fast* (Hallidy와의 사신). :: **That tennis court can be served fast.*

이에 반해, 본고는 중간 구문의 양상성이 함축된 행위자와 관련되는 것이 아니라, 대부분 무생물 주어와 관련되어 있으며, Talmy(1985, 2000)가 주장하는 '약한 사역(letting)'의 힘(force) 역학 개념(Talmy의 사건 구조와 양상성에 대한 힘 역학 접근법은 전통적인 방법에서의 인간 행위성(agency)의 경향에 대한 반작용으로 발전되었다)의 관점에서 이해되어야 한다고 제안한다. 중간 구문의 문맥에서 양상적인 약한 사역 관계는 긍정성을 갖는 '허용/가능(allowing/enabling)'과 부정성을 갖는 '저항/차단(resisting/ blocking)'과 같은 개념에 의해 더욱 문맥화될 수 있다. 이 특성화는 모든 중간 유형에 적용 가능하고 피영향자 주어와 정황역 주어에 모두 적용 가능하다.

(51) *That door opens.* :: *That door 'allows/enables' opening.*

(52) *That tennis court serves fast.* :: *That tennis court 'allows/enables' fast serving.*

(53) *These laces don't tie.* :: *These laces 'resist' tying.*

그러므로 피영향자 주어를 갖는 중간 구문에서, 그 주어는 '단지' 일반적인 피영향자(예: *I cut this bread*(내가 이 빵을 자르다))로 해석되는 것이 아니라, 행위자의 행위에 도움을 주거나 주지 않는 피영향자로 해석된다. 예를 들면, *The ladder fixes quickly and easily under the window ledge*(사다리는 창턱 아래에 빠르고 쉽게 고정된다)는 누군가가 그것을 창턱에 빠르고 쉽게 사다리를 고정하게 만드는(**허용하는**) 그러한 방식으로 고안되었음을 전달한다. 이 접근법은 논문들에서 볼 수 있는 직접적인 행위자 해석이나 피영향자 해석 사이에서 혼란스럽게 고민하지 않도록 해준다. (15)-(25)와 같은 타동사 예문의 주어를 '행위자' 참여자로 해석하는 것은 2.2에서 주장한바 대로 결코 옳다고 주장할 수 없다. 주어는 동사와의 결합가(valency) 관계에 내재된 피영향자 성질을 유지하지만, 그 구문은 거기에 약한 사역-개념을 '더하며', 그 개념은 매우 추상적인 단계에서, 동작주의 행위에 '도움이 되거나 또는 그렇지 않은' 것으로 여겨질 수 있다. 약한 사역-피영향자 또는 **조력적** 피영향자는 행위자에 의해 발생되는 에너지 흐름을 **묵과하거나**(let through) 또는 그것을 '**차단한다**(block)'. 이러한 약한 사역-피영향자는 에너지 흐름에 자신의 에너지를 제공하는 일종의 이차적 피영향자가 아니라, 행위자에 의해 발생된 에너지 흐름이 잘 **흐르도록**(go through) 허용하거나 또는 허용하지 않는 피영향자이다. 이 문맥에서 *Sheila seduces easily and willingly*(쉴라는 자진해서 쉽게 유혹된다)에서와 같이 중간 구문이 행위자 지향 부사와 나란히 약한 사역의 의미를 명확하게 언급하는 부사도 가질 수 있음을 주목하라. 왜냐하면 *Sheila*는 유생(有生) 경험자이기 때문에, 피영향자 지향의 *willingly*의 사용을 허가하고, *Sheila*는 말 그대로 유혹을 **자진해서**(*willingly*) 허락한다는 것을 설명한다.

영어와 네덜란드어에서 비행위적 약한 사역의 개념을 분명하게 어휘화시키는 약한 사역 구문의 분석적 대안형을 통해 본고의 의미적 주장에 대한 추가 증거를 찾아 볼 수 있다. 영어에서 가장 보편적인 대안적 형태이며 문법적, 의미적 특성의 관점에서 그것에 가장 가까운 형태는 명백한 양상 조동사인 won't와 wouldn't를 사용하는 형태라는 사실이 일반적으로 받아들여진다. 이 대안적 형태는 중간 구문의 전형적인 '약한 사역' 의미를 부정하고, 대신에 함축된 행위자가 과정을 수행하는 것을 주어가 '방해한다(hinder)'는 사실에 초점을 둔다. 또한 (54)~(55)의 'refuse (거절하다)'를 갖는 유사한 대안적 형태의 가능성을 주목해 볼만한데, 이것은 *will*을 사용하는 것과 마찬가지로 동사구(VP)의 능동태를 고스란히 남겨둔다.

(54) *Those laces won't tie.*

(55) *You will never get a clean, all-green clump, because the old leaves hang on to the bitter end and can come away only when old and completely dead. The newly dead will not pull away.* (CB)

(56) *Gretchen was wearing the dress that wouldn't zip all the way up, the Peruvian shawl hiding the result.* (CB)

(57) *Although the key turns, the door will refuse to lock.* (CB)

(58) *This paper refused to write right.* (p.c. William McGregor)

네덜란드어에서, 사실상 약한 사역 구문 그 자체보다는 타동 동사구와 더 빈번하게 사용하는 가장 보편적인 대안적 형태는 'laten zich('let itself')' 구문이다.

(59) *Een beetje bitter, maar het laat zich drinken.* (INL)
    a bit bitter, but it lets itself drink

'Even though it is somewhat bitter, it drinks'

(60) *Noppenfolie laat zich gemakkelijk op maat knippen.* (INL)

blister padding lets itself easily cut to size

'Blister padding can easily be cut to size'/ 'Blister padding easily

cuts to size'

이런 대안 구문의 개별적 특성을 더 논하지 않더라도, *will, refuse, laten*(영어의 let)과 같은 동사들이 비행위자 주어가 수행하는 **약한 사역** 또는 **차단** 역할을 어휘화하는 것은 분명하다.

5. 주어-개체의 특성에 대한 함축된 지시

약한 사역의 개념을 나타낼 때 지적되어야 할 측면은 주어로 나타나는 개체가 특정한 약한 사역(허가) 또는 차단의 특성을 함축적으로 지시하고 있다는 점이다. 실제로, 이 추가된 조력적 기능을 동기화하는 것이 바로 개체의 특정한 약한 사역(혹은 허가) 또는 차단 특성이다. Lakoff (1977: 248f)가 정확하게 지적한 바 있듯이, 주어는 행위가 쉽게 또는 어렵게 수행되도록 하는데 관여하는 것이 그것의 내재적 특성이다. 본고의 약한 사역 구문을 특성화할 때, 약한 사역 구문은 조력적 주어의 특성을 항상 함축한다. 예를 들어, *That cake cuts nice slices*(그 케익은 얇게 잘 잘린다)와 같은 진술은 케이크의 조직(texture)과 같은 특성과 이 특성이 얇게 자르는 행위와 어떻게 상호 작용하는지를 분명하게 암시하는 반면에, *That tent puts up in ten minutes*(그 텐트는 10분만에 설치된다)와 같은 예는 텐트의 디자인과 그 디자인이 어떻게 설치에 영향을 미치는지를 지시한다. 주어의 특성을 함축적으로 지시하는 것은 그 구문 의미의 일부이지만, 이러한 특성이 무엇인가 하는 것은 문맥적으로 추론되어야 하며 그 구문의 언어적 의미의 일부가 아니다. 여기서 콜롬비아 학파 원칙을 상기하게 되는데(Kirsner 1993 참조), 이 원칙에 따르면 한 구문의 의미는 화자와 청자 간에 교환되는 실제 메시지보다 훨씬 적고, 문맥적, 문화적 요인들을 기반으로 많은 추론들과 관련된다는 것이다. 예를 들면, (30)~(32)의 약한 사역 구문의 예들은 그 스포츠의 전문가들만 전적으로 알고 있는 테니스 코트와 트랙 경주의 특성을 분명하게 암시한다. 어떤 경우든, 약한 사역 구문을 완전히 이해하기 위해서는 그것이 비행위자 주어와 능동 과정 간의 약한 사역 관계를 나타낼 뿐 아니라, 그 주어의 특정한 특성에 대한 지시를 항상 함축하고 있음을 아는 것이 매우 중요하다. 실제 의사소통 교환에서, 약한 사역 구문은 특정한 함축된 특성을 항상 암시한다. 매우 드물게, *Her face is her best asset because she has very good bone structure which will photograph well*(CB)(그녀의 얼굴은 그녀의 최고의 재산이다. 왜냐하면 사진이 잘 나오게 하는 매우 훌륭한 뼈 구조를 가지고 있기 때문이다)에서와 같이 배경 담화에서 또는 주어 그 자체에서 함축된 속성이 제시되기도 한다.

6. 결론

본 논문에서는 먼저 중간 구문에 대한 기존 설명에서의 문제를 지적했다. 기존 설명들은 자료에 대한 체계적 정밀 조사를 기반으로 하지 않기 때문에, 제안된 일반화는 너무 제한적이다. 네덜란드어와 영어의 중간 구문 예들에 관한 설명적 주장을 비교해 볼 때(Heyvaert 1998 참조) 동사구에서 능격 혹은 타동 동사의 선택 제약의 관점에서 그 구문을 설명하고자 하는 주류 이론 기술의 결함과 모순에 대한 경각심을 갖게 된다.

그리고 본고는 대안적 분석을 제안했다. 이 구문의 전형적 특성은 과정 동사 주어의 비행위적 **약한 사역(letting) 기능**이다. 과정을 가능하게 하거나 또는 제한하는 함축된 특성 때문에, 행위자 또는 자동사의 동작주가 과정을 수행하는데 있어 주어는 조력적 혹은 비조력적인 관계에 있는 것으로 설명된다. 본고는 약한 사역 구문은 원래 양상적이며(Talmy 2000에서 설명한 바와 같이) 비행위자 주어와 능동 동사구 간의 구문적 연계에서 도출된다고 주장했다. 약한 사역 구문은 그 구문이 허용하는 동사 부류의 관점에서 볼 때 지금까지의 선행 연구에서 가정된 것보다 훨씬 더 다양한 용도로 사용되는 것으로 나타났다. 즉 조력적 주어는 피영향자 뿐만 아니라, 정황역 유형의 성분이 될 수도 있다. 아울러 약한 사역 관계는 타동, 능격, 자동의 과정-참여자 구성에서 작용할 수 있다.

따라서 약한 사역 구문의 개념적인 측면은 상당히 복잡하며, 능동 과정에서 비행위자 개체의 **약한 사역** 또는 **조력적** 관계를 **윤곽화 시킨다**. 이 구문의 의미적 **토대**는 타동 행위자 또는 자동사의 동작주, 즉 과정의 실제 에너지 원천을 포함한다. 약한 사역의 의미 해석은 그 과정에 조력적인 개체의 특성에 대한 지시를 항상 함축하지만, 이러한 특성이 무엇인가 하는 것은 문맥적 그리고 문화적 요인들로부터 추론 되어야 한다.

본 논문에서 제시된 설명적 제안은, 선행 연구에서 많은 관심을 받은 반면 적절하고 일관되게 설명 못한 구문 유형을 이해하려는 지속적인 노력의 일부일 뿐이다. 여기서 이 구문에 대해 거의 다루지 않은 한 측면은 *The story told well*(그 이야기는 (이해하기 쉽게) 잘 얘기되었다), *That doesn't listen so bad*(그것은 그렇게 나쁘게 들리진 않는다)(Jespersen 1927: 348)에서와 같이, 구문 속에 빈번하게 나타나는 **평가**(evaluative) 부사 또는 형용사이다.

평가되고 있는 것은 그 과정에서 약한 사역 주어의 조력성이다. Heyvaert(1997: 451)가 지적했듯이, 이 조력성은 과정 수행의 편의나 실행 가능성의 관점에서(논문에서 최대한 전면에 드러나는 개념) 뿐만 아니라, 운명(예 16) 또는 과정의 결과(예 12)의 관점에서도 평가될 수 있다. 어떤 경우든, 앞으로의 연구는 행위적 또는 비행위적 참여자, 또는 둘 다에 중심을 두느냐에 관한 질문뿐 아니라, 여기서 전개될 수 있는 부호화 수단의 다양성을 한층 더 밝혀야 할 것이다. 본 논문이 앞으로의 논의를 위해 몇 가지 주제들을 한층 더 중점적으로 다루어 도움이 되기를 바란다.

■ 참고문헌

Davidse, Kristin. 1999. *Categories of Experiential Grammar.* Monographs in Systemic Linguistics. Nottingham: University of Nottingham.

Davidse, Kristin & Sara Geyskens. 1998. Have you walked the dog yet? The ergative causativization of intransitives. *Word* 49.2: 155-180.

De Vries, Wobbe. 1910. Opmerkingen over Nederlandsche syntaxis. I. Usurpaties. *Tijdschrift voor Nederlandsche Taal- en Letterkunde* 29: 122-165.

Fagan, Sarah M.B. 1992. *The Syntax and Semantics of Middle Constructions.* Cambridge: Cambridge University Press.

Fellbaum, Christiane. 1986. *On the middle construction in English.* Indiana: Indiana University Linguistics Club.

Fellbaum, Christiane & Anne Zribi-Hertz. 1989. *The Middle Construction in French and English: A Comparative Study of its Syntax and Semantics.* Indiana: Indiana University Linguistics Club Publications.

Francis, Gill, Susan Hunston & Elizabeth Manning (eds). 1996. *Collins COBUILD Grammar Patterns 1: Verbs.* London: Harpercollins.

Heseryn, Walter, K. Romijn, Guido Geerts, J. de Rooij & M.C. van den Toorn (1997), *Algemeen Nederlandse Spraakkunst.* Groningen: Martinus Nijhoff Uitgevers: Deurne: Wolters Plantyn.

Hale, Kenneth & Jay Keyser. 1987. *A View from the Middle.* Lexicon Project Working Papers 10. Cambridge: MIT.

Halliday, Michael A.K. 1967. Notes on transitivity and theme in English. Part 1. *Journal of Linguistics,* 3.1: 37-81.

Halliday, Michael A.K. 1985/1994. *An Introduction to Functional Grammar.* London: Arnold.

Heyvaert, Liesbet. 1997. Patientive *-er* nominals. *Leuvense Bijdragen* 86: 433-456.

Heyvaert, Liesbet. 1998. Non-agentive deverbal *-er* nominalization in English and

Dutch: a contrastive analysis. *Languages in Contrast* 1.2: 211-243.

Jespersen, Otto. 1914-1929. *A modern English grammar on historical principles.* 7 volumes. London: George Allen & Unwin.

Keyser, Samuel J. & Thomas Roeper. 1984. On the Middle and Ergative Constructions in English. *Linguistic Inquiry* 15: 381-416.

Kirsner, Robert. 1993. From meaning to message in two theories; Cognitive and Saussurean views of the Modern Dutch demonstratives. In Richard A. Geiger and Brygida Rudzka-Ostyn (eds), *Conceptualizations and mental Processing in Language*, 81-114. Berlin: de Gruyter.

Lakoff, George. 1977. Linguistic Gestalts. In Woodford A. Beach, Samuel E. Fox and Shulamith Philosoph (eds), *Papers from the 13th Annual Regional Meeting of the Chicago Linguistics Society*, 236-287. Chicago: Chicago Linguistic Society.

Levin, Beth. 1993. *English verb classes and alternations.* Chicago: University of Chicago Press.

Langacker, Ronald W. 1987. *Foundations of Cognitive Grammar. 1: Theoretical Prerequisites.* Stanford: Stanford University Press.

Langacker, Ronald W. 1990. *Concept, Image and Symbol. The Cognitive Basis of Grammar.* Berlin & New York: Mouton de Gruyter.

Langacker, Ronald W. 1991. *Foundations of Cognitive Grammar. 2: Descriptive application.* Stanford: Stanford University Press.

Lyons, John. 1969. *Introduction to theoretical linguistics.* New York: Cambridge University Press.

Sinclair, John, Gwyneth Fox, Stephen Bullon, Ramesh Krishnamurthy, Elizabeth Manning & John Todd. 1990. *Collins Cobuild English Grammar.* London: HarperColins.

Smith, Carlota S. 1978. Jespersen's 'Move and Change' Class and Causative Verbs in English. In Mohammad-Ali Jazayery, Edgar C. Polome and Werner Winter (eds), *Linguistic and Literary Studies In Honor of Archibald A. Hill.* The Hague/Paris/New York: Mouton.

Sweet, Henry. 1891. *A New English Grammar. Logical and Historical.* Oxford: Clarendon Press.

Talmy, Leonard. 1976. Semantic Causative Types. In Masayoshi Shibatani (ed.), *Syntax and Semantics: The Grammar of Causative Constructions,* 43-116. New York: Academic Press.

Talmy, Leonard. 2000. *Toward a cognitive semantics. Volume 1. Concept structuring systems.* Cambridge, Massachusetts: MIT Press.

Vandenberghe, Wim. 1998. *The Setting-Subject Construction: Force-Dynamic Research on 'New' Types of Agency.* M. A. Thesis. Department of Linguistics. University of Leuven.

Van Oosten, Jeanne. 1977. Subjects and agenthood in Eglish. In Woodford A. Beach, Samuel E. Fox and Shulamith Philosoph (eds), *Papers from the 13th Annual Regional Meeting of the Chicago Linguistics Society,* 451-471. Chicago: Chicago Linguistic Society.

Van Oosten, Jeanne. 1986. *The nature of subjects, topics and agents: A cognitive explanation.* Bloomington, Indiana: Indiana University Linguistics Club.

2.

영어 동명사절과 노르웨이어 *det* + 부정사 / *at* 절 구문

André Hantson / 나무르 노틀담 평화 대학(*Notre-Dame de la Paix University, Namur*)

개요 ● Hanston의 논문은 매우 개별 언어적인 두 개의 명사절 유형에 대해 연구한다. 첫 번째 부분에서는 범언어적 접근법과 대조 접근법을 이용하여, 행위명사형(*action nominal*), 동명사, 현재분사를 영어에서 구분해야 할 필요성에 대해서 논의한다. 두 번째 부분에서는 노르웨이어로 번역된 영어 범죄소설의 번역 코퍼스를 수작업으로 분석하고 있다. 이 부분에서는 아주 전형적인 노르웨이어 통사 구문이긴 하지만 논의가 많이 이루어지지 못했고, 또한 의미적으로 영어 동명사와 유사하다고 간주되는 노르웨이어 명사 구문을 다루고 있다. 이 *det* + 부정사/*at*절 구문은 다양한 영어 구조로 번역되어 왔고, 이 구문이 성격적으로 볼 때 영어 동명사보다 더 명사적인 성격을 가지고 있다는 것을 보여준다.

1. 서론

본 논문은 매우 개별 언어적인 두 가지 유형의 명사절에 초점을 두고 있다. 즉, (a)범언어적이고 대조적인 입장에서 제시된 영어 동명사와 (b)*Det å myrde Jenny*(murdering Jenny) / *Det at John vil myrde Jenny*(John('s) wanting to murder Jenny(제니를 죽이려는 존의 소망))와 같이 영어 동명사로 번역할 수 있는 노르웨이어 *det(te)*+부정사 / *at* 절 구문이다.

실제적으로 언어학 문헌들에서 방대한 양으로 논의된 4개의 det 구문이 있다. a) *Det er en mann i huset* (= *there is a man in the house*(그 집에 사람이 한명 있다))와 같은 존재 구문, b) *Det er vanskelig å lese denne boken* (= *it is difficult to read that book*(그 책을 읽기가 힘들다))와 같은 도입 주어 구문, c) *Det er Robert som gjorde det* (= *it is Robert who did that*(그것을 한 사람은 로버트다))과 같은 분열 구문, d) *Det regner* (= *it is raining*(비가 내린다))와 같은 날씨 *det* 구문이다. 반면에 '*det* + 부정사 / *at*절' 구문은 방대한 표준 노르웨이어 문법서인 『노르웨이어 참조 문법(Norsk referanse-grammatikk)(Faarlund, Lie, Vannebo, 1997)』에서 논의조차 되지 않을 정도로 거의 주목을 받지 못하고 있다. 그래서 본 논문에서는 흥미롭지만 그 동안 간과되었던 구문을 조명해 보려고 한다.

2. 영어와 그 외 언어의 동명사 구문과 분사 구문

본고에서는 동명사, 행위명사형, 현재분사 간의 전통적 구분을 유지하는 데 동의한다. 언어 내적 이유와 대조적 이유 모두를 고려하여 동명사가 영어 문법에서 하나의 범주로 유지되어야 하고, 라틴어에서처럼 동명사가 명사절을 나타낸다는 점을 주장하고자 한다. 반면에 (라틴어 동명사의 탈격에서 유래된) 로망스어계 동명사와, 현대 그리스어나 러시아어 같은 언어에서는 동명사와 유사한 비정형절에 대해 다른 명칭을 붙여야 한다는 점도 주장하고자 한다.

2.1 대조적 관점에서 본 동명사 절과 분사 절

동명사 절은 명사적 기능을 가진 *ing*절로 정의할 수 있고, 반면에 현재분사 절은 그러한 기능을 가질 수 없다. 이러한 구분은 다음 (1)과 (2)의 라틴어 문법에서의 대조와 유사하다.

(1) *Ars libros   recte   legendi.*
    art   books ACC rightly reading GEN
    'The art of *reading books adequately.*'(Bussmann 1990: 278)

(2) Petrus *librum   legens* clamorem   audivit.
    Peter book ACC reading shout ACC heard
    '*(While) reading a book* Peter heard a shout.'

라틴어 동명사는 영어동명사처럼 명사적 부정사절로 간주할 수 있다. 더 엄밀하게 그 라틴어 동명사는 부정사의 사격(oblique case)을 제공한다. 이와 같이 라틴어 동명사는 영어 동명사와 마찬가지로 전치사의 목적어로 자주 나타난다.

(3) Ad *bene vivendum*   breve tempus satis   est longum.
    for well living ACC short time   enough is long
    '*For living* well a short time is long enough.'(Betts 1986: 124)

특히 흥미로운 것은 탈격에서 사용되는 경우이다. 다음과 같이 어떤 부사적 의미를 나타내기 위해서 때때로 탈격이 전치사 *in*에 의해서 지배되기도 한다.

(4) Multum   *(in) cogitando* dolorem   indipiscor. (Pulgram 1987:107)
    great ACC in thinking pain ACC I-suffer
    'Thinking causes me a great deal of pain.'

(4)의 이태리어 번역과 불어 번역인 (5)를 통해 알 수 있듯이, 라틴어 동명사의 이런 부사적 사용법이 로망스어계 언어에서 흔히 동명사(불어의 *gérondif*)의 기원이 되었다.

(5) Ottengo molto dolore *riflettendo*. (Pulgram 1987: 108)
    I-suffer much pain   thinking
    'Je souffre beaucoup *en(y)*   *pensant*(tout le temps).'
    'I suffer   much   by(about it) thinking(all the time).'

이 형태는 또한 후치수식어(postmodifier)로서 사용되고, 후치수식어로 사용될 때 일치관계를 보이지 않는 것은 당연하다.

(6) Una conferenza *interresando i medici*.(Pulgram 1987: 108)
    Une conférence   *intéressant les médecins.*
    A conference   interesting the doctors.
    'A conference of interest to doctors.'

또한 스페인어도 동명사라는 것을 가진다. Butt & Benjamin(1988:262-3)
이 인용했던 다음의 예를 보자.

(7) Hizo   su fortuna *comprando* acciones a tiempo.
he-made his fortune buying   shares at time
'He made his fortune *buying* shares at the right time.'

그러나 Butt & Benjamin이 지적한 바와 같이, 이러한 동명사의 사용은
동사 수식어로 기능할 때에만 올바르고, *una caja conteniendo libros*(a box
containing books(책이 담긴 상자))에서처럼 후치 수식어로 사용된 것은
스페인어에서 올바른 표현으로 인정되지 않는다. 이런 식으로 스페인어
규범문법은 로망스어계 동명사의 부사적 성격을 유지한다. 그러나 보충
되어야 할 점은 인용된 자료를 살펴볼 때 후치수식어 사용은 원어민들
사이에서 매우 일반적이라는 것이다.

　불어의 경우 문제가 복잡한데, 그 이유는 *Quittant ma famille, je me
sentais trés triste* '(When)leaving my family I felt very sad(나의 가족을 떠날
때, 나는 매우 슬펐다)'(Judge & Healey 1983: 183, 189, 190)에서 볼 수
있듯이, 부사역할을 하는 현재 분사 절 앞에 전치사 *en*이 반드시 앞에 나
올 필요가 없음에도 불구하고, *gérondif*(동명사) 라는 명칭이 전치사 *en*을
가진 구문에 다소 임의적으로 제한되어 사용되어 왔기 때문이다.

　수많은 다른 언어에도 의미적으로 부사역할을 하면서 형태적 변화
가 없는 소위 말하는 동명사가 존재한다. 현대 그리스어가 여기에 해당
되는데, 문제의 형태가 역사적으로 볼 때 현재 분사이고, 또한 전통적으
로 그렇게 불려 왔었다(Holton et al. 1997: 234-5 참조).

(8) *Perpatontas* pros to grafeio tou o Nikos sunantise ena palio tou filo
    walking   to   the office his the Nikos met an old his friend
    '*While walking* to his office Nikos met an old friend of his.'

같은 종류의 형태 변화가 없는 부사적 동명사가 러시아어에서 발견되었
는데, 여기서는 후치수식어로서 기능하는 형태 변화 가능한 현재분사와
대조될 필요가 있다. 다음 (9)와 (10)에서 인용한 Borras & Christian(1971:
205)의 예를 보자.

(9) *Stoja*   pered   kaminom, ona chitala   gazetu. (동명사)
    'Standing in front of the fire she was reading a newspaper.'

(10) Zjenshchina, *stojavshaja* pered kaminom, chitala gazetu. (현재분사)
    'The woman *standing* in front of the fire was reading a
    newspaper.'

비정형 부사절을 나타내기 위해 (또한 이태리어에서는(스페인어에서도
일부) 후치수식어를 나타내기 위해) 동명사라는 용어를 사용하게 되면
매우 혼란스러워 진다는 것은 당연하다. 그러므로 비정형 부사절을 분사
적 부사구(그리고 후치수식어)로 부르고, 동명사가 명사절을 지시하는 라
틴어 문법과 같은 경우에 동명사라는 용어의 사용을 제한하는 것이 더
적절한 것 같다. 또한 라틴어 동명사 탈격은 흔히 의미적으로 부사적 성
격을 보이더라도 명사의 사격이기 때문에 명사적인 성격을 보인다는 것
을 염두에 두어야 한다.

2.2 영어 동명사, 행위명사형, 현재분사 간의 구분

2.2.1 동명사와 행위명사형의 구분

앞에서 살펴본 것처럼, 영어 동명사는 항상 명사적 기능을 가진다는 점에서 라틴어 동명사와 유사하다. 그러나 영어와 라틴어 사이에 이런 유사성이 있다고 해서, 동명사라는 용어를 사용할 때 영어를 라틴어에 자동적으로 끼워 맞춘다는 것은 아니다. 실제로 영어 동명사와 현재분사 간의 구분은 라틴어 문법적 전통의 영향을 거의 보여주지 않는다. 마치 형태면에서 우연히 일치하는 독일어나 네덜란드어의 형용사와 부사 간의 구분이 그러한 라틴어 영향을 거의 받지 않은 점과 같다.

역사적으로 영어 동명사는 라틴어 동명사를 독창성 없이 모방한 것이 아니라 게르만어 동사적 명사(verbal noun) *ung/ing*의 형태에 기원을 두고 있는데 다른 게르만어에서도 나타난다. 예를 들어 독일어 *die Zerstörung der Stadt* 'the destruction/destroying of the city(그 도시의 파괴)'에서 이러한 형태를 볼 수 있다. 하지만 또 다른 게르만 언어에서의 *ing/ung*은 여전히 파생 어미이고 제한된 수의 동사에만 접사를 첨가할 수 있는 반면에, 영어에서는 거의 모든 동사에 첨가할 수 있는 활용 접사가 되었다. 따라서 그 구문은 독일어(와 네덜란드어)에서 명사적 부정사(substantival infinitive)의 구문과 같은 기능을 수행한다. 예로 *reading of the book*(독서)을 *das Lesen des Buches*(독서)와 비교해보자.

영어에서 더 중요한 발전은 현재분사와 동사적 명사의 음성적 융합(phonetic coalescence)이다. 그러한 음성적 융합으로 인해 동사적 명사가 동사화 되는 과정에 큰 영향을 받게 되었다. 그 결과 현재에는 (11)의 구문 외에도 (12)의 구문을 갖게 되었다.

(11) I was angry at *their excessively slow counting of the votes.*

(12) I was angry *at their/them counting the votes so slowly.*

(11)의 *ing* 형태는 **행위명사형(action nominal)**이라고 불린다(때로 명사적 동명사로 불림). 반면에 (12)에 있는 것은 (동사적)**동명사**나 동명사절로 간주된다. 비록 현대 영어에서 특정한 *ing* 형태가 행위명사형인지 동명사인지는 거의 명확하더라도, 몇몇의 혼성(hybrid) 구문은 계속해서 존재해 왔다. 앞에서 언급한 것 중에 가장 중요한 혼성 구문의 예는 동명사의 외현주어가 소유격 형태를 가질 때이다. 다음은 또 다른 현재의 혼성 구문의 예이다.

(13) There was *no [mistaking him].*

빈도가 낮지만 세 번째 혼성 구문은 정관사가 지시사 *that*에 의해 대치 가능한 다음의 예에서 볼 수 있다.

(14) She could never stand life with him and his way, *the [getting him off to his office in the morning], the [keeping him in clean shirts]* and the avaricious whilst parties.(Muriel Spark)

매우 제한된 수의 혼성 구문이 존재한다는 점 때문에 행위명사형과 동명사 사이의 체계적 구분을 하는 것이 타당하다는 점을 강조할 필요가 있다. 만일 이런 구분이 이루어지지 않았다면 많은 비문법적 조합의 경우를 설명할 수 없었을 것이다.

(15) *His complete being defeated surprised us.

(16) *I talked about him having painted of the house.

더구나 대조적 관점에서 볼 때 혼성 구문은 다음의 네덜란드어(와 독일
어) 부정사절 구문에서 나타난 것과 같은 문법적 특성을 나타낸다고 간
주될 수 있다.

(17) Dat [altijd hetzelfde zeggen] werkt op mijn zenuwen.
     that [always the same say INF] works on my nerves
     'Always saying the same thing gets on my nerves.'

2.2.2 동명사절과 분사절의 구분

이미 지적 한 것처럼, 분사절과는 별도로 동명사절을 설정해야 한다. 만
약, 그런 설정을 하지 않는다면, 목적격/통격(common case)의 주어와 교
체될 수 있는 소유격 주어가 가능한지의 여부를 각 통사적 문맥마다 명
시해야 할 것이다. 다음을 비교하라.

(18) Despite his/him being in, we...- *Though his/him being in, we...

이러한 두 가지 구분에 대한 반대 의견도 제시되었다. 그 논지는 이러한
구분이 문법에서 불필요하게 복잡한 문제이며, 명사적 기능이나 비명사

적 기능을 가질 수 있는 두 유형의 부정사절도 이와 유사한데 이 부정사절에 대해 어떤 문법학자도 상식적으로 이와 유사한 구분을 제안하지 않을 것이라는 점이다. 그러나 부정사는 중요한 한 가지 측면에서 *ing* 형태와는 다르다. 즉, 부정사의 외현 주어는 그 절이 명사적이든 아니든지 간에 같은 형태를 가지는데, 이러한 예는 *For him to say a thing like that would be absurd*(그가 그와 같은 말을 하는 것은 어리석은 일이 될 것이다)와 *I stopped the traffic for him to cross the road*(나는 그가 도로를 건널 수 있도록 교통을 정지시켰다)의 비교에서 분명하게 나타난다.

Quirk et al.(1985: 1290-1)이 제시 한 것처럼, 순수하게 명사적인 것부터(*The painting hung up there*(그 그림이 그곳에 걸려 있었다)) 동사적인 성격이 강한 것까지(*I dislike him painting my daughter*(나는 그가 나의 딸을 그리는 것을 싫어한다)) 등급에 따라 *ing* 형태를 분류할 수 있다는 것은 당연한 사실이다. 그러나 문제는 그러한 등급에 따른 연속성만 있다는 것이 아니라는 사실이다. 순수하게 형용사적인 것부터(*The book is interesting*(그 책은 흥미있다), *an interesting book*) 두 개의 중간 단계를 거쳐서(*the sleeping boy, The man painting the girl is Brown*(그 소녀를 그리는 사람은 브라운이다)) 순수하게 동사적인 것까지(*Brown is painting the girl*(브라운은 그 여자를 그리고 있다)) 유사한 또 다른 등급이 있다. 그리고 어떻게 형용사적 연속변이에 있는 형태가 명사적인 연속변이에 일치시킬 수 있는지는 분명하지 않다. 사실, 순수하게 이론적인 관점에서 볼 때, 형용사는 명사와 동사의 중간 역할을 하며 이러한 범주의 특성을 결합하는 것으로 분석될 수 있다. 그러나 이러한 이론적 지식은 *ing* 절에 있는 명시적 주어 형태를 선택하는데 있어서는 거의 실용적으로 사용되지 않는다.[1]

---

1) 영어를 배우는 외국인 학생에게 실용적으로 크게 도움이 될 것이다. 외국인 학생들에

Quirk et al.(1985: 1290-91)에 의해 제안된 등급과 관련된 또 다른 문제는 왜 *the man painting the girl*(그 소녀를 그리는 사람)에 있는 분사절이 *Painting the girl, Brown noticed that...*(그 소녀를 그리면서 브라운은 ... 목격했다)에 있는 것보다 더 동사적 성격을 띠는지에 대한 이유가 분명하지 않다는 점이다. 위에서 살펴 본 것처럼, 후치 수식 기능을 하는 분사가 형용사 일치를 나타내는 반면, 부사적 분사는 그러한 일치를 보이지 않는 러시아어와의 대조 분석의 예를 보면 그 반대가 사실임을 암시한다.

동명사/분사 구분 폐지에 반대하는 또 하나의 중요한 주장은 영어 문법을 배우는 외국인 학생에게 필요한 대조 분석과 관련이 있다.

사실, (로망스어인 현대 그리스어와 러시아어에서 동명사로 잘못 일컬어지는 것을 포함한) 분사 구문은 동명사절이 아니라 영어 분사절에 해당된다. 분사절이 거의 사용되지 않는 게르만어에도 똑같은 주장을 할 수 있다.

3. 노르웨이어 *det* + 부정사 / *at* 절 구문과 그에 대한 영어 상응어

2장에서 보았던 것처럼, 불어와 현대 그리스어, 러시아어에서 영어 동명사절에 대한 문법적인 대응어구는 없다. 그러나 제한된 범위에서, 영어 동명사는 다음과 같은 네덜란드어와 (독일어), 그리고 이탈리아어와 (스페인어) 부정사 구문에서 문법적인 대응어구를 가진다.

(19) Dat *[altijd maar andere testamenten schrijven]* ben ik moe.
　　 that [always again other　wills write **INF**] am I tired
　　 'I am fed up with *that writing new wills again and again.*'

게는 그 선택이 어려운 일이 되기 때문이다.

(20) Al sentirla   svenne (Maiden & Robustelli 2000: 311)

upon-the hear-**INF** her he-fainted

'Upon hearing her he fainted.'

한눈에, (19)와 유사한 구문이 다음의 노르웨이어 문장에서 나타난다는 것을 알 수 있다.

(21) Alene *det [å skrive testamente]* synes å bringe dø den næ rmere.

just that [to write will]   seems to bring death-the nearer

'The mere act of writing a will seems to bring death nearer.'

그러나 다음의 네 가지 근거를 보면 노르웨이어 *det*이 이론적으로 한정사나 지시 대명사가 될 수 있고, 지시사 *dette*와 교체하여 사용될 수 있지만, 실제로는 대명사 핵(pronominal head)이라는 것을 알 수 있다.

a. (21)에 있는 지시사는 반드시 강세가 주어지는 반면에 한정사는 대부분 강세가 주어지지 않는다.

b. 분명히 노르웨이어에서는 불가능 하지만 네덜란드어에서는 (22) 와 같이 한정사와 부정사절 사이에 형용사를 삽입하는 것이 가능하다.

(22) dat stomme *[altijd maar andere testamenten schrijven]*.

that dammed [always again other wills write **INF**]

'That damned keeping writing other wills.'

c. 네덜란드어와는 달리, 노르웨이어는 같은 문맥에서 정형절의 사
      용이 가능하다.

   (23) *Det/ Dette [at han så piken]*, er viktig.
        that/that [that he saw girl-the] is important
        **Dat [dat hij het meisje zag]* is belangrijk.
        that *[that he the girl   saw]* is important
        'His seeing the girl is important.'

이 점에서 노르웨이어가 유사한 구문을 지닌 러시아어와 유사하다. 그
러시아 구문에서는 대명사적 지시사의 핵 *to* 다음에는 부정사절이 아니
라 정형절이 나온다. Comrie(1969: 1)가 인용하는 다음의 예를 고려해보
자.

   (24) *To, [chto u   slonov   est' xoroshaja panjat']*, izvestno.
        that [that with elepahants is   good memory]   well-known
        'It is well-known that elephants have a good memory.'

이러한 범언어적인 근거는 또한 노르웨이어 지시사의 대명사적 위상을
보여준다.

   d. *det*을 한정사가 아니라 대명사 핵으로 분석함으로써 (25)에서처럼
      외치된 절에서 함께 나타나는 것과 기본적으로 동일한 *det*으로 이
      것을 다룰 수 있다. 그러나 주요한 차이점은 한정사는 기본적으
      로 강세가 부여되지 않는다는 점이다.

(25) *Det* er rart *at vi ikke har hørt fra ham.* (Faarlund et al. 1997:988)

it is funny *that we not have heard from him*

'It's funny we have not heard from him.'

Johanson & Lysvåg(1987: 290-293)은 영어 동명사절이 대부분 노르웨이어의 부정사절로 번역되지만 가끔 동사파생 명사 또는 *at*절로 번역되기도 하며, 지시사 *det* 뒤에 나올 수도 있고 그렇지 않을 수도 있다는 것을 관찰했다. 그들은 다음의 예를 인용하고 있다.

(26) Men det å vente før   en feller en endelig dom,   er...

but that to wait before one makes a final   judgement is...

'But reserving judgements is...'

det + 부정사 구문은 이와 관련있는 *dette* + 부정사 와 *det(te)* + *at* 절 구문과 같이 노르웨이어 (그리고 더 일반적으로는 스칸디나비아어) 통사 구조에서 매우 전형적으로 나타난다. 그러나 *det* 구문으로 총체적으로 언급할 수 있는 이러한 구문은 과학적인 연구에서 거의 관심을 받지 못하고 있다.[2] 이러한 부족함을 보완하기 위해서 c.500,000 단어 코퍼스에서 나타나는 예를 연구했다.[3] 이 코퍼스는 9개의 Agatha Christie(아가사 크리스

---

[2] 그러나, 관련 있는 아이슬란드어 구문에 대한 흥미 있는 연구는 Thráinsson (1979: 162-163)에 의해 수행되었다.

[3] 코퍼스 상의 단어 수를 계산하는데 사용된 방법은 다음과 같다. 사용된 코퍼스는 전산 처리 형태가 아니었기 때문에, 수작업으로 계산 되었다. 모든 노르웨이어 번역은 아쉐호그(Aschehoug), (Oslo)에 의해 출판되었고 완전한 한 페이지는 c. 40줄을 포함한다. 13개의 완전한 페이지를 손으로 계산 했고, c. 4400 단어가 되었다. 이것은 평균적으로

티) 소설의 번역으로 구성되어 있다. (세부 사항과 그 뒤의 논의에 사용된 약어에 관해서는 부록1 참조).

코퍼스에서 발견된 *det* 구문에 대한 모든 61개의 예는 서술적이거나 설명적인 담화에서가 아니라 구어체 노르웨이어를 번역하는 데에서 나타났다. 이것은 100,000 단어 당 c.10개의 빈도수를 나타낸다. 평균적으로 100,000 단어당 c.26.6개의 예를 사용한 『Five Little Pigs(다섯마리의 어린 새끼 돼지)』의 번역가는 다른 번역가들 보다 그 구문을 선호 하는 것 같다. 각 구문의 빈도는 표1에 나타나 있다.

표1. 아가사 크리스티(Agatha Cristie) 소설의 노르웨이어 번역본에 나오는 500,000 단어 코퍼스에 나타난 *det* 구문의 원 빈도수(raw frequency) 결과

구문	빈도
det + at 절	35
det + 부정사절	15
dette +at 절	9
dette + 부정사절	2
합계	61

아래에 인용된 각 예들은 (축약된 형태의) 노르웨이어 번역본과 영어 해

완전한 페이지가 c. 340 단어를 포함한다는 것을 의미한다. 이러한 원리로 당연히 불완전한 페이지에도 관심을 가졌으며 각 노르웨이 책에 있는 대략적인 단어의 수가 계산되었다. 이 방법은 컴퓨터로 계산하는 것만큼 정확한 수를 제공할 수 없는 이유가 되는 것 같다. 그러나 본고는 빈도가 낮은 구문을 다룬다는 점을 고려할 때, 그 목표를 결코 통계적인 주장을 하는 데만 두는 것이 아니라 (a) 영어에 구조상의 대응어를 가지고 있지 않으며 거의 연구 되지 않은 한 흥미 있는 노르웨이어 명사 구문의 예를 강조하는 데 둔다. (b) 또한 그것이 어떤 종류의 영어 구문을 번역하는데 사용 될 수 있는지 알아내는 데 그 목표를 두고 있다.

설, 그리고 (축약된 형태의) 원래 영어 문장/구를 나타낸다.

본 연구의 출발점은 노르웨이어 *det* 구문으로, 영어의 본래 구문과는 대조적이었다. 영어 구문은 때때로 동명사 절을 포함하고 있다.

3.1 *det* 구문으로 번역된 영어 본래 구문의 유형

det 구문이 영어 동명사 구문을 번역하기 위해 종종 사용되지만, 표2의 1, 2번 항목에서 볼 수 있듯이 항상 그런 것은 아니다. 그 이유는 영어 동명사가 종종 영어 명사절로 간주되기도 하지만, *det* 구문이 영어 동명사보다 더 명사적 성질을 갖고 있기 때문이다.

det 구문이 부정사나 *that* 절, 아니면 심지어 주절을 번역하기 위해 사용될 수도 있지만, 영어에서 보다 명사적 구문에 해당된다고 볼 수 있다. 그래도 원래 영어 문장보다는 더 명사적인 느낌을 준다. 아래 예들은 노르웨이어 *det* 구문으로 번역된 영어 본래 구문의 각 유형을 보여주고 있다.

표2. *det* 구문으로 번역된 영어 구문의 유형과 *det* 구문의 문법적 기능

영어원본	경우의 수	노르웨이어 번역본의 det 구문의 문법적 기능				
		문법 주어	Bare/ikke det	전위된 주어	직접 목적어	전치사의 목적어
1. 동명사	7	2	1	3	1	
2. 행위 명사형	2	2				
3. 어휘적 −ing	3	3				
4. (동사 파생) 명사	12	8				4
5. 명사+전치사+동명사	3	3				
6. 지시사	2	2				
7. 부정사절	3	1		2		
8. that 절	20	2	9	2		2
9. 주절	9		7			
합계	61	23	17	7	8	6

3.1.1 영어 본래 구문이 동명사절을 포함하는 경우

(27) *Dette [at han kom til å snnake så inngånde om koniin]* ga henne
denne ideen. (Fem: 159)

that *[that he happened to talk so freely about coniine]* gave her that
idea

'*His happening to discuss coniine so freely* just gave her that idea.'
(Five: 146)

3.1.2 영어 본래 구문이 행위 명사형을 포함하는 경우

(28) Det [å drepe mennesker] spiller ikke noen rolle. (Mot: 117)
that [to kill people]   plays not any role
'The taking of human lives does not count.'(Destination: 128)

3.1.3 영어 본래 구문이 *ing* 어휘 명사를 포함하는 경우

(29) *Selv det [å bli hengt]* var for godt for henne. (Fem: 162)
even that [to be hanged] was too good for her
'*Even hanging* was too good for her.'(Five: 148)

3.1.4 영어 본래 구문이 다른 (동사 파생) 명사나 명사구를 포함하는 경우

(30) *Det [å kuune bedra]* er en meget nyttig kunst. (Hvor: 167)
   that [to be able to cheat] is a very useful art
   '*Forgery* is a very useful art.'(Why: 162)

(31) De forholder seg mitenksomt til *dette[å eie]*. (Morder: 101)
   they behave suspiciously about *that[to own]*
   'They are suspicious of *possessions.*' (Crooked: 94)

3.1.5 영어 본래 구문이 명사(구) + 전치사 + 동명사 절을 포함하는 경우

(32) *Det [at hun kvittet.seg.med piken]*, er viktig. (Mysteriet: 70)
   that [that she got rid of maid-the] is important
   '*Her action in getting rid of the maid* seems significant.' (Mustery: 76)

3.1.6 영어 본래 구문이 지시 대명사를 포함하는 경우

(33) Poirot: ...ikke et eneste øyeblikk stanset   han for å tenke
            not one single moment stopped   he for to think
            '...not for one moment did he ever pause and reflect'

다른 화자: Jeg vet *at det [å tenke]* er Deres lille svakhet, Poirot (D_o

den: 79)

I know *that that [to think]* is your small foible, Poirot

'Ah, Mr Poirot, *that* is your little foible' (Death: 89)

3.1.7 영어 본래 구문이 외치될 수 있는 부정사 절을 포함하는 경우

(34) *Det* er noe stort *dette [å være engelskmann].* (Hvor: 29)

that is something great *that [to be Englishman]*

'It is a great thing to be *an Englishman.*' (Why: 28)

3.1.8 영어 본래 구문이 접속사가 생략될 수 있는 *that* 절을 포함하는 경우

(35) Jeg kom til *det [at hun nok ikke brydde.seg om ham].* (Mysteriet: 201)

I came to *that [that she probably not cared about him]*

'I thought *she did not care.*' (Mystery: 219)

다음 세 가지의 경우, *that* 절은 명사와 동격이며, 이 구절이 보다 현저하게 명사적 기능을 하고 있다.

(36) *...dette [at hun er så ung]..., det* vil beskytte henne. (Fem: 145)

...that [that she is so young], ... that will protect her

'*...the very fact that she is so young* will protect her.' (Five: 134)

본 논문이 상응하는 모든 절 유형을 완벽하게 설명하고 있진 않지만, 대부분의 경우 영어의 *that* 절에 상응하는 det 구문이 어떤 명사적 요소를 가진다는 점에 주목할 필요가 있다.

3.1.9 영어 본래 구문이 주절을 포함하는 경우

> (37) Det er ikke *det [at hun er innbilsk]* - hun er bare ehgelsk. (Döden: 99)
>
> It is not *that [that she is concited]*- she is only English
>
> '*She is not conceited about it* - she is just an English woman.'
> (Death: 110)

3.2 노르웨이어 *det* 구문의 문법적 기능

3.1에서 영어의 다양하고 많은 구조가 *det* 구문으로 번역된다는 것을 살펴보았다. 본 절에서는 구문에서 나타나는 다양한 문법 기능들에 대해 논의하고 설명할 것이다. 다양한 기능 속에 나타나는 구문의 출현 횟수의 수치는 표2에 나타나 있으며, 영어 본래 구조의 여러 가지 형태와의 상관관계를 보여주고 있다.

3.2.1 노르웨이어 *det* 구문의 문법적 주어 기능

det 구문이 강한 명사적 성질을 갖기 때문에 압도적으로 대다수의 경우에 주어 기능을 한다(즉, 61개 중 47). 그리고 당연히, 주어의 위치는 전형적인 명사 위치이다. 뿐만 아니라, 주어절이 강한 명사적 성질을 갖고 있다

는 견해를 보완해 주는 하나의 사실은 영어에서는 소유격이 주어 위치에 나타나는 동명사 절의 주어로 선호된다는 사실에서 찾을 수 있다(*His/ ?Him getting rid of the maid was significant*(그가 하녀를 없애는 것은 중요했다)).

또한 의미적 관점에서 볼 때, 상대적으로 높은 빈도의 주어 기능은 *det* 구문이 대체적으로 '주어진 정보(given information)'[4]를 포함하고 있다는 사실을 고려해 볼 때 놀랄 일이 아니다. 전형적인 예는 다음과 같다.

(38) Dette [at faren foretrakk Robert] tvang Philip inn i sitt skall.

That [that father-the preferred Robert] forced Philip into his shell (Morder: 149)

'His father's preference for Roger drove Philip in upon himself.'

(Crooked: 144)

3.2.2 주어로 분석되는 *det* 구문이 *det er bare det at(=it is only that that)* 과 *(det er)ikke det at(=(it is) not that that[5])*과 같은 전형화된 문장 형식의 일부를 구성하는 경우

(39) Det var bare det [*at en skandale ikke ville være så heldig akkurat nå*] (Mysteriet: 136)

---

4) Thráinsson(1979: 190-263)의 주장에 따르면, det 구문에 상응하는 아이슬란드어 구문은 보통 (반)사실성 동사와 함께 나타나며 담화 조응적이다.

5) 관련성 이론(relevance theory)의 틀 안에서 논의되는 *det er bare det at* 구문의 보다 복잡한 의미에 관해 더 흥미가 있다면, Fretheim(1999)를 참조하라.

it was only that [that a scandal not would be so fortunate right now]

'It was only *the realization that scandal would be unfortunate just at present.*' (Mystery: 149)

(40) [Det er, A.H.] ikke *det [at han er uvillig].* (Morder: 102)

[it is] not *that [that he is grudging]*

'It isn't really *that he is grudging.*' (Crooked: 95)

3.2.3 *det* 구문의 전위된 주어로서의 기능

det 구문이 전위된(dislocated) 주어로 나타날 때 그 명사적 성질이 특히 뚜렷하다. (41)과 같은 좌향 전위는 5가지 경우에 나타나고, (42)와 같은 우향 전위는 2가지 경우에서 발견된다.

(41) *Det[å miste arbeidet sitt], det* lyder ikke helt overbevisende som motiv for et mord.(Fem: 177)

that[to lose job-the his], that sounds not very convincing as motive for a murder

'*Just losing a job* doesn't sound a very adequate motive for murder.' (Five:162)

(42) Det kjentes så ynkelig, *det [at jeg ikke kunne reise min vei].* (Fem: 159)

that felt   so awkward, *that [that I not could travel my way]*

'It was awkward *my not being able to leave the house.*'(Five: 145)

비록 노르웨이어의 전위 구문이 일반적으로 영어보다 명사적 성질
이 덜하긴 하지만, 상대적으로 쉽게 전위구문에 의존하는 노르웨이어의
특성상, 영어보다는 불어(명사 사용을 선호하는 언어로 잘 알려짐)와 유
사하다.

3.2.4 *det* 구문의 직접 목적어로서의 기능

다음의 예들 어디에서도 원형적 목적절이라 불릴 만한 것이 없다는 것에
유의해야한다. 게다가 (43)의 *det*은 *at*과 분리된다. 반면에 (44)에서 *det* 구
문은 화제의 기능을 하고, 문두에 나타난다.

> (43) 'De vet jo *det*,   tilfø yde han, '*at det er mange penger der*'(Pad: 160)
> you know surely *that* added he *that there is much money there*
> 'After all, you know', he added, '*there is a great deal of money there.*'
> (Pad: 154)

> (44) *Det [at   hun ikke har skrevet]* finner han helt naturing. (Pad: 129)
> *that [that she not has written]* finds   he quite natural
> '*The fact that she hasn't written* seems to him to be quite natural.'
> (Pad: 124)

3.2.5 *det*구문의 전치사 목적어로서의 기능

(45) Fortell nå mere om *dette[at Deres mann vil myrde Dem]*.(Hvor: 101)

 tell now more about *that[that your husband wants murder you]*

 'Now, go on with what you're telling me- about *your husband*

 wanting to murder you' (Why: 99)

노르웨이어에는 이런 구문이 흔하지 않다는 점을 강조할 필요가 있다. 대조적으로, 영어 동명사는 잘 알려진 것처럼 전치사의 목적어로 매우 빈번하게 사용된다. 게다가 라틴어 동명사가 부정사의 사격을 부여하는 것과 같은 방식으로, 영어 동명사는 부정사의 전치사격을 제공하는 주된 기능을 가진다고 할 수 있다. 노르웨이어에서 *det(te)*의 사용빈도가 낮은 것은 *at*절이 전치사의 목적어가 되기 때문에 대명사 핵(pronominal head)이 없이도 본질적으로 충분히 명사적인 성질을 가진다고 생각되기 때문일 것이다. 이런 면에서 노르웨이어 *at*절은 대명사 핵이 필요한 영어, 불어, 독일어의 상응 어구와 뚜렷한 차이가 있다. 다음을 비교해보자.

(46) Jeg skal sø rge for at han kommer.

 I shall see to it that he comes.

 Je veillerai à ce qu' il vienne.

 Ich werde *dafür* sorgen, daβ er kommt.(여기에서 *für es* → *dafür*)

 Ik zal *ervoor* zorgen dat hij komt.(여기에서 *voor het* → *ervoor*).

전치사의 절 목적어가 명사적 특성을 명시적으로 나타낼 필요가 있기 때문에 영어에서는 이 위치에서 동명사만이 허용된다.

4. 결론

본 논문은 대조언어학적 견지에서뿐만 아니라 개별 언어적 견지에서도 (동사적) 동명사, 행위 명사형(명사적 동명사로도 불림), 현재 분사간의 (전통적인) 구분을 고수해야 한다는 입장을 지지한다. 영어 (동사적) 동명사는 라틴어 동명사처럼 명사절이고, 로망스 언어와 현대 그리스어와 러시아어 같은 언어의 (필자 생각에 잘못 불린 것 같은) 동명사와는 성격 면에서 완전히 다르다.

　　det à skrive testamente 'that to write will(즉, writing a will(유언쓰기))' 같은 노르웨이어 구문은 얼핏 보면 동사구 앞에 한정사 det이 나오는 구성으로 분석될 수 있겠지만, 이 *det*은 대명사 핵이라고 지금까지 주장되어 왔다. 노르웨이어 *det(te)* + 부정사 / *at* 절 구문에 대한 코퍼스 기반 대조 언어학적 연구는 *at* 절 구문이 영어 동명사보다 성격적인 면에서 더 명사적인 특성을 가진다는 것을　보여준다. 이러한 특성으로 인해 영어 동명사와는 달리, 노르웨이어 *at* 절이 때로 직접 목적어나 전치사의 목적어로 나타나긴 하지만 주로 주어로서 사용되는 이유이다. 전자의 기능(즉 직접 목적어나 전치사의 목적어로서의 기능)에 대해서도 노르웨이어는 영어와는 매우 다른데, 영어에서는 전치사가 취할 수 있는 절 목적어의 유일한 형태로 동명사가 사용된다.

부록 1_

다음에 열거된 아가사 크리스티(Agatha Christie) 소설들의 모든 노르웨이
어 번역본은 오슬로의 아쉐호그(Aschehoug) 출판사에서 출판되었다.

– *Døden i flyet*, 번역가 L.Malling, 1977. c, 54,700단어(=*Dø den*).
   원제: *Death in the Clouds*, Fontana/Collins, London 1972(=*Death*).
– *Fem små griser*, 번역가 P. Brekke, 1980. c. 65,000단어(=*Fem*).
   원제: *Five Little Pigs*, Fontana/Collins, London 1979(=*Five*).
– *Den fjerde rytter*, 번역가 J.Christensen, 1981. c.57,600단어(=*Fjerde*).
   원제: *The Pale Horse*, Fontana/Collins, London 1972(=*Pale*).
– *Hvorfor spurte de ikke Evans*, 번역가 G.Havrevold, 1979 .c.60,200단어(=*Hvor*).
   원제: *Why didn't they ask Evans*, Pan Books, London 1968(=*why*).
– *Kom til meg, dø d*, 번역가 J. Brinchmann, 1995. c. 49,300단어(=*Kom*).
   원제: *Sad Cypress, Fontana/Collins*, London 1983(=*sad*).
– *Morder I huset*, 번역가 A. Seeberg, 1980 .c.48,000단어(=*Morder*).
   원제: *Crooked House*, Fontana/Collins, London 1972(=*Crooked*).
–*Mot ukjent mål*, 번역가 E. Krog, 1980 .c. 54,400단어(=*Mot*).
   원제: *destination Unknown*, Fontana/Collins, London 1970(=*Destination*).
–*Mysteriet på Monte Carlo-Ekspressen*, 번역가 E. Borgen, 1979 .c. 62,700단어(=*Mysteriet*).
   원제: *The Mystery of Blue Train*, Fontana/Collins, London 1972(=*Mystery*).
–*4.50 fra Paddington*, 번역가 H. Simosen, 1995 .c. 61,400단어(=*Pad*).
   원제: *4.50 from Paddington*, Fontana/Collins, London 1972(=*Pad*)

■ 참고문헌

Bett, Gavin. 1986. *Latin, a Complete Course.* London: Hodder and Stoughton.

Borras, F. and R. Christian. 1971. *Russian Syntax: Aspects of Modern Russian Syntax and Vocabulary.* Oxford: Clarendon Press.

Bussmann, H. 1990. *Lexikon der Spachwissenschaft.* Stuttgart: Alfred Kröner Verlag.

Faarlund, Jan Terje, Svein Lie and Kjell I. Vannebo. 1997. *Norsk Referanse Grammatikk.* Oslo Universittetsforlaget.

Fretheim, Thornstein. 1999. 'Der er bare det at...'. *Norsk Lingvistisk Tidsskrift* 17 (1)155-170

Holton, David, Peter Mackridge and Irene Philippaki-Warburton. 1997. *Greek: A Comprehensive Grammar of the Modern Language.* London: Routledge.

Johansson, Stig and Per Lysvåg. 1987. *Understanding English Grammar.* Part Ⅱ: *A closer view.* Oslo: Scandinavian University Press.

Judge, A. and F.G. Healey. 1983. *A Reference Grammar of Modern French.* London: Arnold.

Maiden, Martin and Robustelli, Cecilia. 2000. *A Reference Grammar of Modern Italian.* London: Arnold.

Pulgram, E. 1987. Nominal-Verbal hybrids: participle and gerund in Latin, Italian, English, *Canadian Journal of Italian Studies.* 99-116.

Quirk, Randolph, Sidney Greenbaum, Geoffrey Leech and Jan Svartvik. 1985. *A Comprehensive Grammar of the English Language.* London: Longman.

Thrainsson, Höskuldur. 1979. *On Complementation in Icelandic.* New York: Garland.

3.

플레미쉬어 수화와 네덜란드어: 지시 추적상의 다른 양상으로 인한 통사적 차이

Mieke Van Herreweghe / 겐트대학*(Fund for Scientific Research-Flanders / University of Ghent)*

Myriam Vermeerbergen / 브뤼셀자유대학*(Fund for Scientific Research-Flanders / Free University of Brussels)*

개요 ● 비록 청각장애 학급에서 의사소통은 대부분 단일언어(네덜란드어)로 이루어지지만, 대부분의 청각장애 아동은 교실 밖에서 플레미쉬어 수화를 사용하고 있기 때문에 이중언어 화자로 간주될 수 있다. 그러므로 청각장애 아동이 쓴 글쓰기에서 나타나는 몇몇 오류들은 플레미쉬어 수화로 인한 간섭 때문에 생기는 것으로 여겨질 수 있다. 현재까지 이러한 사실은 직관적으로만 인식되어 왔다. 본 연구는 이와 같은 오랜 직관을 지시 추적(reference tracking)에 초점을 둔 실증적 연구에 바탕을 두고 입증하는 첫 시도이다. 여기서 지시 추적이란 내레이터가 어떤 인물을 논의되고 있는 어떤 특정 인물로 확인해 주는 방식을 말한다. 연구 참여자들은 4명의 남자 주인공이 등장하는 만화 영화를 보고 난 후, 네덜란드어와 플레미쉬어 수화로 줄거리를 이야기하게 된다.

　서사 구조에서 나타나는 지시 추적을 대조분석해보면, 연구 참여자들은 가끔 네덜란드어로 글쓰기를 할 때 플레미쉬어 수화 구조를 사용하는 (사용하기를 원하는) 것 같다. 그러나 그런 경우에, 그들은 수화에서 나타나는 공간적 문법 기제를 무시하고 단지 어휘적 수화에만 초점을 둔다. 결과적으로 청각장애 학생들이 네덜란드어로 쓴 작문은 플레미쉬어 수화를 문법에 맞지않게 네덜란드어로 낱말 대 낱말을 기계적으로 번역한 것으로 보인다.

1. 서론

플레미쉬어 청각장애 아동은 특이한 언어적 위치에 처해 있다. 약 90%가량의 청각장애 아동은 **모국어가 네덜란드어인 듣고 말할 수 있는 부모**가 있다. 그러나 청각적으로 입력에 장애가 있기 때문에 이러한 부모들의 모국어에 접근하기는 쉽지 않다. 그러나 플랑드르 지방에 사는 대부분의 청각장애 아동은 **제 1언어인 플레미쉬어 수화가 완전히 무시되는** 언어 환경에서 성장한다. 플랑드르 지방과 네덜란드에서 많은 교육 심리학자들은 청각장애아동에 대하여 **차별화 의사소통 철학(differentiating communication philosophy)**이라고 불리는 구어 특수교육을 발달시켜 왔다(Lichtert 1991). 이런 교육 이념 하에서는 청각장애를 가진 아동이라도 장애정도에 따라 다음과 같은 두 가지 교육환경 중 한 가지를 갖게 된다. 어떤 청각장애아동은 엄격하게 구어 교육 환경을 갖게 된다. 혹은 일부 청각장애 아동은 구어 의사소통에 많은 문제가 있기 때문에 지문자(指文字:fingerspelling)와 **네덜란드어 수화**(Signed Dutch; 모든 네덜란드어 단어를 대응하는— 혹은 그렇게 여겨지는— 수화를 사용하여 표현하는 의사소통 체계)를 사용하여 입모양을 읽거나 네덜란드 말을 이해하도록 도와주는 언어 프로그램의 도움을 받을 수도 있다. 두 가지 프로그램 모두 수화가 포함되어 있지 않으므로 단일언어적이라고 여겨질 수 있다. 1998년 9월 한 학교가 실험적 차원에서 플레미쉬어 수화와 네덜란드어를 기반으로 이중언어/이중문화 프로그램을 실시하였다.

비록 '청각장애' 학급에서 의사소통이 대개 단일언어적이고 또한 많은 청각장애 아동이 집에서 네덜란드어를 사용한다고 하더라도 대부분의 청각장애 아동은(일반 학교에서 통합교육을 받고 있는 장애아동을 제외) 이중언어 화자로 간주된다. 청각장애아를 위한 학교에서 학생들은 교실 밖에서는 학생들끼리 의사소통하기 위해서 플레미쉬어 수화를 사용하며, 신입생들은 선배들로부터 혹은 청각장애 부모를 가진 청각장애 친구로부터 수화를 배운다. 많은 청각장애 아동들은 비격식적으로 운동장 놀이로 습득하게 되는 플레미쉬어 수화를 공식적으로 배운 네덜란드어보다 (훨씬) 더 많이 알고 있다. 그들의 수화 발화는 네덜란드어 말이나 글쓰기보다 분명히 더 유창하다.

물론 이는 역사적 맥락에서 고려될 필요가 있다. 70년대 초반이 되어서야 몇몇 미국 언어학자들은 미국수화(ASL: American Sign Language)가 영어와는 독립된 완전히 발달한 언어라는 점을 깨닫기 시작했다. 이때부터 더욱 많은 사람들이 보편적인 수화란 존재하지 않는다는 것을 깨닫기 시작했다. 거의 모든 나라는 그 국가나 지역에서 사용되는 음성언어와는 독립적인 고유한 수화(혹은 수화들)를 가지고 있다. 그러므로 점점 미국이외의 다른 나라에서도 언어학자들은 자기 나라의 수화에 관심을 가지기 시작했다. 90년대 초반이 되자 수화 언어학이 새로운 연구 영역으로 떠오른 플랑드르 지방에서도 같은 현상이 일어났다. 언어학자들이 플레미쉬어 수화의 존재를 늦게 '깨닫게' 된 점이 학교에서 수화가 정식 언어로 사용되지 않은 한 이유가 된다(정식 언어로 사용하지 않은 아주 많은 이유들이 있지만 그 이유들을 모두 고려하면 우리는 본류에서 많이 벗어나게 될 것이다). 다행스럽게도, 이런 상황은 점차 변화하고 있다.

그럼에도 불구하고 많은 청각장애 아동(그리고 성인)이 사용하는 네덜란드어에서는 플레미쉬어 수화의 흔적들을 발견할 수 있다. 즉, 네덜란드어로 글쓰기를 할 때 나타나는 몇몇 오류는 정통 플레미쉬어 수화 혹은 운동장에서 배운 플레미쉬어 수화의 간섭 때문인 것 같다. 지금까지 이런 것들은 청각장애아를 위한 특수교육에 종사하는 교육자들이 직관으로만 인정해오던 것이다. 이런 직관은 더 이상 새로운 것은 아니다. 70년대 몇몇 미국 연구자들은 **청각장애자 영어(Deaf English)**에 관한 논의 가능성에 대해 고민했다(Charrow 1974, 1977). 그러나 결코 자신의 주장을 뒷받침할 수 있는 실증적 증거를 충분히 찾을 수 없었다. 주요한 이유는 그 당시 미국수화의 문법은 충분히 연구되지 않았기 때문에 청각장애자들이 사용한 영어에서 미국수화로 인한 간섭 오류가 무엇인지를 확립할 수 없었기 때문이다. 두 음성언어의 문법을 상호 비교하는 것도 아주 어렵지만, 수화 문법과 음성언어의 문법을 비교하는 것은 표현 양식이 다르기 때문에 언어학자에게는 거의 모험적인 일이다. 시각적이고 동작적인 표현 양식 때문에, 지금까지 연구되어온 세계의 수화언어들은 1) 고도의 동시성, 2) 공간의 사용(소위 수화화 공간) 및 3) 손짓 및 몸짓과 관련한 특성(문법적 혹은 어휘적 특성)을 가진다. 결과적으로 수화의 특징인 공간적 문법을 구어의 특징인 언어적 문법과 비교한다는 것은 아주 어렵다. 그럼에도 불구하고 우리는 이런 비교 작업을 수행할 수 있다고 믿는다. 그러므로 본 연구는 청각장애자의 음성/문자 언어에는 수화로 인한 간섭의 오류가 있다는 '오랜' 직관을 실증적으로 입증하려는 첫 시도이다. 비록 다양한 관점을 다루고는 있지만 본 논문의 초점은 지시 추적인데, 이것은 내레이터가 어떤 인물/지시대상을 현재 논의되고 있는 바로 그 인물/지시대상이라는 것을 확인해주는 방식을 말한다.

2. 연구 설계

실험 참여자들에게 네 명의 남자 주인공이 등장하는 만화 영화를 보도록 하였다. 약 7분짜리 만화는 음성 언어나 자막이 없었기 때문에 청각장애인들은 잘 이해할 수 있었다. 모든 참여자에게 그 만화 영화를 두 번씩 본 후, 네덜란드어와 플레미쉬어 수화로 각각 그 내용을 이야기하도록 하였다.

119명의 참여자들은 모두 7.4세에서 21.4세까지의 학교에 다니는 학생들이었고 네덜란드어 문자로 글쓰기에 참여하였다[1]. 이는 실험 당시에 아래 기준에 부합하는 플레미쉬어를 사용하는 전체 학생들이다(학교를 결석하였거나 아픈 소수의 학생 제외).

- 모든 참여자는 말을 배우기 전인 3세 이전에 청각장애가 있어야 한다(나이 제한은 Conrad (1979)의 기준에 근거).
- 모든 참여자는 평균적으로 90 dB이하의 소리를 듣지 못한다(플레처(Fletcher) 지표에 근거).
- 청각장애 이외의 장애는 없다. 예를 들어 청각장애 뿐만 아니라 시각장애도 있어서, 실험에 이용된 그림들을 충분히 잘 볼 수 없

---

1) 119명에 대한 코퍼스를 수집하게 된 것은 청각장애 학생들이 네덜란드어에서 어떤 통사적 언어능력을 가지고 있는가에 대한 광범위한 연구의 일부로서 이루어졌다. 이에 대한 보다 자세한 논의는 Van Herreweghe(1996)에서 볼 수 있다.

는 어셔 증후군을 가진 청각장애 아동도 있다.

- 모든 참여자의 지능은 적어도 80이상이어야 한다.
- 참여자는 읽기능력에는 문제가 없다는 것을 확실히 하기 위하여 2학년 정도의 책은 읽을 수 있어야 한다.
- 참여자는 완전 청각장애 혹은 부분 청각 장애 아동을 위한 학교에 다니는 학생이어야 한다. 이는 청각장애를 가진 동료나 선배를 통해 수화를 습득하기 위한 선행 조건이 된다.

참여자가 쓴 네덜란드어 작문 중 단지 99명의 것만 분석하였다. 나머지 20명의 작문은 50개 단어도 채 포함하고 있지 않았기 때문이다. 작문의 평균 길이는 143단어(11세 아동의 경우 평균 109단어이며 16세 아동의 경우 175단어)이다.

  8명의 수화사용자들이 플레미쉬어 수화로 서사 구조를 표현하는 실험에 참여하였다. 3명은 8세, 10세, 11세였으며 1명은 16세 청소년이었고 4명은 25세와 36세사이의 성인이었다. 참여자 중에서 어린이 3명과 청소년 1명 및 성인 2명은 그들의 부모 역시 청각장애인으로서 모국어 자체가 수화인 '진정한' 수화사용자였다. 그러나 다른 2명의 성인 참여자의 부모는 청각장애도 없고 수화도 사용하지 않는 사람들이었지만, 그들은 아주 어린 나이에 (학교에서 청각장애를 가진 친구들로부터) 플레미쉬어 수화를 배웠고, 대부분의 사회생활과 직업 환경에서 수화로 의사소통하고 있었다. 그래서 그런 사람들을 준 원어민 수화사용자라고 한다.

  그 수화사용자들은 만화 영화를 보지 않은 1명의 친한 사람에게 내용을 이야기했다. 그들의 서사구조는 비디오로 녹화되었다. 수화로 표현된 서사구조는 평균 2분 5초(범위는 1분 15초에서 4분 26초 사이)였다.

3. 결과 및 논의

3.1 연구 결과

시각적이며 동작적 언어인 수화는 음성언어에는 (거의) 존재하지 않는 가능성을 제공한다. 공간을 사용하거나, 손, 몸짓 혹은 일반적인 동작 등 신체를 사용 하는 특성 때문에 수화는 음성언어에 관한 연구에서 밝혀진 것들과는 다른 문법적 기제와 구조를 가진다[2]. 연구 결과들을 구체적으로 논의하기 전에, 지금까지 연구된 모든 수화에 관한 가장 중요한 원칙 한 가지를 먼저 지적하고 싶다. 그것은 음성언어에는 존재하지 않고 수화에만 있는 특성으로서 위치성(localization)이다.

현재 존재하지 않는 지시대상을 논의하기 위해, 수화사용자는 그 지시대상에 대한 위치(locus)를 정하려고 할 수 있다. 즉, 수화사용자는 현재 존재하지 않는 지시대상을 공간상 어떤 위치와 관련지을 수 있다. 이는 지시대상에 대한 어휘적 수화를 발화하기 전, 도중, 이후 위치의 방향을 지적함으로써 아주 명시적으로 이루어 질 수 있다. 혹은 동사 일치와 같이 공간적으로 표현되는 문법적 기제를 사용하여 다소 덜 명시적인 방법으로 할 수도 있다.

어떤 위치를 선택하는 것은 자의적으로 이루어지는 것이 아니라 구조적으로 잘 계산되어 이루어진다. 예를 들면, 현재 존재하지 않는 다수의 지시대상을 이야기할 때, 선택된 위치들 사이의 공간적 관계는 논의되고 있는 그 시점의 지시대상들 사이의 공간적 관계를 '반영한다.' 특히 현재 존재하지 않는 지시대상이 구조적으로 잘 계산된 위치와 연관이 있

---

2) 플레미쉬어 수화 문법에 관한 자세한 정보는 Vermeerbergen(1996,1997)을 참조하시오

을 때 수화사용자는 그 지시대상이 실제로 그곳에 서있거나/누워있거나/앉아있거나 존재하고 있는 것처럼 생각하는 것 같다(예를 들어, 현재 같이 있는 사람들과 이전에 만났을 때 일어난 일들을 이야기할 때, 수화사용자들은 그 사람들에게 실제로 회의 동안에 그들이 가졌던 동일한 상대적 위치를 주곤 했다. 즉, 폴(Paul)은 거기에, 존(John)은 그곳에 이런 식으로 말이다). 그러므로 위치들은 지시의 흔적을 유지하며, 전방조응적 지시와 동사 일치를 포함하는 몇몇 문법적 기제에 사용된다.

3.2 완전 명사구를 사용한 지시

3.2.1 수화로 표현된 서사구조

수화로 표현된 서사구조에서 담화적 가치가 높은 지시대상은 보통 지시대상을 수식하는 완전 명사구에 의해 도입된다(아래 예시에서 사용된 약자는 논문 끝부분의 부록에서 설명되어 있다).

(1) *EEN MAN ERG GROOT MAGER RAAR pc: 'beschrijving kapsel'*
'Een zeer grote, magere man met een raar kapsel'
A MAN VERY TALL SLIM FUNNY   pc: 'description hairdo'
'A very tall, slim man with a funny hairdo'

이미 도입된 어떤 지시대상을 확인해 주는 완전 명사구는 그리 자주 사용되지 않는다. 몇몇 예시는 다음과 같다.

(2) _____*rapid hn-s* (빠른 고개 끄덕임)

MAN TELEFONEREN / VALLEN

'*De man die telefoneert, valt.*'

_____rapid hn-s (빠른 고개 끄덕임)

MAN PHONE / FALL

'The man who phones, falls.'

(3) _____*squint, eye-contact, chin up*

(곁눈질, 시선 접촉, 턱 올리기)

MAN GROOT pc: 'beschrijving kapsel'

'*De grote man met her rare kapsel*'

_____squint, eye-contact, chin up

(곁눈질, 시선 접촉, 턱 올리기)

MAN TALL pc: 'description hairdo'

'The tall man with the funny hairdo'

완전 명사구를 사용하여 이루어지는 명시적 **확인** 지시는 항상 청자와 시선을 마주치면서 이루어진다. 턱을 올리면서 눈썹을 치켜뜨거나 곁눈질을 하는 식으로 손짓이외의 동작을 사용하여 수화화고 담화에서 그 지시대상이 중요하다는 것을 알려준다. 특히 대담자와의 시선 접촉은 이러한 지시를 서사구조 밖에 두고 그것을 '(서사구조) 밖의' 것으로 변화시키게 하는 것 같다. 즉, 이때 사용된 지시는 텍스트의 기술적이지만 서사적이지는 않은 부분인 것처럼 보인다.

덜 명시적 확인 기능의 어휘적 지시의 예시는 다음과 같다.

(4) *ANDER MAN*

OTHER MAN

(5) TWEE MAN

TWO MAN

3.2.2 네덜란드어 작문

네덜란드어 작문에서 완전 명사구로 이루어진 지시가 가장 자주 사용된다. 그러나 우리는 언어적 세련성(sophistication)의 척도를 정해 볼 수 있다.

가장 세련되지 못한 글을 쓴 참여자는 수식어구 없이 명사(*man*('man(사람)'), *meneer*('mister(-씨, 남자)'), *kerel*('guy(녀석, 사람)'))만을 사용하여 만화영화속의 4명의 주인공을 지시하였다. 결과적으로 작문을 잠시만 읽어도 누가 무엇을 했는지 너무 혼란스러워서 그 작문속의 서사구조를 따라갈 수가 없다. 14세 남자아이가 쓴 아래 작문은 이런 경우에 해당한다[3].

---

3) C1은 첫 번째 인물, C2는 두 번째 인물을 지시한다.

(6)

C1	*meener heeft een brief*[A]	'mister has a letter'
C2	*meneer rijdt met de oudo*	'mister drives the car'
C1	*meneer ging naar de WC*	'mister went to the toiltet'
C3	*meneer heeft een mes*	'mister has a knife'
C1	*meneer was dood.*	'mister was dead'
C2	*meneer rent weg*	'mister runds away'
C2	*meneer in de telefooncel*	'mister in the phone boot'
C3	*meneer heeft een pistool*	'mister has a gun'
C3	*meneerneem een brief*	'mister take a letter'
C3	*meneer uit de brief van kaarten*	'mister out of the letter from'
	weel mensen luiden	'tickets many people louds'
C3+4	*meneer kleeden uit*	'mister undress'

약간 더 세련된 작문에서는 더욱 명확히 확인해주는 명사 혹은 이름을 사용한다. 명확히 확인해주는 명사를 사용한 예시는 *de jongeman*('the young man(젊은이)'), *diaf*('thief(도둑)'), *twee bandieten*('two bandits(두 도적)'), *de spion*('the boy(소년)'), *de japoner*('the japonese(일본사람)')(원문 그대로 인용됨. 철자 실수가 아님.), *de brilman*('the glasses-man(안경 낀 사람)') 등이다. 명확히 확인해주는 이름을 사용한 경우는 아래와 같다(13세 여자

---

4) 이상하게도 대부분의 청각장애 학생들은 한정사를 사용했다. 그러나 대부분 언제 한정 혹은 비한정 혹은 영 한정사를 사용해야 할지에 대해서는 몰랐다. 어떤 학생들은 독자적인 문법체계를 만들어 낸다. 예를 들어, 예시 (6)에서처럼 주어명사구에서는 한정사를 결코 사용하지 않지만, 목적어 명사구와 부사구에서는 한정사를 사용하지만 종종 틀리게 사용하기도 한다.

아이의 작문).

(7) *(...) En die jongen heet Jan*   '(...) And that boy is called Jan'
    Jan loopt door de straten, (...)   'Jan walks through the streets, (...)'

몇몇 학생들은 명사구 앞에 수식어를 사용하여 지시대상 중의 하나를 정확히 지시하였다. 즉, *stoute meneren*('bad mister(나쁜 남자)'), *braaf meneer*('good mister(좋은 남자)'), *dike meneer*('fat mister(뚱뚱한 남자)'), *dun meneer*('thin mister(마른 남자)'), *een geheime man*('a secret man(비밀에 싸인 인물)') 등등으로 쓰고 있다. 여기서 플레미쉬어 수화로 인한 간섭은 명사 다음에 형용사가 따라 나오는 경우(플레미쉬어 수화의 무표적 어순)에 명확하게 볼 수 있다. 그러나 네딜란드어에서는 명사+형용사 어순은 거의 불가능하다. 그럼에도 불구하고 실험에 참여한 10%의 학생들은 이런 구문을 사용하였다. 다음 예시들을 보시오.

(8) *2 mannen vals*   '2 men false'
     de auto rood   'the car red'
     meneer stout   'mister bad'
     jongen lang   'boy tall'

더욱 세련된 작문에서는 후치수식어구가 있는 명사구들이 나타난다. 후치수식어구는 전치사구의 형태로 나타날 수 있다.

(9) *die man van geel auto*   'that man from yellow car'

     de bestuurder van de gele auto 'the driver of the yellow car'

     magere man met bril op   'slim man with glasses'

네덜란드어에서 전치사는 위와 같은 경우에 필요하다. 플레미쉬어 수화
는 일반적으로 전치사 없이 사용된다. 따라서 *de man bril*('the man glasses
(안경 낀 사람)'), *politie geweer*('police gun(총을 가진 경찰)')와 같은 예에서
언어간섭에 의한 오류를 볼 수 있다.

　　언어적으로 지시대상을 확인하는 가장 완전한 방법은 명사 뒤에 관
계절이 나오는 방법이다. 그러한 구조는 단지 소수의 실험 참여자만 터
득한 구조였다.

(10) *die jongen die de omslag geeft*

     'the boy who gives the envelope'

     de dezelfde mannen die hem vermoord heeft

     'the same men who has killed him'

3.3 전방 조응적 지시

수화 사용자들은 가리키는 동작을 통해서 존재하지 않는 지시물을 전방
조응적으로(anaphorically) 나타낼 수 있다. 가리키는 동작의 예로는 그 지
시대상을 위해 사전에 구축된 위치를 검지로 가리키거나, 머리를 끄덕이
거나, 바라보는 행동 등이다. 이런 가리키는 동작들은 대명사의 지위를
가진다. 그러나 플레미쉬어 수화에서 대명사화는 네덜란드어와는 상이한
방식으로 결정된다. 네덜란드어는 세 종류의 대조기준이 있는데 그것은

인칭, 수, 3인칭 대명사의 성(性)이다. 플레미쉬어 수화에서 대상 확인은 사전에 구축된 위치를 가리키는 것을 통해서 이루어진다. 그래서 형식적인 인칭, 수, 성의 대조가 없다.

대부분의 실험 참여자는 네덜란드어의 대명사 사용에 문제점이 있는 것으로 보인다. 예를 들면 실험 참여자들은 언제 대명사를 써야 하는지 모르는 것 같다. 다음은 10세의 소녀가 쓴 글이다.

(11) C2   *meneer telefoon.*   'mister phone'

C2   *hij is dood.*   'he is dead'

C3   *hij neemt een brief.*   'he takes a letter'

플레미쉬어 수화에서 첫 번째 대명사와 두 번째 대명사의 구분이 다른 위치를 가리키는 방식으로 명확하게 이뤄졌기 때문에, 그 결과 그러한 연쇄는 전혀 애매모호하지 않을 것이다.

청각 장애 아이들은 대명사를 사용하는데 문제가 있는 것으로 나타나기 때문에, 그 해결책은 대명사 사용의 문제점을 피하여 장황한 명사구를 많이 사용하여 글을 쓰는 방법인 것처럼 보인다. 이로 인해서 이 아이들의 이야기에는 매우 융통성 없는 구조만 나타나며, 글이 문법적으로는 옳다고 하더라도 읽기에 매끄럽지가 않다. 다음은 15세 소년이 쓴 전형적인 예이다.

(12)

C2 *meneer ziet naar twee man*   'mister sees at two man'

    meneer is weg   'mister is gone'

	menner gaat naar de onderweg	'mister goes to the on his way'
	menner stopt met de auto	'mister stops with the car'
	menner stapt uit, naar de telefooncel	'mister gets out, to the phone boot'
C3+4	*de twee man schieten met menner*	'the two man shoot with miser'
	de twee man pakken de brieven	'the two man take the letters'
	de twee man zijn blij	'the two man are happy'
	de twee man hebben de training	'the two man have the track-suit'
	de twee man gaan naar de brussel	'the two man go to the brussels'

3.4 역할 떠맡기와 이동 지시

수화 사용자는 논의되는 지시물 중 하나의 지시물의 감정, 태도, 행동, 자세를 표현하기 위해 자신의 얼굴과 몸의 자세를 사용한다. 수화 사용자가 다른 대상의 **역할을 떠맡는 것**(impersonation)을 일반적으로 **역할 떠맡기**(role taking)나 **역할 이동**(role shifting)으로 언급한다. 역할 떠맡기는 종종 지시 이동과 함께 나타난다. 이동된 지시는 수화 사용자가 수화 공간에 의존적인 문법적 기제를 사용할 때, 마치 지시대상의 위치가 수화 사용자 자신의 실제 위치와 동일 한 것처럼 그 수화 공간을 조직한다는 것을 뜻한다. 이동된 지시의 한 예는 수화 사용자 자신의 몸을 가리키는 행동인 1인칭 대명사의 용법에서 볼 수 있다. 이것은 수화 사용자 자신을 가리킨다기보다, 구어의 직접화법에서 인용된 송신자를 가리키는 1인칭 대명사의 용법과 비교될 수 있으며 다른 누군가를 가리키기 위한 것이다.

우리 코퍼스 상의 수화로 표현된 서사구조에서 다른 참여자들 간의 상호작용은 적어도 행위적 참여자가 높은 담화 가치를 지니고 있을 때, 행위적 참여자의 관점에서 매우 흔히 이야기된다. 이 상호작용은 시선의

방향을 통해 나타내어지기도 하고, 역할 수행이나 이동된 지시에 의한
동사일치에서 행위적 참여자를 지시하기 위해서 수화 사용자가 신체를
사용해서 나타내기도 한다. 두 개의 예를 보자.

(13) *MAN NAAST pc:'beschrijving-kapsel'VERWITTIGEN / IK NAAR-WC-IK*

'De man naast hem, die met het rare kapsel, zegt hem: "Ik ga naar het toilet".'

MAN NEXT pc:'description hairdo' WARN / I TO TOILET I
'The man next to him, the one with the funny hairdo, tells him:"I am going to the toilet".'

(14) *Dominante hand: pc:'enveloppe-tonen'/ /pc:'hand-terugtekken'*
Andere hand: OPGELUCHT WILLEN NEMEN/

'Hij toont de omslag. De andere man is opgelucht en wil de omslag nemen, maar de eerste man trekt zijn hand terug.'

Dominant hand: pc:'show-enveloppe'/ /pc:'withdraw hand'
Other hand: RELIEVED WANT-TO TAKE
'He shows the envelope. The other man is relieved and wants to take it, but the first man withdraws his hand.'

(예 14에서 시선 방향의 변화를 포함한 역할 떠맡기를 사용하고 있으며
이를 통해 능동 참여자의 변화를 볼 수 있다.)

몇몇의 네덜란드어 작문에서 글쓴이들은 행동하는 참여자의 시점에

서 이야기 하고 싶어 하고, 이동된 지시를 사용하기를 원하는 것 같다.

(15) 12세 소녀:

Die man is naar wandelen twee brief gewisseld. Ik ga naar cafe. Iemand vrienden stond in de auto. Wij gaan naar bezine.

'That man is to walk two letter exchanged. I go to pub. Someone friends stood in the car. We go to petrol.'

(16) 12세 소녀:

Meneer stapt naar de café en andere meneer kijkt naar de briefje van meneer en ik wil hebben.

'Mister walks to the pub and other mister looks at the letter of mister and I want to have.'

(17) 19세 소년:

een man gaan naar Richard van hoek in de buurman Ik wil een brief afgeven; dan wil ik een biljart geld. een twee zit met de auto gele vervolg andere rood auto een man zit auto naar de benzinestation ga ik naar W.C

'a man go to Richard from corner in the neighbour I want to give a letter; then I want a note(?) of money. a man sits with the car yellow follow other red car a man sits car to the petrol station go I to the toilet.'

글쓴이는 플레미쉬어 수화와는 달리 네덜란드어에서 이동된 지시의 사용이 직접화법 또는 준직접화법에 한정되어 있다는 사실을 인식하지 못한 것으로 보인다.

3.5 영 논항

네덜란드어 통사구조와 플레미쉬어 수화 통사구조간의 매우 중요한 차이점은 영 논항의 경우에서 발견된다. 명시적으로 언급된 논항이 없는 동사들의 존재가 네덜란드어에서는 비교적 예외적이고 다수의 제약들에 의해서 제한되는 반면에, 플레미쉬어 수화에서 영 논항의 사용은 예외라기보다는 규칙이다.

플레미쉬어 수화는 각기 다른 유형의 영 논항을 사용할 수 있다. 첫 번째 유형에서 명시적으로 언급된 동사의 논항이 존재하지 않는 것은 동사와 지시대상들 간의 관계를 지배하고 명확히 하는 문법적 기제를 사용했기 때문이다. 동사 일치에서 위치를 사용하는 것이 이러한 기제의 한 예이다.

3.5.1 동사 일치: 공간적으로 수정된 동사

특정한 동사들 군에서 동사의 이동, 지향성, 조음 위치는 하나 또는 두 개의 논항과 일치를 표현하기 위해 바뀌어 질 수 있다. 공간적으로 수정된 동사의 전통적인 예는 GEVEN(TO GIVE)이다. 이 수화의 발화는 손의 직선이동을 포함하며, 수화 사용자는 이 이동의 시작점과 끝점을 재배치할 수 있다. 만일 동사의 논항이 실제로 존재한다면, 이동은 **주는 대상**의 몸 가까이(또는 몸 쪽으로)에서 시작하고 끝점은 **받는 대상**과 실제 위치와 인접해있다. 만일 논항이 존재하지 않는다면 수화 사용자는 이 지시대상을 위해 사전에 구축된 위치를 사용하고, 지시대상이 존재하는 것처럼 행동할 지도 모른다.(그림 1)

그림 1. GEVEN(TO GIVE): 'I give you';'you give me';'he/she gives him/her'

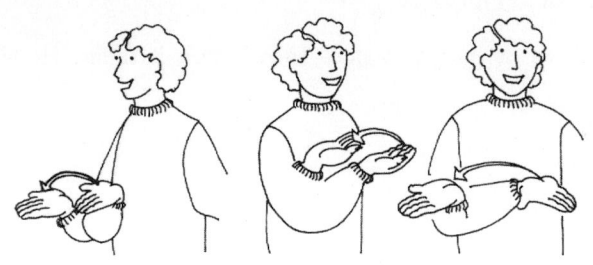

(19)에서처럼 동사일치에서 위치를 사용함으로써 대화자가 영 논항을 채울 수 있지만, 수화 사용자가 지시대상을 명시적으로 언급할 필요가 없게 된다. 그러나 만일 어휘적 손의 부분 즉, 명시적으로 언급된 논항이 없는 동사 수화 자체에만 관심이 주어지고, 논항이 암시적으로 언급되는 문법적인 공간적 관계에는 관심이 주어지지 않는다면 논항이 전혀 나타날 필요가 없다는 식의 잘못된 결과를 도출할 수 있다. 이는 네덜란드어에서 논항이 필요할 때조차도 명시적으로 언급되지 않을 때, 네덜란드어 간섭의 오류가 생겨날 수 있다. 이러한 예들은 (20-24)의 코퍼스 자료에서 풍부하게 볼 수 있다.

(19) *DAN NAAR CAFE / EEN MAN W_g_a / GEVEN_a SPECIAL OMSLAG GEVEN_a*

'Dan gaat hij naar een café. Daar zit een man. Hij geeft de/die man de speciale omslag.'

THEN TO PUB / A AMN Ps_a / GIVE_a SPECIAL ENVELOPE GIVE_a

'Then he goes to a pub. There a man is sitting. He gives the man the special envelope.'

(20) 9세 소녀:

naast de muur kerel praat geld geeft en brief geven en terug naar hun huis.

'next to the wall guy talks money gives and letter give and back to their house.'

(21) 9세 소녀:

meneer wacht op andere meneer en nu geld en omslg verwisselen.

'mister waits for other mister and now money and envelope exchange.'

(22) 9세 소녀:

andere meneer geeft een evenelop aan meneer en geld geven.

'other mister gives an envelope to mister and money give.'

(23) 10세 소녀:

hij geeft geld meneer en geef brief meneer.

'he gives money mister and give letter mister.'

(24) 18세 소년:

De man geef geld aan man. Dan geef briefjes.

'The man give money to man. Then give letters.'

3.5.2 마지막으로 언급된 주어의 규칙

플레미쉬어 수화에서 영 논항의 두 번째 유형에서는, 영 논항의 확인을
위한 문법적 기제가 없는 것 같다. 이런 경우에 적어도 주어가 관련됐을
때, 일반적으로 마지막으로 언급된 주어의 규칙(the rule of the last
mentioned subject)으로 알려진 규칙이 보통 적용된다. 이 규칙의 첫 번째
형식화는 Friedman에 의해 이루어졌다.(1976:135)

(...)만약 동사가 예를 들어 주어 없이 혼자 나타난다면, 그 주어는
마지막으로 언급된 것으로 가정한다. 단 담화 상의 첫 번째 동사가
생략된 주어를 가지지 않는 경우에 한한다. 이 경우에는 항상 1인칭
지시대상이 있게 된다.[5)]

많은 실험 참여자들이 네덜란드어에서 **마지막으로 언급된 주어의**
원리를 확장시키는 것 같다. 그것은 9세의 소녀가 쓴 다음의 예에서 찾아
볼 수 있다.

---

5) 물론 이 규칙이 다른 문법적 기제가 없고, 혹은 문맥상 다른 해석을 요할 때에만 적용
될 수 있다는 것은 명백하다.

(25)

en meneer stappen over de straat	and mister walks across the street
en nu op voetpad	and now on pavement
en over de straat	and across the street
en meneer let op naar mensen	and mister looks out for other people
maar het is geen mensen komen	but it is no other people coming
stappen midden van huizen naar binnen	walk middle of houses inside
en nu geld en omslag verwisselen	and now money and envelope exchange
Opnieuw treug over de straat	Again back across the street
en nu op voetpad	and now on pavement
daarna naar de café	then to the pub

4. 결론

플레미쉬어 청각 장애 학생의 네덜란드어 작문과 플레미쉬어 수화의 서
사구조와 네덜란드어 작문에서 나타난 지시 추적에 관한 대조 분석은 그
들의 네덜란드어에서 일어난 플레미쉬어 수화의 간섭을 보여주고 있다.
청각 장애 아동들과 청소년들은 네덜란드어 작문을 할 때 자주 플레미쉬
어 수화 구조를 사용하는 것 같았다(사용하고 싶어 했다). 그러나 그렇게
함으로써 공간적 문법 기제를 무시하고 오직 어휘적 수화에만 초점을 맞
췄다. 결과적으로 그들의 네덜란드어 작문은 **문법에 맞지 않는** 플레미
쉬어 수화의 번역이 되는 것 같다. 그러므로 우리는 청각장애아 교육에
서 교육가들이 플레미쉬어 수화의 문법에 더 많은 주의를 기울이도록 노
력하고, 학생들이 플레미쉬어 수화와 네덜란드어의 문법적인 차이를 대
조적인 교수 기법을 통해서 인식할 수 있도록 해야 한다.

부록: 표기법

어휘적 수화(lexical sign)는 **어구해석**(gloss)의 형태 즉 그 수화언어의 의미와 가능한 유사한 구어에서 가져온 단어의 형태로 씌어있다. 만일 하나의 수화에 대해 몇 개의 단어들이 필요하다면 그 단어들은 하이픈(-)으로 연결되어있다.

약어 *pc*는 **다형태소 구문**(*polymorphemic construction, pc*)을 나타내고 (아직 완전히) 어휘화되지 않은 다형태소 구문을 말한다(Vermeerbergen 1996 참고). 이 구문의 의미는 인용 부호 안에 적혀있다.

단어가 지문자화(fingerspelled) 되었을 때, 단어에 있는 철자는 하이픈으로 분리된다.(예 -W-C-).

약어 *Wg(Ps)*는 **가리키는 수화** *wijsgebaar(pointing sign)*를 나타낸다. 이 수화는 종종 대명사나 **한정 표지**(*definite-maker*)의 기능을 한다.

위치에 대한 언급은 아래 첨자로 쓴 철자에 의해 나타낸다.

사선(slash)은 손으로(manually) 혹은 손이 아닌 방식으로 표시된 절 또는 큰 구성성분의 경계이다.

손으로 이루어지지 않은 행동 혹은 표지는 그 영역에 속하는 손으로 이루어진 수화 위에 그어진 선의 끝에 표시된다. (논의에 관련된) 손으로 이루어지지 않은 표지/활동의 예는 다음과 같다.

- neg(부정)　　　　　　부정을 나타내는 머리를 가로 젓기
- squint(곁눈질)　　　　눈꺼풀 근육의 수축. 이는 수화 사용자가 대화상대자가 지시를 알기 바라는 표시로 그가 이에 대해 확인해주길 요청한다.

- brow raise(눈썹 올리기) 여기서는 지시대상의 주제적 중요성을 신호
하기 위해 사용된 다.
- raised chin(턱 올리기) 눈썹 올리기, 곁눈질과 함께 복합적으로 사
용되며, 주제적 중요성을 나타내는 것을 돕
는다.
- eye contact(시선 접촉) 대화상대자와의 눈 맞춤을 나타낸다.
- rapid hn-s(빠른 머리 끄덕임) 관계절을 나타내는 빠른 머리 끄덕임.

■ 참고문헌

Charrow, V.R. 1974. *Deaf English — An investigation of the written English competence of deaf adolescents.* Stanford University: Unpublished doctoral dissertation.

Charrow, V.R. 1977. A psycholinguistic analysis of 'Deaf English'. *Sign Language Studies* 7, 139-150.

Conrad, R. 1979. *The Deaf School Child.* London: Harper & Row.

Friedman, L. 1976. Subject, Object and Topic in American Sign Language. In: Li, C. (ed.), *Subject and Topic,* 127-148. New York: Academic Press, Inc.

Lichtert, G. 1991. Situering van een Diagnostisch Model binnen de Gedifferentieerde Opvoedingsvisie. In De Raeve, L., M. Vanneste, & P.Verstraelen (eds), *Differentiële Psychodiagnostiek bij Kindere met een Auditieve Handicap: referatenbundel,* 3-21. Antwerpen: Werkgroep Psychodiagnostiek.

Van Herreweghe, A. 1996. *Prelinguaal Dove Jongeren en Nederlands: een Syntactisch Onderzoek.* Universiteit Gent: Unpublished Doctoral Dissertation.

Vermeerbergen, M. 1996. *ROOD KOOL TIEN PERSOON IN: Morfosyntactische Aspecten van Gebarentaal.* Vrije Universiteit Brussel: Unpublished Doctoral Dissertation.

Vermeerbergen, M. 1997. *Grammaticale Aspecten van de Vlaams-Belgische Gebarentaal.* Gentbrugge: Cultuur voor Doven.

4.

불어 반과거를 번역해서 얻는 득과 실[1]

Hélène Chuquet / 푸아티에대학(University of Poitiers)

개요 ● 한눈에 보기에, 불어의 **반과거(imparfait)**를 영어로 번역하는 것은 그다지 어려워 보이지 않는다. 그 이유는 대개 번역가가 등가어로 생각할 수 있는 영어 시제, 상이나 양상 조동사를 사용할 수 있도록 안내해 주는 문맥을 확인하는 것이 보통은 가능하기 때문이다. 그러나 대조 관찰을 통하여 보면, 반과거로 표현된 의미를 딱 들어맞게 표현할 수 있는 말을 영어에서 언제나 찾을 수 있는 것은 아니다. 영어로 번역할 때 특정한 의미를 소실하고 어느 정도 문체상으로 '중화(neutralization)'되기도 하고, 아니면 반대로 번역가가 상, 양상, 어휘를 교체하고 첨가하여 반과거에 대한 명시적인 해석을 부여하기도 한다. 본고는 문학 텍스트와 기사

---

[1] 이 논문의 초고에 대하여 도움말을 아끼지 않은 Stephen Morrison과 Graham Ranger에게 감사한다.

대조 언어학과 번역학의 코퍼스 기반 방법론 연구

텍스트에서 추출한 소용량 이중 언어 코퍼스로 다음 두 가지를 검토한다. 첫째, 번역가가 할 수 있는 선택의 범위들을 예시해보고 둘째, 문맥적 특징의 견지에서 그것들을 설명하려고 시도한다. 여기서 불어의 반과거와 영어의 과거 시제는 일반적으로 주장하듯이 서로 대비되는 것이 아니고 복잡성, 다의성, 양면성이라는 견지에서 많은 공통점을 갖고 있다는 점을 보여주고자 한다.

1. 서론

불어의 **반과거**(imparfait)는 불어 자체의 시제, 상 체계 안에서 널리 논의되어 왔었다. 그러나 적어도 불어의 견지에서 볼 때, 불어-영어 대조 연구는 소위 '서사적(narrative)' 반과거라고 불리는 경우를 제외하면, 불어의 반과거를 영어로 번역하는 것보다는 차라리 영어의 과거 시제(simple past 또는 preterite)를 불어로 번역하는 데서 생기는 문제점들에 더욱 집중하는 경향이 있다. 그 '서사적' 반과거는 '문체적 용법'으로 보통 표현되며 영어에서는 같은 의미의 대응 표현을 찾을 수 없는 경우이다.2) 영어에서 언제나 그에 상응하는 적절한 표현을 찾을 수 있으므로 엄격한 의미에서 불어의 반과거를 번역하는 것을 번역의 '문제점'으로 볼 수는 없지만, 그럼에도 불구하고 여기서 본고의 목적은 영어에서 선택된 형태들이 불어의 형태를 해석하는 것과 관련되어 종종 득과 실의 증거를 나타낸다는 것을 보여주는 것이다.

　　Darbelnet & Vinay (1958: 163-167)가 사용한 '득과 실'의 의미를 보여주기 위해 의미 차이의 연속성 상에서 극단적인 특징을 가진 다음의

---

2) Judge & Healey (1985: 106)와 Garnier (1985), Lab (1994), Chuquet (1995) 또는 Trévise (1996)의 예 참조

두 예시를 보자.

(1) *Sur leur départ en Amérique, je n'obtins que des bribes. Elle me laissa seulement deviner un mariage manqué avec un ingénier des mines allemand qu'elle avait connu en vacances à La Paz. Il **travaillant** pour la Konnecot Company, et le jeune couple partit s'installer au Chili (...) Déjá, dans les marchés boliviens, son jeune cadre de mari **aimait** à jeter des pièces de monnaie en l'air, au milieu de la foule, pour le plisir de voir les Indiens se précipiter par terre en se battant à qui les retrouverait le premier dans la poussière. **Lui riait et prenait** des potos, **eux se cognaient** pour de bon, dents serrées, visage en sueur. **Elle, détournait** les yeux...*

(R. Debray, *La Neige brûle*, 1977)

*I managed to gather only a few scraps of informations about their department to America. She simply hinted at an unhappy marriage to a German mining engineer she had met on holiday in La Paz. He was **working** for the Konnecot company and the young couple went to settle in Chile (...) Even before that, on the markets in Bolivia, that up-and-coming husband of hers **had enjoyed** throwing coins in the air in the middle of the crowd just for the fun of seeing the Indians pounce on the money, fighting to be the first to pick it up in the dust. **He would laugh and take** photographs **while they fought** in earnest, clenching their teeth, with sweat pouring down their faces, **whereas she would look** away...*

(Chuquet & Pailard 1987: 374-375)

(2) *Le 4 janvier 1960, sur la route de Sens à Paris, une voiture s'écrasait contre un arbre. Albert Camus venait de trouver la mort. Une mort stupide — la veille, Camus avait renoncé à rentre de Lourmarin par le train, et l'on découvrit dans sa poche un billet de chemin de fer inutilisé.*

(『르몽드(Le Monde)』, 1994년 4월 16일)

On January 4, 1960, Albert Camus crashed into a tree on the road from Sens to Paris. It was a death that need not have happened: he was going to take a train back to Paris, but decided instead to drive. An unused rail ticket was found in his pocket.

(『가디언 위크리(Guardian Weekly)』, 1994년 5월 8일)

예시 (1)에서 과거에 속하는 여러 상황 속의 인물들과 관련된 반복적인 사건들과 특징적인 점들에 대한 배경 정보를 제공하기 위하여 일관성 있게 반과거를 사용한다. 한편, 다양한 상이나 양상 조동사 형태에 의지하여 영어 번역에서는 다음과 같이 반과거가 갖는 명시적이고도 미묘한 의미 차이를 명확히 표현한다. 1) *travaillait*('일하다'의 반과거형)를 번역하기 위하여 일시적인 상황을 지속적으로 가리키는 과거 시제를 사용하며, 2) *aimait*('즐기다'의 반과거형)를 번역하기 위해 회고적 관점의 과거 완료를 사용하고, 3) 마지막 두 문장에서 문법적 주어가 지시하는 개인들의 행동 사이의 대조되는 점을 강조하기 위하여 양상 조동사 *would*를 사용한다. 예시 (2)에서, 반과거를 사용하면 불어의 단순 과거(passé simple)의 경우에서 하곤 했던 것보다 훨씬 극적인 서사 구조를 만들어내면서, 동사 *s'écraser*('부딪치다'의 반과거형)를 중요한 사건에 대한 클로즈업 방식으로 강조한다. 영어에서는 이럴 때 과거 시제에 의지하는 것 외에 다른 대안이 없어서 사진 찍듯이 정밀 묘사하는 효과를 잃어버리게 된다. 그러한 것들은 예시 (2)가 특정한 부분을 잃어버리는 반면에 예시 (1)은 번역하는 데 있어서 풍부한 의미와 명시성을 얻을 수 있다는 뜻이 된다.

영어 과거 시제에 대한 불어 번역물을 관찰하면서 아울러 불어 반과거에 대한 일반적 번역 표현을 면밀히 검증해 보면, 전통적으로 두 시제 사이에 존재한다고 보는 매우 다른 차이점을 의심하게 된다. 이 코퍼스 기반 연구가 증명하기를 바라듯이, 불어의 반과거와 영어의 과거 시제는 보통 주장하는 것보다 훨씬 더 많은 공통점을 갖고 있다. 둘 다 현저하게 불확정성이라는 회색지대에 들어 올 수 있는데, 반과거와 과거 시제 모두의 기초적 언어 작용이 서사 연쇄나 기술적 효과 사이의 모호성이나 일회적 의미와 반복적 의미 사이의 모호성을 만들어 낼 수 있다. 반과거가 쓰인 여러 예시들의 비율이 사용역(register)에 따라 달라지는 경향이 있어서, 이 연구 결과는 문학과 기사 자료에서 추출하여 번역한 텍스트의 코퍼스를 바탕으로 하고 있다. 사용된 번역 가운데 몇몇은 출판된 번역물이고 다른 것들은 프랑스 대학생용 산문들로 이루어진 텍스트를 필자나 다른 동료들이 번역한 것이다.3) 코퍼스에 대표성이 있다는 특정한 주장을 하고 있지도 않으며, 본 필자가 이 단계에서 과감하게 연구의 양적인 결론을 끌어내고자 하는 것도 아니다. 그러나 반복적으로

---

3) 유사한 언론 기사 텍스트는 르몽드(『르몽드(Le Monde)』(『가디언 위크리(Guardian Weekly)』에 실린 것의 번역판)나 『르몽드디플로마티크(Le Monde Diplomatique)』 그리고 그것의 영어판에서 가져왔다. 『르몽드디플로마티크(Le Monde Diplomatique)』에 실린 기사들 가운데 몇몇은 사실 영어 원문을 번역한 것이다. 관련이 있는 부분에서 이를 표시했다. Chuquet (1990)에서 가져온 예들은 대부분 두 번째 범주에 속해 있는데 원래 대학 3학년 수업 중에 학생들과 번역한 것이다.

사용되는 선택된 번역 기법 가운데 몇 가지를 설명하고 반과거와 과거 시제 사이의 호환성에 대한 이론적 바탕을 논의할 수 있는 충분한 문맥적 근거는 있다.

2. 불어 반과거의 상적 기능과 그 영어 번역: 상과 양상 분석

서사적 기능의 견지에서 전통적으로 반과거는 불어의 단순 과거(passé simple)의 전경 기능과는 대조적으로 사건에 대한 언급을 표현하는 배경 시제로 묘사된다(Weinrich 1973 참조). 상적인 차원에서 반과거는 '상황을 내부로부터 보면서 상황의 내부적 시간 구조를 명시적으로 지시'하는 미완료상으로 정의된다(Comrie 1976: 24). Culioli의 언명적 모형(enunciative model)에서, 반과거는 뒤로 옮겨진 현재(présent translaté)로 묘사된다. 그 상황은 경계가 지워져 있지 않고, 뒤로 옮겨지는 조작('번역')에 의하여 발화 순간(T_0)에 연결되어 있지 않은 관점 설정자(repère de point de vue)나 참조점과 관련하여 위치하게 된다.[4] 불어의 단순 과거는 현재의 과정과도 연결되어 있지 않고 과거에 그 자체적인 참조점을 구성한다. 그러나 반과거는 현재로부터의 단절이 시간적이든 가정적이든(반과거를 조건적인 용법으로 사용하는 데서 볼 수 있듯이) 이전의 일과 관련될 수 있는 지점이 필요하다. 결과적으로, Guillemin-Flesher(1981)나 Le Goffic(1995)에서 기술하듯이 반과거의 비독립적인 특성이 기존의 참조점에 대하여 질적인 (S_0와 관련되어 위치한, 주어에 기반한) 언급으로 반과거를 해석

---

4) 사용한 이론적 틀은 Antoine Culioli의 '언명작동이론(Théorie des opérations énonciatives et prédicatives)'이다. 1983-1984년 리들(Liddle) 세미나에서의 Culioli의 영어 번역과 논평들 뿐 아니라 Culioli (1990, 1999) 참조 영어와 불어의 상 연구는 Fuchs & Léonard (1979)가 상세하게 다룬다. 상위 언어가 적용되어 영어의 부정확성이나 중의성을 가져올 위험이 있는 곳에서는 불어의 용어에 괄호를 붙였다.

하게 만든다. 따라서 반과거는 불어의 단순 과거뿐만 아니라 영어의 단순 과거 시제와도 대조된다. 영어의 단순 과거는 어떠한 관점과도 무관하고 상적으로 완료적이며, 따라서 '상황을 구성하는 다양한 각각의 국면을 구분하지 않고 하나의 전체로서' 보는 상황 인식과 발화 상황으로부터의 단절을 결합시키는 부정 과거(aorist) 표지어라고 할 수 있다(Comrie 1976: 16).

불어 과거 시제 서사문에서 불어의 반과거와 단순 과거의 교체에 의하여 표현되는 전경과 배경의 표준적인 대조는 전통적으로 영어에서 과거-과거 진행 교체로 번역된다고 한다. 실제로 다음의 예에서 볼 수 있듯이 의심할 여지없이 *was + ing* 를 사용하여 명시적인 배경표지를 선택한다.

(3) *Le matin, je rencontrai Rostro dans le hall de l'hôtel, toujours frais comme la rose. Il **rentrait** à paris. D'une main, il **traînait** son violoncello enfermé dans l'étui muni de roulettes, de l'autre, il **portait** le sac où se trouvait le petit chien.*

　　　　　　　　　　　　(『르몽드(Le Monde)』, 1985년 4월 16일)

*I met Rostro in the hotel lobby that morning. And he was as fresh as a rose. He **was going back** to Paris. With one hand he **was pulling** his cello locked into its case on casters, and with the other **carrying** a bag containing his dog.*

　　　　　　　　(『가디언 위크리(Guardian Weekly)』, 1985년 4월 28일)

(4)　*Anna se redressa dans son lit. Sans qu'elle s'en rendît compte, quelqu'un avait ouvert la porte de sa chabre et l'avait refermée. Une silhouette blanche* **avançait** *vers elle, les bras tendus en avant comme une somnambule.*
—Quelle chance que tu ne dormes pas, murmura Jacqueline.
(Anne Wiazemsky의 『고상한 소녀들(Des filles bien élevées)』, 1987)

Anna sat up in bed. Without her being aware of it, someone had opened the door to her room and closed it again. A white shape **was coming** *towards her, arms outstretched like a sleepwalker.*
'I'm so glad you're not asleep,' Jacqueline whispered.

(Chuquet 1990: 133)

(5)　*Mme de Rênal* **sortait** *par la porte-fenêtre du salon qui donnait sur le jardin quand elle aperçut près de la porte d'entrée la figure d'un jeune paysan presque encore enfant, extrêmement pâle et qui venait de pleurer.*
—Il **était** *en chemise bien blanche, et avait sous le bras une veste fort propre de ratine violette.*

(Stendhal의 『적과흑(Le Rouge et le Noir)』, 1830)

Madame de Rênal **was coming out** *through the glass door which opened from the drawing-room into the garden, when she saw, standing by the front door, a young peasant, almost a boy still, pale and showing traces of recent tears. He* **was wearing** *a clean white shirt* **and carried** *under his arm a neat jacket of violet ratteen.*

(S. Moncrieff에 의해 번역됨)

그러나 *was + ing* 가 반과거보다 상적 관점에 대해 더 명시적으로 표시하고 있다는 점을 지적할 필요가 있다. 즉 그 사건이 서사 구조 안에서 주관적 관점(vantage point)과 관련되어 위치한다. 그러한 추가적인 증거는 (4)와 (5)의 예시에서처럼 확인가능한 지각의 근원을 포함하는 문맥에서 자주 나타난다는 점에서 볼 수 있다.

그러므로 이런 경우에, 반과거를 과거 진행으로 번역한 것은 상적인 명시성을 '획득'한 것이라고 생각할 수 있다. 이것은 예시 (5)의 두 번째 문장에서 특히 눈에 띄는데, 과거 진행으로 번역함으로써 *Mme de Rênal* 이 젊은 청년의 외모 기술을 그런 식으로 지각한 것으로 해석할 수 있다. 여기서 *wear*와 *carry* 둘 다 '정적인 신체적 상태를 나타내는' 동사로 보고 있으며(Biber et al. 1999: 472), 진행상과 밀접한 어휘적 연관을 갖고 있는 동사들이다. 위치를 나타내는 동사에서 그랬듯이, 비슷한 상황에서 두 상적 형태 사이에서의 선택의 가능성은 아무리 사소하다고 해도 반드시 의미 차이를 갖게 된다.5) 여기서의 차이는 *was wearing... and carried*의 연결에서 볼 수 있듯이 관점의 차이다. 두 번째 동사구 앞에서 주어가 생략된 채 두 동사를 등위 접속함으로서 만들어진 복합 서술어는 무엇보다도 진행상 표시를 통하여 *Mme de Rênal*의 관점과 관련되어 있다. 일단 서사적 상황에서의 주관적인 원천으로의 연결이 확립되면, 젊은 청년의 신체적 특성에 대한 서술은 불어의 단순 과거를 사용하여 객관적이고 중립적인 상으로 계속 표현된다. 그래서 영어에서 과거와 과거진행의 다른 명시적인 상으로 나타냄으로써 불어에서 구분하지 않고 쓰이는 의미 부분을 명료하게 구분한다.6)

---

5) Bolinger (1977: 1) 참조 '어떤 것을 말하는 두 가지 방식이 단어나 그 배열이 다르다면, 그 단어나 배열은 또한 의미도 다르다.'

영어에서 나타나는 보다 확실한 상적 명시성의 증거는 다음과 같이 영어에서 불어로 번역할 때에도 볼 수 있다.

(6) *A cart* **was rocking past** *on the road when she came out, its driver sunk deep in the hay on the top of the load, a straw hat pulled down over his face (...) The reins* **hung** *slack. A cloud of flies* **swarmed** *about the mare's head...*

(J. McGahern의 『병영(The Barracks)』, 1963)

Une charrette **bringuebalait** *sur la route au moment où elle sortit, son conducteur enfoncé dans le foin au sommet de la meule, un chapeau de paille lui cachant le visage (...) Les rênes* **pendaient** *mollement ; un nuage de mouches* **planait** *autour de la tête de la jument...*

(G. M. Sarotte에 의해 번역됨)

불어 번역에서는 she로 지칭되는 인물이 지각하는 첫 번째 사건(*was rocking past*)과 지나가는 손수레에 대한 묘사의 나머지 부분 사이의 구분을 표현할 수 있는 방법이 없다. 영어의 나머지 묘사 부분에서는 과거 시제를 사용함으로써 동작 동사임에도 불구하고 특정한 관점과 분리되어 정적인 장면이라는 성질을 부여하고 있다[7].

특정한 상황에 대한 위치를 나타내기 위해 또한 영어에서 명시적인

---

6) 영어를 불어로 번역할 때 불어의 단순 과거 형태 동사의 이러한 범주 때문에 생기는 해석상의 문제에 대한 논의는 Trévise(1994: 90-108, 1996)를 참조.
7) Chuquet (1995: 37-39) 참조.

상 표지를 사용하는 경우가 있는데, 그 경우는 불어의 반과거가 얼핏 보기에 진행 중인 상황에 대한 특정 지시와 상황의 반복을 가리키는 반복상 사이에서 중의성을 나타내는 것 같이 보일 때 그러하다. 이 경우 보다 광범위한 문맥을 통해 번역가는 가장 그럴듯한 해석을 선택하게 된다. 아래의 두 예시에서 보면, 반과거로 된 동작 동사의 연속은 문맥을 생각하지 않으면 특정한 상황에서 진행 중인 동작의 연속을 가리키거나 그러한 상황이 일어날 때마다 반복되는 동작을 지시하는 것으로 이해할 수 있다.

(7) *L'instituteur **ne lisait pas** sa revue : il **déchiffrait** le sommaire, **coupait** les pages, **s'arrêtait** aux signature, **approchait** le fascicule de son visage le **flairait** avec gourmandise. Cette revue qui venait de Paris... (...) La pluie **maintenant ruisselait** sur les tuiles, **débordait** des gouttières.*

(F. Mauriac의 『못난아이(Le Sagouin)』, 1951)

*The schoolmaster **was not reading** the journal. He **was poring** over the list of contents, **cutting** the pages, **pausing** at the signatures, **lifting** the volume up to his face, **revelling** in the smell. The journal from Paris- (...) **Now the rain was streaming** down the tiles **and overflowing** from the gutters.*

(Chuquet 1990: 86)

(8) *Cinq heures cinq. Le troupeau recraché par les ascenseurs **cavalait** vers la sortie. Les talons **martelaient** le sol, le long couloir **brillait** de toutes ses surfaces ripolinées, elle **était happée** par la porte tournante, expulsée vers la rue. Elle **continuait** un instant sur sa lancée, **ralentissait**, s'arrêtait (...) Eva se couvait la tête d'un foulard. Elle avait appris à se fermer, à faire comme si elle n'était pas là, était ailleurs. Dans le métro, pas exemple.*

(S. Weil의 『뉴욕에는 지진이 없다(A New York il n'y a pas de tremblements de terre)』, 1984)

*Five past five. The herd pouring out of the elevators **rushed** towards the exit. Heels **pounded down** the long corridor, the enamel-painted walls **gleamed**. She **was snatched up** by the revolving door and propelled out into the street. The impetus **carried** her forward for a few seconds, then she **slowed down** and **stopped** (...) Eva **would put on** a headscarf. She had trained herself to shut everything out, to pretend that she was not there, that she was elsewhere. When she was in the subway, for instance.*

(Chuquet 1990: 104)

예시 (7)에서 보다 광범위한 문맥적 증거들을 통해, 번역가들은 기술되는 다양한 동시 발생적 동작들이 서사 구조의 특정한 지점에서 일어나는 특정 상황과 관련되어 있다고 단정할 수 있게 된다. 예시 (7)에서 시간 부사 *maintenant*(지금)는 불확실성의 여지가 없는 명백한 단서이다. 그런데 예시

(8)은 훨씬 덜 명확하다. 예시를 뽑아낸 단편소설 전체는 꿈같고 반복적인 특징을 갖고 있으며 독자와 번역가들로 하여금 다양한 장들이 반복적인 상황들을 지시하는 것으로 해석하도록 한다. 그러나 이 장은 분명히 특정한 시각의 부사를 가지고 시작하며, 수동태나 재귀 대명사 형태 때문에 특정한 시각에 한정되는 의미를 갖는 몇 개의 동작 동사를 포함하고 있다. 따라서 하나의 특정한 사건들의 연쇄에 대한 영화 같은 내면의 시점을 제공하는 '문체적' 서사 형태의 반과거 해석 가능성을 열어 놓게 된다. 반복적인 의미로 해석할 수 있는 가능성에 대한 단서는 (8)의 예시 마지막 두 문장에서 *plus-que-parfait*(대과거)와 사례의 어휘적 표지어를 보면 알 수 있다. 그러한 표지어는 그 묘사가 회고적으로 그 인물의 경험 속에서 동일하고도 전형적인 상황의 반복에 기초하고 있다는 것을 나타내 준다. 이것은 이 단편 소설의 보다 광범위한 문맥에서 확인할 수 있고 부가어 *cinq heures cinq*(5시 5분)은 되풀이되는(recurring) 특정한 순간을 가리키는 것으로 볼 수 있다. 그래서 과거 시제는 반복(iterative) 해석을 불가능하게 하므로 번역가는 진행이 불가능하도록 단순 과거를 선택하고 있다. 그런데 과거 시제는 영어에서 또 다른 형태의 중의성을 갖는다. 과거 시제의 처음 떠오르는 의미는 반복적인 발생이라기보다 사건들의 단한 번의 연쇄이다. 번역에서 *would*를 사용함으로써 *Eva*의 행동을 전형적인 것으로 표현하면서 또한 반복성을 명시적으로 나타내지만, 반과거가 만들어내는 중의성이 주는 문체적 효과는 잃어버리게 된다.

예시 (7)과 (8)을 비교해서 보면, '득과 실'이라는 개념은 처음 생각했던 것보다 더 복잡하게 나타난다는 것을 알 수 있다. 예시 (3)에서 (7)까지의 예에서 볼 수 있는 것은 영어에서 유표적인 상적 형태가 있음으로 해서 불어의 반과거를 번역할 때 의미에 명시성을 부여하는 득이 있는 반면에, 불어 반과거의 중의성이 그 형태의 잠재적 의미를 더욱 풍부하게 하며 결과적으로 영어로 번역할 때 어느 하나를 선택하는 과정에서 뭔가를 잃어버리게 된다. 이 논점은 나중에 다시 거론하겠지만, 우선 불어의 반과거를 번역해서 얻는 또 다른 점은 반과거를 번역할 때 상적인 의미보다 이른바 양상적 의미를 명시적으로 나타낸다는 점이다. 이것은 문맥에서 두 가지 다른 유형에서 나타날 수 있다.

우선 반과거가 특정한 상황을 지시하거나 주어의 지각 작용과 관련되어 있다면, 영어 번역은 종종 주어 지향의 양상(modality)을 나타내는 명시적인 표지어를 갖는다. 이것은 실재의 지각 동사가 반과거에서 나타날 때 다음과 같이 거의 체계적으로 일어나는 현상이다.

(9) *Etait-ce le vent? Jon **entendait** des sons inconnus, des voix de femmes marmonnantes, des bruits d'ales, des bruits de vagues.*

(J. M. G. Le Clézio의 『몽도와 다른 이야기들(Mondo et autres histoires)』, 1978)

*Was it really the wind? Jon **could hear** strange sounds, the muttering of women's voices, the rustling of wings and the splashing of waves.*

(Chuquet 1990: 98)

그러나 지각된 목적어나 상황이 주관적 관점과 명시적으로 관련되지 않은 채 불어의 반과거로 기술될 때에도 또한 그러한 현상이 나타난다. 그런 경우에, 영어는 일반적으로 술어관계를 다시 설정하여, 아래와 같이 유생성을 갖는 지각자를 양상화된 지각 동사의 주어로 선택하게 된다.

(10) *Alors elles ont pris les valizes et, enveloppées dans leurs châles, elles se sont blotties au pied d'un mélèze en frissonnant. La lumière du jour révélait la forme des arbres. Un brouillard blanc descendait la vallée.*

(J.M.G. Le Clezio의 『유랑별(Etoile errant)』, 1992)

*So they picked up their suitcases and went huddled, shivering, under a larch, wrapped up in their shawls. **They could just make out** the shapes of the trees in the early morning light. A white blanket of fog **was rolling** down the valley.*

예시 (10)에서는 양상과 상이라는 두 가지 형태의 명시적인 표지를 사용하여 두 가지의 연속적 서술 반과거를 영어로 번역하고 있다[8].

영어번역에서 양상적 명시성을 나타내는 또 다른 방법은 *seem*과 같은 존재동사를 도입하여 그 과정(process)을 주관적인 관점과 관련시켜 단정적인 의미를 약화시키는 방법이다. 아래에 본인의 언론 기사문 코퍼스에서 나온 예시가 있다.

(11) *Une après-midi, sur un petit écran lyonnais, je vis Citizen Kane (...) J'étais dans le noir, un rêve se déroulait sur l'écran. Il m'embarquait dans une fabuleuse histoire vraie qui pourtant affichait sa nauture de rêve. Vingt-quatre images seconde, un coeur **battait**.*

(『르몽드(Le Monde)』, 1985년 10월 12일)

---

8) Guillemin-Flescher (1984)에서 논의된 바와 같이, '표상적 지각(represented perception)'이라는 표현은 불어보다는 영어에서 더욱 명료하게 나타난다.

One afternoon, in a small Lyons fleapit, I saw 'Citizen Kane' (...) There I sat in the dark, with a dream unfolding on the screen. I was caught up in a fabulous true story which nonetheless made non secret of the fact that it was a dream. My heart seemed to beat 24 times a second.

(『가디언 위크리(Guardian Weekly)』, 1985년 11월)

이런 경향은 영어를 불어로 번역한 작품을 보면 보다 확실히 알 수 있다. *seemed*를 포함하는 문장에 관한 Kibbee(1995)의 연구는 Lewis Carroll 의 『이상한 나라의 엘리스』와 19개 불어번역본에 관한 코퍼스를 바탕에 두고 있다. *seemed*의 불어 대응어의 분포를 보면, 18.1퍼센트는 약화 형태 가 불어번역본에서 표현되고 있지 않으며, 인용된 사례에서 추론해 보면 대부분의 경우는 본동사에 반과거로 번역되고 있다(이 점은 Kibbee의 논 문에서 명확하게 기술되지 않고 있다).

영어에서 양상과 상이 모두 사용되어 명시성을 나타낸 두 번째 종 류의 문맥은 불어에서 반과거가 반복적인 의미를 가지거나 습관의 의미 를 가진 경우이거나, 단순 과거를 쓰게 되면 서사 구조 속에서 단일한 사 건을 지시할 가능성이 있는 경우이다. 가장 일반적인 양상 표지어는 *would*로서, 그 상황 속에서 주어와의 관계에서 그 과정이 전형적이고 예 측 가능한 것으로 서술된다는 것을 나타낸다.[9] 이에 해당하는 사례는 예 시 (1)과 (8)인데 아래에서 다시 한 번 더 인용해 보겠다.

(1') ... *Lui riait et prenait des photos, eux se cognaient pour de bon, dents serrées, visage en sueur. Elle, detournait les yeux.....*

---

9) Bouscaren, Chuquet & Demaizière (1982) 참조

*.... He **would** laugh **and** take photographs **while** they **fought** in earnest, clenching their teeth, with sweat pouring down their faces, **whereas** she **would** look away...*

(8') *... Eva **se couvrait** la tête d'un foulard, Elle avait appris à se fermer, à faire comme si elle n'était pas là, était ailleurs. Dans le métro, par exemple.*

*... Eva **would put on** a headscarf. She had trained herself to shut everything out, to pretend that she was not there, that she was elsewhere. When she was in the subway, for instance.*

그러한 불어 반과거의 번역은 반복적인 문맥이 확실한 경우에 나타난다. 또한 단일 유생물 주어(혹은 서사구조에서 공통적인 상황을 공유하는 주어 그룹)에 대한 전형적인 행위들이 서술되는 경우에 이루어지는 경향이 있다. Sylvie Weil의 단편소설의 예시 (8)에 이어지는 다음 문단에서, 반복적 상황이 본질적으로 일상적인 일로서 일단 확립되면, 불어 반과거가 *would*로 번역되면 아주 자연스러워 진다. 그럴 경우 아래와 같이 자신의 환경에 대한 그녀만의 특징적 방식을 강조하게 된다.

(12) *Ele détestait cette intimité obligée du metro express qui prenait les tournants à une vitesse tellement vertigineuse, en hurlant si fort (...) Elle **se laissait prndre** à la poignée, un sac vide et mou parme d'autres sacs vides et mous, soumise à la violence des cahots...*

(S. Weil의 『뉴욕에는 지진이 없다(A New York il n'y a pas de tremblements de terre)』, 1984)

She hated the forced intimacy of the express subway train, which went screaming round bends so loudly and at such breakneck speed (...) She would hang from a strap, like a limp empty bag in the midst of other limp bags, buffeted by the violent jolts...

(Chuquet 1990: 104)

특히 반과거로 된 보고동사(reporting verbs)가 쓰이면 불어 반과거의 반복적이고 특징적인 측면이 영어에서 명시적으로 표시될 필요가 있다. 즉, 불어의 *dire*와 영어의 *say*와 같은 보고동사의 경우, 예시 (13)에서 (15)처럼 불어의 반과거를 영어 과거시제로 번역되면 오역이거나 부정확한 것 같다. 그 이유는 그 발화된 내용이 보고하는 화자의 반복적 행위로 해석되는 것이 아니라, 독자들은 *she/he said*가 서사구조를 전개할 때 보고 내용이 단 한번만 일어난 것으로 이해할 가능성이 있기 때문이다.

(13) *Entre <<toutes ses vies>>, comme je lui **disais**, Hélène s'était donc encore ménagé que <<temps mort>>, pour une existence secréte dont nous n'avons eu la révélation que lors de la soirée du nouvel an en 1960 (...) Marie Fenoglio allait se fiancer à un jeune pasteur suédois de Gällivare. <<Ça va leur faire drôle, à ces glaçons, **disait-elle**, quands ils vont me voir arriver>>...*

(C. Lepront의 『나모켈(Namokel)』, 1997)

Thus in the midst of 'all her lives', as I used to say to her, Hélène had managed to find some 'slack periods' during which she led a secret existence that was not revealed to us until New Year's Eve of 1960 (...) Marie Fenoglio was about to become engaged to a young Swedish minister from Gällivare. 'Those northerners are going to get quite a shock when they see me,' she **kept saying**..

(14) *Robert Bordas ne connaîtrait jamais cette vie de Paris. Celle qu'il menait à Cernès, M.Lousteau* **disait** *qu'il pourrait en tirer une oeuvre...*

(F. Mauriac의 『못난아이(Le Sagouin)』, 1951)

Robert Bordas would never know that life in Paris. As for the one he led in Cernès- Monsieur Lousteau **often said** *he could write a book about it.*

(Chuquet 1990: 86)

(15) *Souvent, il supposait qu'une somme d'un million venait de lui échoir. Il faisait alors le calcul de ce qui lui resterait une fois qu'il serait venu en aide à tous ceux qui L'entouraient. Il disait à chaque instant à sa maîtresse, Geneviève Queyrat: <<Quand je serai riche, je t'offrirai une villa, à moins que tu ne préfères autre chose.>>*

(E. Bove의 『블루텔의 저녁(Un soir chez Blutel)』, 1927)

He would often pretend that he had come into a fortune of a million francs. Then he would work out how much he would have left after helping out

all his friends and relations. He was always saying to Geneviève Queyrat,
his mistress: 'When I'm rich, I'll buy you a house in the country, unless
you would prefer something else.'

(Chuquet 1990: 92)

빈도와 반복을 명시적으로 나타내는 표지어인 *used to, kept...ing, often* 은 상과 본질적으로 관련되어 있으나, 양상의미를 나타내는 요소도 또한 예시 (15)에서 나타나는데, *always*와 같은 상적 부사와 과거 진행 시제를 함께 동시에 사용하고 있다. 이를 통해 *he*가 지시하는 인물의 행동이 질적인 관점에서 전형적임(혹은 심지어 전형적인 것으로 과장됨)을 나타내고 있다.[10]

3. 불어 반과거의 문체적 기능과 영어번역: 불확정성의 상실

선언적 술어(declarative predicates)는 현재 시제에 대한 연구에서처럼 불어 반과거에 관한 모든 연구에서 매우 중요한 위치를 차지하고 있으며, 본 절에서는 불어의 반과거를 번역할 때 생기는 '득'과 '실' 사이의 관계를 보여주는 역할을 담당하고 있다. 필자의 지금까지 주장은 현재시제로 쓰인 동사 *dire*(말하다)가 주어에 대해서 보고 화자의 지위(여기에서 선언적 과정의 시간적 위치를 확인하는 일은 문맥의 다른 요소가 담당하게 됨)를 단지 부여한다는 것이다.[11] 이와 유사하게 반과거로 쓰인 *dire*는 과거에 위치해 있거나 현재와는 단절된 상황 속에서 주어의 보고 화자의

---

10) Bouscaren et al (1992: 21) 참조

11) Chuquet (1994, 2000, 2001)참조; 불어 동사 dire는 코퍼스에서 관찰되는 광범위한 보고동사를 대표하는 동사로서 사용되고 있다.

지위를 언급한다. *dire*가 그 목적어에 의해 (즉 직접화법이든 간접화법이든 보고문의 발화에 의해) 시간적 범위가 한정되고 즉각적 사건을 지시하기 때문에, *dire*가 반과거로 사용되면 주요한 상(相)적 의미라는 측면에서 발화상황이 반복적으로 일어나는 것으로 풀이된다. 그러나 만약 문맥이 반복적인 상(相)에 반대되는 부사류 표지어를 포함하고 있다면, 반과거는 사건이 일회적으로 일어났음을 뜻하고, 불어의 단순 과거(passé simple)로 대체될 수 있다. 이것은 다음의 예에서도 나타난다.

(16) *Le 19 janvier dernier, le gouvernement annonçait que 300,000 immigrés seraient expulsés dans les six mois.*
(『르몽드디플로마티크(Le Monde Diplomatique)』, 1998년 4월)

On 19 January last, the Thai government announced that 300,000 immigrants would be expelled within six months.

(17) *Le 11 mai 1968, un certain François Mitterrand disait: <<La jeunesse n'a pas toujours raison, mais la société qui la frappe a toujours tort.>>*
(『르몽드(Le Monde)』, 1986년 12월 13일)

On May 11, 1968, a certain François Mitterrand said: 'Youth isn't always right, but the society that attacks it is always wrong.'
(『가디언 위크리(Guardian Weekly)』, 1986년 12월 21일)

불어에서 그러한 반과거 용법은 '단절의 반과거(imparfait de

rupture)'로 알려져 있는데 표준적인 사용과 비교해 볼 때 유표적이며, 다양한 문체적 효과를 목적으로 한다고 알려져 있다. 서사구조에서 두드러진 사건에 초점을 두거나(Raatel 1998), 평면효과(tabular effect) 즉 정지화면효과(frame-freeze)를 만들거나(Le Goffic 1995), 사건의 시간적 순서에 어떤 변화를 도입하는(Garnier & Guimier 1986) 등의 효과가 있다. 역사적 현재나 서사적 현재와 함께 쓰일 때처럼, '서사적' 반과거로 쓰이면 완료상과 미완료상 사이의 차이는 사라진다는 점은 자주 지적되어 왔다(Comrie 1976 참조). 사건의 시간적 배열을 체계적으로 수립하는 단순 과거와는 달리, 반과거는 일종의 서사의 단위나 사건의 틀을 제시하는 것처럼 보인다.

비록 현대 불어에서 특히 언론매체에서 서사적 반과거가 지나치게 자주 사용되었지만, '서사적(narrative)' 반과거는 T_0와 관련된 두 가지 유형의 위치(location/repérage)를 하나의 형태로 연결시켜, 문체에 변화를 주는 것 이외의 기능을 수행한다. 다시 말하면, 한편으로는 문맥에 의해 주어진 특정 시간 참조점에 연결시켜 현재와는 단절(disconnection/rupture)시키고, 다른 한편으로는 T_0으로부터의 언명적(enunciative) 관점을 과거에 위치한 상황으로 되돌려 놓는 방식이다. 이런 복합적인 과정(repérage composite)의 결과로서, 반과거로 표현되는 과정들은 주관적 관점이 부여되고, 이는 단순히 과거 시제로만 번역되는 영어번역판에서는 찾아볼 수 없는 다양한 의미를 가진다. 예를 들어 번역본에서 상실되는 사례는 미테랑 대통령 집권당시 1986년 12월에 일어난 학생시위에 관한 신문사설에서 발췌한 예시 (17)에서도 볼 수 있다. 1968년에 그러한 진술을 한 화자와 1986년 학생운동 사건 사이에 이루어진 대조의 아이러니는 그 보고 화자에 대하여 질적으로 언급할 때 *disait*(말했다)를 사용함으로써 암시적으로 강조된다(여기서 한정사 *un certain*(어떤)이 사용된 것도 주목할 만하다). 만약 불어에서 *déclara*와 같은 단순 과거(passé simple)로 쓰였다면, 그러한 아이러니의 문법적 표현이 상실되었을 것이다. 마치 영어 번역본에서 그러한 아이러니가 나타나지 않는 것과 같은 방식이다.

불어의 서사적 반과거에서 나타나는 특정한 관점 형태들이 언론 기사문에서 사용될 경우 영어로 번역하면 모두 상실된다. 왜냐하면 영어 기사문은 과거시제로 일관되게 번역되어, 사건에 대한 '카메라의 눈' 집중과 같은 문체적 효과는 사라지기 때문이다. 『르몽드디플로마티크(Le Monde Diplomatique)』와 영어번역판에서 추출한 약 600,000 단어로 이루어진 기사문 병렬 코퍼스에 기초로 한 필자의 다른 연구(Chuquet 2000 참조)에서 이런 효과의 상실을 다루었다. 아래 예시 (18) (19) (20)은 Chuquet(2000)논문에서 나온 것이다. 예시 (18)과 (19)를 비교해 보면 (18)은 단순 과거로 표현된 객관적인 설명을 보여주고 있으며, (19)는 반과거를 사용하여 20년 전에 국민전선당(FN) 득표율이 미미한 것과 대조적으로 1988년 선거에서 국민전선당이 선전한 것을 부각시키고 있다.

(18) *Le 17 juin 1984, à l'occasion des européennes, le Front national(FN) effectua sa première <<percée>> en recueillant 11.2% des suffrages...*
(『르몽드디플로마티크(Le Monde Diplomatique)』, 1998년 5월)

The European elections of 17 June 1984 saw the first 'breakingthrough' of the French National Front(FN, Front national), which obtained 11.2% of the vote...

(19) *It y a vingt ans, le Front national était une force électionale insignifiante en France. Dix ans plus tard, le 24 avril 1988, son chef, M. Jean-Marie Le Pen, candidat à la présidence de la République, **obtenait** 4 375000 voix et 14,39% des suffrages exprimés.*

(『르몽드디플로마티크(Le Monde Diplomatique)』, 1998년 5월)

*Twenty years ago in France, the Front national (FN) was an insignificant electoral force. Ten years later, on 24 April 1988, its leader, Jean-Marie Le Pen, stood for the presidency of the republic and **received** 4,375,000 votes or 14.39% of votes cast.*

　　(19)에는 불어의 반과거와 단순 과거를 모두 사용할 수 있지만, 이와 같은 예시 쌍에서 나타나는 대조 분석에서 흥미로운 것은 영어로 번역하면 둘 사이에는 차이가 없다는 점이다. 더구나 같은 예시를 영어에서 불어로 역방향으로 번역을 하면 규칙적으로 불어에서는 단순 과거가 될 것이라고 가정하는 학자들도 있다(Garnier & Guimier 1986 참조). 그러나 원래 영어로 씌어졌다가 나중에 불어로 번역된 기사문을 포함하고 있는 『르몽드디플로마티크(Le Monde Diplomatique)』의 코퍼스에 바탕을 둔 본고의 연구에서는, 영어의 과거시제가 불어에서는 의도적으로 반과거로 번역되는 몇몇 사례를 제공하고 있다. 동티모르 침공에 관한 아래의 예시에서 보듯이 역사적 사실에 관한 단순한 보도를 넘어선 논평이나 주관적 평가가 요구될 때, 영어의 과거시제는 불어의 반과거로 번역되었다.

(20) *In 1975, the Indonesian army* **invaded** *East Timor, then being taken over by its own population after the collapse of the Portuguese empire.* (『르몽드디플로마티크(Le Monde Diplomatique)』, 1998년 6월, 영어판)

En 1975, L'armée indonésienne **envahissait** *le Timor-Oriental, que ses habitants devaient récupérer après l'effondrement du colonialisme portugais.*

이젠 언론 기사문에서 문학 사용역(register)으로 관심을 돌려보면, 불어에서 나타나는 관점(perspective)이 영어 과거 시제로 번역할 때 역시 상실되는 것을 볼 수 있다. 즉 불어에서는 시간적으로 배열된 사건들에 변화를 줄 목적으로 단순 과거시제와 반과거를 교체하지만 영어에서는 단순과거를 사용하여 그런 다양성은 사라진다. 예시 (21)에서 반과거로 표시된 사건 *faire halte*(멈추어서다)를 여행의 중요한 한 단계로서 초점을 맞춤으로써(그 사건은 일련의 새로운 사건들의 출발점으로 나타남), 기술되는 연쇄의 표준적인 시간적 서사구조를 뒤바꾸고 있다. 또한 이와 동시에 *halte*(멈추기)까지 이르는 시간 즉 *une heure plus tard*(한시간 뒤에)라는 부가 어구로 표시된 시간 간격 내에 위치한다고 추정되는 사건에 대해 생략을 표시하고 있다. 아래 예시를 보라.

(21) *Le car* **s'ébranla** *tous feux allumés, et se dirigea à grands coups d'avertisseur vers la place Si Kouider qu'il traversa pour s'engager sur la route d'Oujda (...) Une heure plus tard le car* **faisait halte** *au bord d'un bois d'ducalyptus kilomètres d'Aïn Safra. Les voyageurs* **se repandirent**

au-dehors en formant spontanément deux groupes...

(M. Tournier의 『황금구슬(La Goutte d'or)』, 1985)

*The bus **moved off** with all its lights blazing, honked its way towards the Place Si Kouider and turned onto the Oujda road. (...) An hour later the bus **drew to a halt** at the edge of a grove of eucalyptus trees, a few kilometers from Ain Sefra. The passengers **got off** and immediately split up into two groups...*

번역과정에서 문체가 상실되는 마지막 사례는 예시 (22)에서 볼 수 있다. 다음 예시에서 새로운 장(章)의 첫 문장에 쓰인 불어의 반과거는 주인공의 삶에서 일어나는 중요한 사건에 관심을 집중시키고 있다. 불어의 단순 과거시제로 사건의 전개를 서술하기 전에 반과거시제를 사용하여 이미 진행되고 있는 것처럼 상황을 제시한다. 그러나 이전의 사례들과 마찬가지로 그런 문체적 효과는 영어번역본에서는 사라진다.

(22) *Ils **changeaient** de maison le mois d'après. Ils déménagèrent sous une vilaine neige pleine d'eau. Elle s'écrasait sur vous par petits paquets mous, visqueux.*

(A. Gerber의 『일종의 블루(Une sorte de bleu)』, 1980)

*The following month they **moved** into another house. The move was made in vile weather: it was snowing and the half-melted snow, soft, slimy and freezing, fell on you in blobs.*

4. 결론

불어 반과거가 다양한 의미로 해석될 수 있는 이유는 반과거가 불확정성을 가지고 있기 때문으로 설명된다. 불어 현재시제와 마찬가지로, 반과거는 모든 동사유형(상태동사/행위동사, 종결동사/비종결동사 모두)과 함께 쓰일 수 있고, 문맥상의 다른 표지어(marker)에 의존하여 해석된다. 반과거의 주요 의미는 현재와 단절되어 있고 화자가 과거(혹은 비현실; 어휘의 사용법에 관한 것은 본 연구의 범위를 벗어남)에 속하는 것으로 인식하는 기존의 상황과 관련하여, 주어가 지시하는 사람이나 객체의 특징으로 한 과정을 서술하는 것처럼 보인다. 현재시제와 마찬가지로 반과거의 불확정성 때문에 모호성이나 중의성이 나타난다. 불어 문법에서 반과거는 영어 과거시제와는 완전히 대조된다고('in total contrast') 제시하고 있지만(Judge & Healey 1985: 107), 본고의 주장은 이와는 다르다. 즉 문맥적인 표지어들에 영향을 받을 때, 불어 반과거와 영어 과거시제의 핵심의미는 번역상의 왜곡의 허용범위에 있어 서로 밀접하게 관련되어 있다는 것이다. 비록 불어의 반과거는 본질적으로 미완료상이고 영어의 과거시제는 상적으로 중립이기 때문에 두 시제가 상(相)적 의미에서 상반된다고 하더라도, 두 시제 모두 불확정성(indeterminacy)을 가지고 있고 문맥 의존적이어서 결과적으로 다양한 의미층을 가진다.

위에서 언급된 사례들을 볼 때, 불어 반과거의 특정한 의미를 정확히 파악할 수 있는 문맥(특정 배경 상황 지시, 반복, 혹은 서사구조 연쇄 내에 위치한 즉각적(punctual) 사건 지시)에서, 영어번역은 그 불어 반과거의 의미를 명시적으로 표시하여 강조하든지(소위 '이득'이 됨), 반과거에 의해 생성된 유표적 효과를 '상실(喪失)'하는 경향이 있음을 보여준다. 그러나 모호성을 유지하고자 하는 문맥, 즉 특정 해석과 습관 해석

사이와, 묘사적 해석과 서사적 해석 사이, 그리고 사건과 상태 사이를 선택하는 것을 불가능하게 만들려고 하는 문맥에서는, 어떤 언어를 출발점으로 삼든 간에, 불어에서는 반과거로 영어에서는 과거시제로 번역하면 그런 기능은 대부분 충족된다.

(23) *Maintenant (...) Maou se balançait dans son hamac en regardant la lumière de la lampe. Elle chantait à mi-voix en italien, une comptine, une ritournelle. Elle s'interrompait, elle ôtait les mains de son visage, elle disait, juste une fois, sans élever la voix:*

<<*Fintan?*>>

Elle entendait l'écho de sa voix dans lan maison vide.

(J.M.G. Le Clézio의 『오니차(Onitsha)』, 1991)

(24) *About the confession boxes the queues waited, dark in their corners, the centre of the church the one place lighted, red glow of the lamp high before the tabernacle and the candles in their sockets burning above the gleaming brass of the shrine. Beads rattled, bodies eased their positions. Feet came in down at the door, step tolling on the stones as they neared the rails to genuflect before the tabernacle.*

(J. McGahern의 『다크(The Dark)』, 1965)

위의 문단에서 두 언어의 시제들이 가진 모호성을 최대한 이용하여 독자들을 그 문단에 부여된 상적 특성에 대해 불확실성의 상태에 두고 있다. 다시 말하면 그 문단을 특정 장면 혹은 반복되는 장면이라는 불확실성을 부여하고 있다. 비록 하나의 상적 체계를 다른 상적 체계로 이동시키는 것이 바람직한 모호성의 본질을 불가피하게 바꾸어 놓을지라도 (23)을 영어 과거 시제로 번역하고 (24)를 불어 반과거로 번역하면 그 불확실성이 보존된다. 그런 경우에 번역가가 상적 명료성을 선택하면 원전에 있는 의도적인 모호성을 상실하게 된다.

■ 참고문헌

Biber, Douglas, Stig Johansson, Geoffrey Leech, Susan Conrad and Edward Finegan. 1999. *Longman Grammar of Spoken and Written Eglish.* Harlow: Longamn, Pearson Education Ltd.

Bolinger, Dwight. 1977. *Meaning and Form.* London: Longman.

Bouscaren, Janine, Jean Chuquet and Laurent Danon-Boileau. 1922. *Introduction to a Linguistic Grammar of English. An Utterer-centered Approach.* Gap: Ophrys.

Bouscaren, Janine, Jean Chuquet and Françoise Demaizière. 1982. Le *would* dit 'fréquentatif'. In Janine Bouscaren (ed.), *Cahiers de Recherche en Grammaire Anglaise,* Tome 1, 1-51. Gap: Ophrys.

Chuquet, Hélène. 1990. *Pratique de la traduction anglais - français.* Gap: Ophrys.

Chuquet, Hélène. 1994. Construction d'événements et types de procès dans le récit au présent. In Jacqueline Guillemin-Flescher (ed.), *Linguistique contrastive et traduction,* Tome 3, 1-56. Gap: Ophrys.

Chuquet, Hélène. 1995. Etude de quelques marqueurs linguistiques de la distanciation chez John McGahern. In Brihault, Jean ad Liliane Louvel (eds), *John McGahern,* 33-53. Unversité de Poitiers: La Licorne.

Chuquet, Hélène. 2000. L'inparfait français est-il traduisible en anglais? Le cas de l'imparfait dit 'de rupture'. In Jacqueline Guillemin-Flescher (ed.), *Linguistique contrastive et traduction,* Tome 5, 65-85. Gap: Ophrys.

Chuquet, Hélène. 2001. Présent, discours rapporté et repérage composite dans les textes de presse. *Cahiers Chronos* 7: 41-60. Amsterdam: Rodopi.

Chuquet, Hélène and Michel Paillard. 1987. *Approache linguistique des problèmes de traduction anglais — français.* Gap: Ophrys.

Comrie, Bernard. 1976. *Aspect.* Cambridge University Press.

Culioli, Antoine. 1990, 1999. *Pour une linguistique de l'énonciation.* Vol.1: Opérations et représentations; Vol.2: Formalisation et opérations de repérage; Vol.3: Domaine notionnel. Gap: Ophrys.

Darbelnet, Jean and Jean-Paul Vinay. 1958. *Stylistique comparée du français et de l'anglais*. Paris: Didier

Fuchs, Catherine and Anne-Marie Léonard. 1979. *Vers une théorie des aspects. Les systèmes du français et de l'anglais*. Paris: Mouton.

Garnier, Georges. 1985. *Linguistique et traduction*. Caen:Paradigme.

Garnier, Georges. and Claude Guimier. 1986. 'Les hommes aussi avaientleurs chagrins': étude comparative français-anglais. In Pierre Le Goffic (eds), *Points de vue sur l'imparfait*, 10-137. Caen: Centre de publications de l'Université.

Guillemin-Flescher, Jacqueline. 1981. *Syntaxe comparée du français et de l'anglais. Problèms de traduction*. Gap:Ophrys.

Guillemin-Flescher, Jacqueline. 1984. Enonciation, perception et traduction. In Laurent Danon-Boileau (ed.), *Les Plans d'Enonciation. Langages* 73: 74-97.

Judge, Anne and G.G. Healey. 1985. *A Reference Grammar of Modern French*. London: Edward Arnold.

Kibbee, Douglas. 1995. Assertion / atténuuation, subjectivité / objectivité en anglais et en français: 'seem / sembler'. In Michel Ballard (ed.), *Relations discursives et traduction*, 73-87. Lille: Presses Universitaires.

Lab, Frédérique. 1994. Traduire le prétérit:imparfait ou passé simple?. In Jacqueline Guillemin-Flescher (ed.), *Linguistique contrastive et traduction*, Tome 3, 57-85. Gap: Ophrys.

Le Goffic, Pierre. 1995. La doulbe imcompletude de l'imparfait. *Modèles Linguistiques*, Vol. 31, Tom XVI, Fascicule 1, 133-148. Lille: ENSAM.

Liddle, Michael (ed.). 1995. *Antoine Culioli. Cognition and Representation in Linguistic Theory*. C.I.L.T. Vol. 112. Amsterdam: John Benjamins.

Rabatel, Alain. 1998. *La construction textuelle du point de vue*. Paris Lausamme: Delachauz et Niestlé.

Trévise, Anne. 1994. *Le prétérit anglais*. Paris: Nathan.

Trévise, Anne. 1996. Prétérit simple et construction de la télicité. *Sigma* 17-18: 9-36. Université d'Aix-en-Provence: C.E.L.A.

Weinrich, Harald, 1973. *Le Temps*. Paris:Editions du Seuil, publication originale 1964.

5.

말레이어와 영어 관용어구 번역의
원형 이론 기반 접근법

Jonathan Charteris-Black / 서리대학(*University of Surrey*)

개요 ● 본 논문의 목적은 영어와 말레이어 관용어구 번역에 대한 기반 원리를 확립하고, 코퍼스가 이 연구에 도움이 될 수 있는 몇 가지 방법을 검토하는 것이다. 먼저 비인구어의 코퍼스 기반 연구에 있어서의 많은 문제점들을 검토한다. 두 언어에서는 개념에 기반을 둔 구절이라는 전형적 어법 범주가 있으며, 이 범주는 특정한 화용적 가치를 가진 문화 특유의 관례화된 의미를 유발한다는 점을 제안하고 있다. 번역가의 번역 업무를 용이하게 하기 위해, 인간관계와의 유추에 근거한 관용어구의 비교와 번역을 위한 모형을 제안한다. 이 모형은 각 언어에서 표면 형태와 개념적 기반 간의 관계를 기초로 한다. 이 모형에서 다섯 개의 범주는 각각 영어와 말레이어를 참조하여 설명된다. 그리고 각 범주에 대한 서로 다른 번역 문제를 고려하고 각 범주에 대한 해결책에 대해 다룬다.

1. 서론

대조 언어학 연구자들이 직면한 주요 문제점 중 하나는 적절한 코퍼스의 이용 가능성인데, 특히 대조되는 언어 중의 하나가 비인구어일 때 더욱 그러하다. 영어와 말레이어의 경우에, 연구자는 영어 분석을 위해서는 '영어은행(Bank of English)'과 같은 광범위한 코퍼스를 이용할 수 있지만, 말레이어는 훨씬 더 제한된 범위의 코퍼스만 이용 가능한 상황에 직면하게 된다. 광범위하게 조사해본 결과 본고는 두 개의 말레이어 코퍼스만 확인할 수 있었다. 하나는 말레이어 콘코던스 프로젝트[1]로 알려진 고전 말레이 문학 코퍼스이고, 다른 하나는 본 연구에 사용된 말레이시아 언어 계획국(Dewan Bahasa) 소유의 현대 말레이어 코퍼스이다. 이후부터는 '말레이 코퍼스'라고 칭하기로 한다. 고전 말레이 문학 코퍼스는 컴퓨터로 이용 가능하지만, 말레이 코퍼스는 언어 계획국의 허가를 받아야만 이용할 수 있다. 필자가 알고 있는 영어-말레이어 번역 코퍼스는 없으며, 있다하더라도, 그것이 연구의 목적으로 쉽게 이용 가능하다고 가정해서는 안 된다. 언어의 문제가 언어 계획 정책에 의해 통제되는 세계의 일부 지역에서는 특히 그러하다.

대조 연구의 문제점은 코퍼스의 이용 가능성과 접근성이 전부가 아니다. 크기와 구성(composition)에 있어서도 상호 호환성의 문제가 있다. 예를 들어, '영어은행(Bank of English)'은 약 3억 2천 9백만 개의 구어와 문어[2] 단어가 있고, 17개의 하위 코퍼스로 나누어져 있는 반면, 말레이

---

1) http://online.anu.edu.au/asianstudies/ahcen/proudfoot/MCP/에서 이용가능.
2) '영어은행(Bank of English)'은 정기적으로 확장되며 현재 거의 5억 단어에 이른다.

코퍼스는 문어이며, 크기가 훨씬 더 작다(약 2천 5백만 단어). 그리고 그 것은 서적, 신문, 잡지의 3개의 하위 코퍼스로 나누어져 있다. 분명한 것은, 어떤 단어나 구가 백만 단어마다 얼마나 자주 쓰이는 가를 비교해보면 크기가 다르다는 문제점을 해소할 수 있다. 코퍼스 설계에서의 차이는 더욱 문제가 된다. 예를 들면, 어느 방송 자료가 대본이 있는지 그 범위를 알기 어렵다. 따라서 라디오나 텔레비전 자료를 포함하고 있는 '영어은행'과 같은 코퍼스에서 구어와 문어를 구별하는 것은 너무 힘들다. 또한 코퍼스 탐색에 사용되는 소프트웨어의 설계상의 차이도 문제가 된다. 예를 들면, '영어은행'은 핵심어의 어느 쪽이든 40단어까지 찾을 수 있지만, 말레이 코퍼스는 단지 한 문장 길이의 문맥만 찾을 수 있다.

코퍼스 크기와 구성만이 아니라, 훨씬 더 큰 문제는 비교를 위한 적절한 단위를 선택하는 일이다. 이는 올바른 철자법으로 표시된 단어나 단일 어휘 항목의 경우에는 문제가 되지 않는다. 그러나 어휘 합성어(예: 복합어 어휘 항목과 구)의 경우에는 특정 분석 단위를 포함하는 단어의 수를 결정해야만 한다(이 용어에 대한 논의는 Lyons 1995: 50-51 참조). 한 언어의 어법 범주가 다른 언어의 어법 범주와 근접하게 일치한다고 가정할 수도 있으나, 이것이 항상 그런 것은 아니다. 예를 들어, 페리바하사(peribahasa)의 말레이어 범주는 '관용어구' 또는 '속담'으로 번역될 수 있다(Kamus Perwira 1998). 더욱 면밀히 검토해보면 그 범주는 길이가 두 단어 이상인 모든 유형의 말레이어 비유적(figurative) 어법 단위에 대한 일반적인 용어로 사용되거나 또는 속담의 특성을 갖는 문장 형태에 대한 일반적인 용어로 사용된다는 것을 알 수 있다[3].

그러나 언어적 관점에서, 두 언어 간의 비교 단위를 규정하는 문제

---

3) Charteris-Black(1995: 260-1)은 '속담(proverb)'이라는 용어의 정의에 대해 논의한다.

는 한 언어의 각기 다른 용어들을 구별하는 문제와 질적으로 다르지 않다. 말레이어에서 페리바하사(peribahasa)라는 상위 범주 아래에 분류되는 페파타(pepatah)와 비다란(bidalan)과 같은 범주는 영어의 'maxim(격언)'과 'adage(속담)'와 일치하는 듯한데, 그 이유는 말레이어와 영어의 이 4가지 유형이 모두 교훈적인 기능에 의해 근본적으로 결정될 수 있다는 사실에서 찾을 수 있다. 그러나 이 두 말레이어 범주는 비다란(bidalan)이 부정 명령형 *jangan*(영어 don't)으로 시작되어 그것의 언표내적 기능이 경고의 일종이라는 사실로 구별할 수 있다. 형식적 기준은 다른 말레이어 어법 범주를 특성화시키기도 하는데, 예를 들면, *perumpamaan*은 특정 부사가 있는지의 여부로 결정되는데, 그 부사들은 전부 'like(같은)'나 'as(처럼)'로 번역될 수 있다 (*seolah-olah, ibarat, bak, seperti, laksana, macam, bagai, umpama*). 영어에서 형식적 특징으로 쉽게 결정되는 유일한 범주는 'like'나 'as'로 표시되는 'simile(직유)'이다.

어법을 기술하는데 언어들 간의 차이가 있다고 해서 코퍼스 접근법의 적절성이 흐려져서는 안 된다. 전혀 발생하지 않는 어법 유형보다 대용량의 대표 코퍼스에서 더 빈번하게 발생하는 어법 유형에 대한 정의를 확립할 필요가 분명히 있다. 언어간 대조적인 어법의 문제점에 대한 한 가지 해결책은 특정 언어와 무관한 범주들을 기술할 방법을 찾는 것이다. 코퍼스는 어느 어법 유형이 각 언어에서 나타나는 지를 보여주고, 어떤 것이 비교의 목적을 위해 가장 밀접하게 관련된 범주인지를 확립하는데 도움을 준다.

코퍼스에서 무엇을 찾고 있는지를 정확하게 알고 있을 때 비로소 어법 단위를 한 언어에서 다른 언어로 번역할 수 있는 것이다. 대조적 관점에서 볼 때, 두 언어에서 나타나는 유사한 어법 범주에 대한 이론적 정의를 비교함으로써 이 범주들이 일치하는 정도를 설명할 수 있다. 본 논문의 초점은 영어의 '관용어구' 개념을 규정하는 틀을 제공하고, 그것을 말레이어에서 가장 비슷한 어법 범주인 심풀란바하사(simpulan bahasa; 관용어구)와 비교하는데 있다. 정의에 주목하는 것은 어법에 대한 코퍼스 기반 대조 연구의 중요한 전제 조건이다.

　　본 논문은 앞으로 두 개의 장으로 나누어지는데, 첫 번째 장에서는 관용어구와 어법 단위의 정의에 있어서 몇 가지 이론적 문제들을 다루고 원형 이론 기반의 관용어구 정의를 제안할 것이다. 그리고 이것을 말레이어 범주 심풀란바하사(simpulan bahasa)와 비교할 것이다. 두 번째 장에서는 영어와 말레이어 관용어구의 번역을 위한 모형을 제안함으로써 이 접근법의 이론적인 함축성을 다룰 것이다.

2. 관용어구와 어법 단위 규정

앞서 각기 다른 언어에서 관용어구와 어법 단위를 비교하는데 있어서, 우선 무엇을 비교하고 있는지를 확립하는 것이 중요하다고 주장했다. 왜냐하면 이러한 개념들의 안정된 정의가 없이는 비교를 위한 단위 선택에 필요한 온전한 토대가 확립되지 않기 때문이다. 한 중요한 용어상의 문제는 관용적(idiomatic) 언어와 관례적(conventional) 언어를 구별하지 못하고, 어떤 되풀이되는 단어 조합을 지시하기 위해 두 용어를 구분 없이 사용한데서 기인하다. 예를 들면, Fernando(1996: 30)는 '관례화된 공기는 관용적 표현의 일반적인 토대'라고 주장한다. 어휘적, 통사적으로 고정되어 있다는 공통적인 특징 때문에 이 용어들을 동의어로 사용함으로써, 비유적 사고방식과 같은 관용어법성의 다른 결정적인 특성들을 간과할 위험이 있다. 이러한 위험은 대조적 관점에서 본 위험인데, 그 이유는 한 문화가 그 자체의 독특한 세계관을 나타내는 것은 비유적 사고방식을 통해서 가능하고, 이러한 독특한 특성이 관용어구 번역가에게 가장 큰 문제를 안겨다 주기 때문이다. 대조 언어 연구에서 요구되는 것은 비유적 사고방식을 수용하는 어법 단위를 위한 모형이라 할 수 있다.

말레이어에서 가장 큰 어법 유형은 심풀란바하사(simpulan bahasa; 관용어구)로 알려져 있다. 이것은 문자 그대로 '매듭 언어(knotted language)'로 번역되고 적어도 한 단어는 비유적인 의미를 가지고 있는 고정된 두 단어 조합을 지시한다. 이런 점에서 그것은 비 합성적이다. 영어의 관용어구 개념은 말레이어 매듭언어(즉 관용어구)와는 달리, 단위 내의 단어 수에 의해 제한되지는 않는다.

원형 이론(Rosch 1973, 1975, 1977 & 1978)은 본질적인 불명확성을 쾌히 수용하는 '관용어구' 정의를 위한 모형을 제시한다. 원형 이론이 어떻게 어법에 적용될 수 있는지를 설명하기 전에, 왜 심리학적 근거를 갖는 모형이 '관용어구'를 규정하는데 만족스러운 토대를 제공하는지를 먼저 언급하고자 한다. 한 가지 이유는 언어와 사고의 불가분성이다. 언어를 폐쇄된 체계로 간주하는 접근법이 갖는 문제점 중의 하나는 언어가 인간 경험의 다른 분야와는 독립적으로 발전한다고 가정하는 것이다. 그러나 만약 언어가 비선조적 체계이며, 인간이 사회적, 물리적 환경에 적응하기 위해 우리의 인지적 자원을 이용해야 한다면, 유추적 추론, 은유, 환유와 같은 인지 현상은 이 체계의 일부로 간주되어야 한다. '관용어구'를 원형 이론에 기반을 두고 정의하게 되면, 통사적, 어휘적 고정성과 같은 순수 언어적 기준을 인지적 기준과 균형을 이루면서 설명 가능해 진다. 이것은 비유적 사고방식에서 분명히 나타나는 문화적으로 통제된 사고방식을 포함한다.

궁극적으로 관용어구의 비 합성성을 유발하는 것은 비유와 같은 관용어구의 인지적인 측면이다. 통사적, 어휘적 측면에 국한하여 순수 언어적 정의를 내리는 것은 합성적 설명 이상의 어떤 것도 제시할 수 없고, 관용어구는 사물에 대해 말하는 방식 외에 사고하는 방식도 반영한다는 중요한 사실을 놓치고 말 것이다. Glaser(1998)는 관용어구를 고정 표현 또는 구의 원형이라고 언급하면서, 그것을 어법 체계의 중심에 둔다. 단어 유사 단위를 중심에 두고, 문장 유사 단위를 주변에 둠으로써 Glaser의 모형은 여전히 단어 유사 형태와 문장 유사 형태와 같은 형식적 언어 기준에 우선을 두고 있다.

그러나 관용어구의 가장 본질적인 구성 요소는 단어나 문장과 같은 언어적 개념이 아니라, 언어적 단위와 백과사전적 지식에 근거한 생각 사이에 어떤 자의적 연상이 이루어지는 특별한 사고의 방식일 것이다. Cruse(1986: 19)가 말한 대로, '단어의 의미와 단어의 언어외적 지시물에 관한 백과사전적 사실을 구분하려는 시도는 상당히 자의적이다.' 원형 이론은 한 언어의 각기 다른 관용어 사이의 관계와 다른 언어의 관용어들 사이의 관계를 설명하는 모형을 제공해 준다. 이러한 관점은 두 언어의 어법적 표현들을 연결시키기 위해 노력하는 번역가에게 특히 중요하다.

원형 범주에는 4가지 주요 특성이 있다. 첫째, 원형 범주는 하나의 기준 속성 집합에 의해 정의될 수 없다(Geeraerts 1989). 이것은 관용어구나 어법 단위의 경우에 특히 중요하다. 왜냐하면 대부분의 연구자들은 넓은 영역의 언어적, 사회문화적 환경을 고려하여 이 관용어구와 어법 단위를 정의하고자 하기 때문이다(예: Barkema 1996; Howarth 1998; Nunberg, Sag & Wasow 1994). 어법 체계의 중심에 있는 원형적 단위는 불투명하고, 판에 박힌 것이며 비합성적이다. 언어적 측면에서 그것은 단어와 같고, 통사, 어휘적으로 고정되어 있으며 의미적으로는 불투명하다. 개념적 측면에서 그것은 비유적이고, 사회문화적 측면에서는 평가적이고 제도화되어 있으며 문화 특유의 의미를 가지고 있다. 일반적으로 이런 형태를 '관용어구'라는 용어로 지시하는 것이다. 주변적 구성원이나 외부의 구성원은 부분적으로 합성적이고, 의미적으로 명확하며, 무표적인 구와 문장의 통사, 어휘적 변형의 잠재성을 일부 공유하는 어법 단위이다. 그러나 그것은 비유적이거나 특별한 사회문화적 특성을 가지고 있지 않을 수 있고, 단순히 관례적으로 제한된 연어(collocation)표현이라고 볼 수 있다. 이 두 양극단 사이에서 다양한 정도의 고정성과 의미적 불투명성, 비유, 관례화를 나타내는 단위들이 있게 된다.

원형 범주의 두 번째 특성은 분리성(discreteness)이 없다는 것인데, 앞서 확인된 각 기준은 다른 기준과 중복된다. 중복되는 기준의 증거가 많으면 많을수록 '관용어구'라는 용어를 사용하고 있는 어법 체계의 중심에 더 가까이 접근하게 된다. 그러나 필요 충분한 규정적 속성에 대한 단 하나의 집합은 존재하지 않는다. 실제로 원형 이론은 규정적 속성의 집합이 존재하는 진리 조건적 의미론과 관련된 성분 의미 분석 모형을 받아들이지 않았다(Katz & Fodor 1963).

원형 범주의 세 번째 특성은 범주 구성 자격에 정도가 있다는 것이다. 이러한 특성에 대한 분명한 증거들은 전통적인 어법 설명과 많은 심리언어학적 논문에서 소수의 표현들만이 논의되어 왔다는 데에서 찾을 수 있다. 널리 논의된 예는 다음과 같다. '죽다(to kick the bucket)'는 Swinney & Cutler(1979), Keysar & Bly(1995), Giora(1997), McGlone Glucksberg & Cacciari(1994), Nunberg, Sag & Wasow(1994)에서, '비밀을 누설하다(to spill the beans)'는 Swinney & Cutler(1979), Gibbs & O'Brien

(1990), Giora(1997), Gibbs(1992), Nunberg, Sag & Wasow(1994)에서, '화해하다(*bury the hatchet*)'는 Swinney & Cutler(1979), Bobrow & Bell(1973)에서, '비밀을 누설하다(*let the cat out of the bag*)'는 Bobrow & Bell(1973), Gibbs & O'Brien(1990)에서, 그리고 '폭로하다(*blow/flip the/your lid off*)'는 Gibbs & O'Brien(1990), Gibbs(1992)에서 논의되었다.

많은 연구자들이 관영어구의 예를 인용할 때, 이와 같이 좁은 범위에서 선택하는 것은 그런 표현들이 '관용어구'의 좋은 예이기 때문이다. 그 이유는 대개 의미적으로 불투명한 형태로 간주되기 때문인데, 그 표현들의 특수한 개념적, 비유적 자질 때문에 영어에서는 독특한 것으로 여겨진다. '처음 뵙겠습니다(*how do you do*)'나 '축하합니다(*many happy congratulations*)'와 같은 관례적인 문구는 '관용어구'의 예로는 그다지 좋지 않다. 왜냐하면 이들이 불투명하고 분명히 관례화되어 있긴 하지만 비유적 사고방식을 기반으로 하지 않기 때문이다. 그럼에도 불구하고 이런 문구들은 어법 단위이다. 아무래도 몇몇 단위들이 다른 것들 보다 더 좋은 관용어의 예라고 널리 믿고 있는 듯하다. 이러한 명확성과 불명확성의 정도성이 원형 이론의 방사형 범주의 특성이라고 할 수 있다.

원형 이론의 네 번째 특성은 경계가 모호하다는 점인데 즉, 정확히 어떤 지점에서 다단어(multi-word) 단위가 '관용어구'가 되고 Sinclair(1987)가 언급한 '개방 선택 원리(open choice principle)'를 따르지 않는지의 경계가 분명하지 않다. 예를 들어, '*thank you very much*(매우 감사합니다)'나 '*of course*(물론입니다)'와 같은 표현에서 제한된 연어성의 정도가 나타나지만, 이들은 의미적으로 명확하고 비유도 포함되어 있지 않기 때문에 '관용어구'로 분류되어야 하는지 명확하지 않다. 어법에 관한 최근 논문이 보다 덜 원형적인 구성원에 관한 것과 관련되었다는 것은 언급할 가치가 있다. 예를 들어, Aisenstadt(1981)는 'to shrug one's shoulders(어깨를 으쓱하다)'나 'to grind one's teeth(이를 갈다)'와 같은 표현을 언급하기 위해 '제한된 연어'라는 용어를 사용하는 반면에, Cowie(1998)는 이 용어를 'pay one's respects/a compliment(인사하다)'와 'cause/make a stir(물의를 일으키다)'를 언급하기 위해 사용한다. Fernando(1996)는 대인관계 범주를 언급하고 있는데, 이 범주에는 'how are you(안녕하세요)'와 'come off it(그만두세요)'와 같은 인사말과 짧은 대화를 비롯하여, 'with all good wishes(행운을 빌며)'와 같은 관례화된 표현을 위한 많은 일상적인 문구들이 포함되어 있다. Granger(1998)와 Howarth(1998)는 제1언어로서의 영어와 제2언어로서의 영어 간의 중요한 차이점 중의 하나가 언어의 연어적 사용 용례의 범위에 있어서의 차이임을 보여주었다. 이러한 단위는 어법 체계의 외부 구성원으로 확인되어왔던 것 같다. 왜냐하면 언어 코퍼스는 그 외부 구성원들이 높은 빈도수를 가지고 있으며, 따라서 제2언어로서의 학습자에게 잠재적으로 중요하다는 것을 보여주었기 때문이다.

앞의 기준을 사용하여, 본고는 다음과 같은 관용어구의 정의를 제안한다.

관용어구는 어법 체계의 원형적 구성원이다. 그것은 불투명하고, 판에 박힌 것이며, 비 합성적 단위이며, 많은 다른 표현에서와는 다른 의미를 가지고 있는 단어의 조합으로 형성되었다. 그것은 비유법의 사용과 같은 **개념적인** 기준과 통사적, 어휘적 안정성과 같은 **언어적** 기준에 의해 특징지어 진다. 개념적 기준과 언어적 기준의 결합을 통해 관용어구가 특유의 화용적 가치로 문화 특유의, 관례화된 의미를 이끌어 낼 수 있게 된다.

3. 영어와 말레이어 관용어구 번역에 대한 원형 이론 접근법

만일 관용어구가 언어 특유의 사고 방식을 나타낸다면, 그것은 번역가에게 특별한 문제들을 제시하게 될 것이다. 만일, 심지어 문자 그대로의 언어가 번역하기 어렵다면, 관용어구가 얼마나 더 힘들겠는가? 언어 내에서 표현된 메시지를 각 언어가 구체화시킨다는 생각은 낭만주의 언어 개념의 중심이었고, Saussure의 언어 기호(sign) 모형에도 그대로 유지되었다. 만일 단어의 의미가 오로지 언어에만 의존한다면, 번역은 불가능하다. Sapir-Whorf 가설의 극단적 주장은 사람들이 그들 모국어의 포로임을 함축한다. 그러나 이러한 관점은 같은 언어 사용자 간에 똑같은 의미가 존재한다고 가정하기 때문에 관용어구의 번역가능성 문제는 한 언어 내에 동의어가 문제가 될 수 있는 것보다 더 큰 문제가 되지는 않는다. 즉, 만일 한 언어에서 수용 가능한 동의어를 만들어 내는 것이 가능하다면, 언어 간의 수용 가능한 번역을 하는 것도 역시 가능해야 하는 것이다. 물론 수용성의 기준은 번역을 하는 목적에 달려 있는 듯하다.

영어와 말레이어의 경우, 인지적 동일성을 공유하는 공간적 관계와 같은 몇 가지 기본 개념이 있다. 예를 들면, 두 언어에서 *right*는 긍정적 의미를 내포하고, *left*는 부정적 의미를 내포한다. 그러나 차이점 또한 있다. 예를 들면, 감각적인 경험을 묘사하는 형용사(*soft* / *hard*와 *hot* / *cold*와 같은)는 반드시 같은 내포 의미를 공유하지는 않는다. 말레이어 *lembut hait*(부드러운 간)는 '*soft hearted*(마음씨 고운)' 보다는 '*kind hearted*(친절한)'으로 더 자주 번역되는데, 영어에서 *soft*가 사람에게 적용될 때는 부정적인 내포의미를 가지고 있기 때문이다. 유사하게, 영어에서 '*cold hearted*(냉담한)'은 부정적인 내포의미를 가지고 있는 반면에, 말레이어에서 '*hati sejuk*(차가운 간)'는 '어떤 것에 대한 안도감(a feeing of relief about something)'을 의미하는 긍정적인 내포의미를 가지고 있다. 이러한 현상은 '원예에 재능이 있는(to have green fingers)'과 유사한 의미를 가진 말레이어 관용구 *tangan dingin*('hand cold' 손이 차다)'에서 역시 찾아볼 수 있다. 영어에서 *cool*은 긍정적인 내포의미를 가지고 있지만, *cold*는 그렇지 않다.

Dobrovolskij(1998:138)는 다음과 같이 말한다.

> 만일 같은 개념을 나타내고 제1언어와 제2언어에서 관용구 성분으로 이용된 단어들이 주어진 관용어구의 의미에 총체적으로 다른 의미적 기여를 한다면, 그것은 같은 개체가 제1언어와 제2언어의 언어문화적 공동체에 의해 다른 방식으로 개념화되었음을 의미한다. 이런 종류의 문제점을 해결하는 것은 문화의 기호학과 개념적 분석의 가장 중대한 목표 중의 하나이다.

어법 단위를 번역하는데 있어서의 문제점은 어떻게 기저의 내포 의미에 접근하는가하는 것이다. 이것은 오직 기반이 되는 문화 특유의 백과사전적 지식에 접근하는 것을 통해서만 가능하다. 이러한 관점에서, 관용어구의 번역은 단지 문화적/언어적 설명의 광범위한 학제간 협력 과정의 일부로서만 이루어 질 수 있다. 즉, 말레이 문화에서 *kaki*(발), *hati*(간), 또는 *mata*(눈)와 같은 해부학적 부분에 덧붙여진 위상에 관한 지식이 없이는 인체에 대한 의미 분야에서 말레이어 관용어구를 이해할 수 없다 (Charteris-Black 2000b). 인체는 보편적이지만, 그것이 특정 언어에서 개념화되는 방식은 매우 강한 문화적 중요성의 증거를 보여준다. 코퍼스는 문화의 기호학 연구를 위한 핵심 원천이며, 인체 특정 부분의 전형적인 내포 의미에 대한 증거를 제공할 수 있다. 예를 들면, *hati* (간)는 긍정적인 내포의미를 가지고 있지만, *kaki* (발)는 부정적인 내포의미를 가지고 있다.

관용어구 비교와 번역에 대한 원형 이론 기반 접근법은 개념적 은유에 기반을 둘 수 있다. 개념적 은유는 한 언어의 관련된 표면 형태로부터 추론될 수 있는 일반화이다(Cameron & Low 1999: 18). 개념적 은유의 개념은 관용어의 표면 형태 기저에 있는 생각들의 유사성과 차이점의 정도를 확인할 수 있게 한다. 그러므로 언어들 사이에서(참조: Charteris-Black 2001a, 2002; Charteris-Black & Ennis 2001) 그리고 한 언어 내에서 (Charteris-Black 2000a, 2001b) 관용어구의 비교를 용이하게 한다. 그것은 두 관용어구가 같은 표면 형태를 공유하지만, 상당히 다른 개념적 기반을 가지고 있을 때 야기되는 문제점을 다룰 수 있게 해준다. 몇몇 개념적 은유는 두 개 또는 더 많은 언어에서 중복되지만, 또 다른 개념적 은유는 특정한 문화적 관점의 특색을 나타낸다. 개념적 은유는 Sapir-Whorf 가설이 함축하는 언어적 결정론을 극복하도록 하고, 보편적인 이론과 언어 상대성 이론 모두를 확인하고 기술하기 위한 틀을 형성한다.

코퍼스를 사용함으로써 특정한 표면 형태가 쓰이는 빈도를 확인해 볼 수 있다. 만약 개념적 은유가 기술적으로 타당한 일반화를 제공해야 한다면, 그것은 반드시 두 언어에서 발견되는 관례적 은유의 유형과 토큰의 발생 빈도에 근거해야 한다. 만약 은유와 환유의 증거가 두 개의 동등한 코퍼스에서 발견될 수 있다면, 개념적으로 유사하거나 혹은 다른 관용어구의 확인이 용이할 것이며, 따라서 번역의 원칙적인 토대를 마련하게 될 것이다. 실제로 어떤 은유어와 환유어들은 다른 언어에서 보다 한 언어에서 더 분명할지도 모른다. 그리고 병렬 코퍼스는 이 상황을 확인하도록 해주고 한 언어에 있는 특정한 개념적 은유의 활동 정도에 대한 추론을 이끌어 내는데 도움이 될 수 있다. Charteris-Black & Ennis (2001)는 1997년 10월 주식시장 폭락에 대한 영어와 스페인어로 된 재정 보고서에 관한 코퍼스를 사용해서 이러한 작업이 어떻게 이루어졌는지 제시하였다.

개념적 은유 접근법을 코퍼스 기반 자료와 결합시키기 위한 목표를 가지고 있는 다음의 번역 모형에서 이것을 설명하기를 희망한다. 우선, 그 관용어구들은 『콜린스코빌드영어사전(Collins Cobuild dictionary of English)(1995)』과 『카무스바사르 바하사멜라유(Kamus Basar Bahasa Melayu)(1995)』와 같은 표준 참고 문헌에서 선택되었다. 그 관용어구들은 그 후 두 코퍼스를 사용하여 조사되었다. 즉, 영어 코퍼스는 '영어 은행(Bank of English)' 에서부터 4개의 하위 코퍼스로 이루어졌고, 말레이어 코퍼스는 쿠알라 룸푸르에 있는 말레이시아 언어 계획국이 보유하고 있었다. 코퍼스의 크기와 구성은 표 1에 개괄되어 있다.

표 1. 코퍼스 구성

영어 코퍼스		말레이어 코퍼스	
하위 코퍼스	크기	하위 코퍼스	크기
영국 책	42,127,619	책	12,000,000
영국 잡지	30,137,896	잡지	3,341,477
타임즈(Times)	20,950,497	신문	10,111,504
썬(Sun)	5,824,476		
합계	99,040,488		25,452,891

말레이어 코퍼스는 쿠알라 룸푸르에 있는 말레이시아 언어 계획국에 직접 신청을 해야 이용가능하다. 이러한 이유 때문에 심풀란바하사(simpulan bahasa)로 알려진 관용어구의 견본만 조사 가능하다. 어법 자료

에 따르면 인간 신체 부위를 포함하고 있는 관용어구는 전체 말레이어 심풀란바하사(simpulan bahasa)의 약 20%를 차지하고 있기 때문에 그러한 관용어구를 검색하기로 결정했다.

인간관계와의 유추를 통해 그것들의 개념적이고 인지적인 토대에 따라서 두 어법 표현에서 나온 관용어구를 비교할 수 있게 된다. a) 표면 어휘와 b) 개념적 은유의 상응 관계가 있는지에 따라서 우리가 제시한 모형에 다섯 가지 범주가 있다.

1. 첫 번째 유형은 같은 개념적 기반과 동일한 표면 어휘를 가지고 있는 관용어구로써 모든 단어들은 거의 의미가 일치한다. 그것은 '친밀한 가족 구성원 (Close Family Members)' 이라고 칭해진다. 예를 들어, 영어 관용어구 *a broken heart*(비탄)는 말레이어 관용어 'patah hati' (broken heart)로 쉽게 번역 된다. 그 이유는 그것들이 THE MATERIAL STATE OF AN INTERNAL ORGAN REPRESENTS AN EMOTIONAL ANTECEDENT(내부 기관의 구체적인 상태는 감정적인 선행지표를 나타낸다)와 같은 개념적 기반을 공유하기 때문이다. 이것은 두 언어에 있는 감정과 관련된 다양한 관용어구에 대한 원형 은유이다. 그것은 특정한 감정에 앞서는 감정적인 상태는 마치 그것이 감정적인 상태라기보다는 오히려 물질적인 대상이었던 것처럼 개념화 된다는 것을 의미한다. 또 다른 예는 *black sheep*(골치거리)인데 이것은 쉽게 'kambing hitam' (sheep black) 으로 번역된다. 다시 그것들은 '사람은 동물이다 (ANIMAL FOR PERSON)'라는 환유어와 '어둠은 비밀이다 (DARKNESS IS SECRECY)'라는 개념적 은유에 의해 동기부여 된다. 즉, 빛이 없다는 것은 볼 수 없다는 것과 유사하고, 따라서 누군

가에 대한 지식이 없다는 것과 유사하다. 또 다른 예는 *to change hands* (소유주가 바뀌다), 'pindar tangan' (change hand)와 *to wash your hands of* (관계를 끊다), 'cucitangan' (wash hand)이다. 두 언어에는 '신체부분은 전체 사람을 나타낸다(BODY PART REPRESENTS THE WHOLE PERSON)'라는 제유법이 존재한다. '친밀한 가족 구성원 (Close Family Members)'을 가지고 문자 그대로의 번역을 해 볼 수 있다. 표 2는 이 범주를 개괄한 것이며 이용 가능한 자료가 있는 두 코퍼스의 발생 비율을 비교한 것이다.

표 2. 친밀한 가족 구성원

영어	빈도수 *	말레이어	빈도수 *	개념적 기반
change hands (소유주가 바뀌다)	3.71	pindah tangan (change hand)	–	제유법: 손은 사람이다
to wash your hands of(관계를 끊다)	0.67	cuci tangan (wash hand)	0.52	제유법: 손은 사람이다
a broken hearted (상심한)	1.08	patah hati (break liver)	1.16	은유법: 내부 기관의 구체적인 상태는 감정적인 선행지표를 나타낸다
soft/kind hearted (인정많은)	0.95	lembut hati (soft liver)	1.96	은유법: 내부 기관의 구체적인 상태는 감정적인 선행지표를 나타낸다
to take to heart (진지하게 생각하다)	0.23	ambil hati (bring liver)	2.56	은유법: 내부 기관의 구체적인 상태는 감정적인 선행지표를 나타낸다
black sheep (골칫거리)	0.60	kambing hitam (sheep black)	–	어둠은 비밀이다

어떤 경우에 *to wash your hands of* 와 *a broken heart* 같은 경우에 관용어구는 두 언어에서 비슷한 빈도로 발생하고, 반면에 *ambil hati*('bring heart' 놀라

게 하다) 같은 것은 다른 언어에 있는 동의어구보다 훨씬 자주 발생한다는 것을 알 수 있다. 실제로 *pindah tangan*('change hand' 소유주가 바뀌다)은 말레이어 코퍼스에서는 전혀 발견되지 않았으며 따라서 영어에서 빌린 비생산적 차용어임을 암시한다. *Lembut hati*(soft liver)는 *soft/kind hearted*보다 두 배의 빈도로 쓰이고 있다. 이것은 말레이어 코퍼스 내의 다른 곳에서 보게 되는 현저한 개념화의 증거이다. 즉, '간 (liver)'은 감정을 위한 은유적 원천 영역이다.

2. 두 번째 범주의 관용어구는 같은 개념적 기반과 유사한 표면 어휘를 가지고 있다. 즉, 최소한 한 단어는 문자 그대로의 번역이며 내포적인 의미는 매우 유사하다. 이러한 관용어구를 '보통의 가족 구성원 (Ordinary Family Members)'이라고 칭할 것이다. 영어의 *black market*(암거래)을 예로 들 수 있는데, 말레이어로는 'pasar gelap' (market dark)으로 번역된다. *black sheep*에서처럼, 개념적 은유는 위에서 언급된 '어둠은 비밀이다 (DARKNESS IS SECRECY)'와 같은 반면에 표면 어휘에는 약간의 차이가 있다. 왜냐하면 말레이어 표현은 *hitam* 'black'에 대비되는 *gelap* 'dark'를 사용하고 있기 때문이다. 그 개념적 은유는 다양한 표면 형태를 설명해 준다. 예를 들어 *black sheep, blackmail, blackmarket, kambing hitam, pasar gelap* 은 모두 같은 원형 은유 '어둠은 비밀이다 (DARKNESS IS SECRECY)'에 의해 동기부여 되었다.

두 번째 범주에 대한 또 다른 예는 말레이어 'tangkap basah' (catch wet)로 번역되는 *To catch someone red handed*(범죄 현장을 목격하다)이다. 이러한 관용어구들은 '범인이 잡혔다(culprits are caught)'라는 동일한 백과사전적 지식에 기초하는 것 같다. 즉, 동사의 문자 그대로의 번역이다.

그러나 *red-handed*와 *wet*은 둘 다 불투명하다. 즉, 이 표현들은 살인자의 전형적인 속성은 희생자의 피의 붉음으로 또는 간통자는 성적인 잘못에서 기인하는 축축함으로 표현되는 보편적이고 전형적인 속성을 어떤 우회적인 환유적 방식으로 지시할 수 있다. 사실, 영어 관용어구는 사용 문맥이 광범위하지만, 말레이어는 성적인 잘못의 행위에 제한되어 있다. 이 범주에서는 '가까운 가족'으로 확인되지 않는 가족 구성원에 대해 우리가 가깝게 느끼는 정도를 나타낼 수 있는 친밀성(proximity)의 차이가 다르다. '보통의 가족 구성원'은 의미나 중요 사항의 손실 없이 문자 그대로의 번역과 가깝게 번역되지만, 문맥상의 의미에 세심한 주의를 기울여야 한다. 표 3은 이 범주에 대해 개괄하고 있다.

표 3. 보통의 가족 구성원

영어	빈도수	말레이어	빈도수	개념적 기반
To fall in love (사랑에 빠지다)	17.94	Jatuh hati (Fall liver) To fall in love	2.38	은유법: 사랑은 덫이다
Iron fisted (냉혹한)	0.39	Kuku besi (Claw iron) Iron fisted	-	은유법: 물질적인 재산은 인간 행동의 재산이다
Deep thinker (탁상공론가)	0.30	Pikir panjang (Think long) Deep thinker	-	은유법: 깊이는 좋다
To be caught red handed (범죄 현장을 목격하다)	0.15	Tangkap basah (Catch wet) Catch in the act	-	피는 붉음, 축축함은 성이라는 환유적인 관계

Black market (암거래)	0.27	Pasar gelao (Market dark) Black market	–	어둠은 비밀이다
Big mouthed (큰 소리로 지껄이는)	1.0	Mulut tempayan (Mouth big jar) Big mouthed	–	은유법: 큰 것은 나쁘다
To have one's fill(실컷 맛보다)	1.12	Penuh perut (Full stomach) replete	–	은유법: 가득 찬 것은 좋다
To get hot under the collar(열이 나다)	0.09	Panas hati (Hot liver) angry	2.28	은유법: 화는 열이다

영어의 *to fall in love* 가 매우 사용빈도가 높다는 것을 주목할 필요가 있다. 또한, 은유 '높은 것은 좋다(UP IS GOOD)'에 대한 증거가 있을 수도 있다. 즉 두 언어에 있는 이 관용어구들의 중요한 특징은 사랑의 경험이 바로 선 자세, 통제력 같은 건강한 신체의 전형적인 속성을 상실한 것과 관련이 있는 것처럼 보인다는 개념에 의해 설명될 수 있다.

3. 이 범주의 관용어구는 영어와 말레이어에서 유사한 언어 형태를 가지지만, 완전히 다른 개념적 기반을 가지고 있기 때문에 각기 다른 의미를 가진다. 즉, 이러한 관용어구를 '거짓 친구(False Friends)'로 명명 할 수 있다. 표면 어휘가 현혹시킨다는 것을 알려주는 좋은 표시는 다른 내포적인 의미가 있을 때이다. 예를 들어, 영어에서 우리가 *new blood* (신인들)를 말할 때 우선적으로 '피는 사람을 상징 한다 (BLOOD STANDS FOR PEOPLE)'라는 환유어를 연관 시킬 수 있다. 즉, '새로운 것은 좋다 (NEW IS GOOD)'라는 은유가 나타내듯이 긍정적인 평

가를 하게 된다. 그러나 말레이어 *darah muda* (blood new)는 또한 '피는 사람을 상징한다 (BLOOD STANDS FOR PEOPLE)'라는 환유어를 포함하고 있는 반면에 '성급한 (IMPETUOUS)' 이라는 부정적 의미를 가지고 있다. 왜냐하면 이것은 영어에서 *green*의 관용적 의미가 '순진한' 또는 '미숙한'을 의미하는 것처럼 오히려 'new'의 의미는 '경험이 부족한 젊은 사람들'을 지칭하기 때문이다. 말레이어에서 'new'에 대한 원형은 어떤 일을 하는 알려진 방식과는 맞지 않는다는 것을 뜻하기 때문에, 그 개념적 은유는 '새로운 것은 나쁘다 (NEW IS BAD)' 이다. 새로운 것이 전통적인 행동 방식과는 반대된다는 가치는 기저의 개념적 수준에 영향을 미치기 때문에, 문자 그대로의 번역에 의존해서는 안 된다는 것을 알 수 있다. 또 다른 예는 *to get the wind up*(깜짝 놀라다)인데, 개념적 은유 '바람은 두려움이다 (WIND IS FEAR)'에 기반을 두고 있다. 그러나 말레이어 *naik angin* (rise wind)는 '화를 내다 (to lose one's temper)'를 의미하고 개념적 은유 '바람은 노여움이다 (WIND IS ANGER)'에 근거하고 있다. 이 경우에 두 관용어구가 부정적인 내포 의미를 가지고 있지만, 각 경우에 '바람 (wind)'의 다른 개념화가 있다는 것은 분명하다. 표 4는 이 범주를 개괄한다.

표 4. 거짓 친구들

영어	빈도수	말레이어	빈도수	개념적 기반
New blood (신입들)	1.04	Darah muda (Blood new) impetuous (성급한)	–	개념적 은유 : 새로운 것은 좋다 (영어) 새로운 것은 나쁘다 (말레이어)
Eat your heart out(부럽게 생각하다)	0.56	Makan hati (Eat liver) To feel very depressed (낙담하다)	1.16	개념적 은유: 먹는 것은 걱정이다 (영어) 먹는 것은 느끼는 것이다 (말레이어)
To get the wind up(깜짝 놀라다)	0.05	Naik angin (Rise wind) To lose one's temper (화내다)	–	개념적 은유: 바람은 무서움이다 (영어) 바람은 노여움이다 (말레이어)
A cat nap (선잠)	0.04	Tidur ayam (Sleep chicken) A light sleeper (잠을 자주 깨다)	–	개념적 지식: 고양이는 짧게 잔다 (영어) 닭은 얕은 잠을 잔다 (말레이어)

출발 언어를 문자 그대로 번역하는 것은 허용될 수 없기 때문에 '거짓 친구들'은 번역가에게 문제점을 안겨준다(심지어 언어 학습자에게 더 큰 문제가 된다). 해결책은 출발 언어에 있는 기저의 개념적 은유를 목표 언어에서 바꿔 쓰기 하는 방법이다. 출발 언어이든지 목표 언어이든지 간에 관용어구의 사용은 표면 형태가 의미의 옳은 해석에 영향을 미칠 수도 있기 때문에 이 범주의 번역에서 혼란이 생기는 것 같다. 어떤 관용 어구가 제1언어에서 보다 높은 빈도로 나타날 때(예를 들어 *makan hati* (eat liver)), 제1언어 의미로부터 보다 빈도가 낮은 제2언어 형태로의 부정적 전이의 위험이 더 높아지게 된다는 것을 또한 인지해야 한다.

4. 그러나 친구들(friends)이 거짓일 수 있듯이, 또한 친구들이 진실할 수도 있다. 어떤 관용어구들은 다른 가족 구성원들에 대해 기대할 수 있듯이 완전히 다른 표면 형태를 가지지만 개념적 기반을 공유한다. 그러한 관용어구들을 '친구들(Friends)'이라고 부를 것이다. 공유된 개념적 기반은 일반적인 백과사전적 지식에서 기인한다. 예를 들어, *tong kosong* (bowels empty)은 영어 'windbag(공기 주머니)'로 번역될 것이다. 왜냐하면, 표면 단계에서 문자 그대로의 번역이 가능하지 않기 때문에, 그것은 '가방(bag)'이든 '내장(bowel)'이든지 간에 'SOMETHING WHICH IS EMPTY IS OF NO VALUE (비어있는 물건은 가치가 없다)'라는 공유된 백과사전적 지식이 있다는 것을 알 수 있다. '공백 (emptiness)'에 대한 이와 같은 원형은 *bag of hot air*(실제적 결과가 없음을 뜻함) 같은 단어들과 *empty vessels make the most sound*(빈 수레가 요란하다) 같은 속담, 그리고 이 영어 속담에 상응하는 말레이어 속담 *gendang raya bunyi deras, tak tahu dirinya berongga*(the drum makes a big sound but it doesn't know that it sounds hollow, 드럼은 요란한 소리를 내지만 공허하게 들린다는 것을 몰라)를 또한 동기화시켜 준다는 것을 알 수 있다. '친구들'이라는 이 범주의 또 다른 예는 *pickpocket*(소매치기) 인데, 비록 영어에서 관용적으로 사용된다 하더라도 말레이어로 'panjang tangan' (long arm; 긴팔)으로 번역될 수 있다. 역시 이 둘 다 부정적인 평가를 공유하고 있으며 '도둑질은 날렵한 손재주로 가능하다 (thieving is done by sleight of hand)' 라는 일반적인 백과사전적 지식이 요구된다. 이것은 우리에게 개념적 기반에 접근 할 수 있도록 하고 심지어 표면 형태가 처음에 불투명하더라도 의미를 전달 할 수 있도록 해준다. 표 5는 이 범주를 개괄한다.

표 5. 친구들

영어	빈도수	말레이어	빈도수	개념적 기반
Poke your nose into (참견하다)	0.08	Campur tangan (Mix hand) interfere	35.56	개념적 지식: 투사는 강요이다
To take something at face value(액면 그대로 받아들이다)	0.88	Maka kasar (Eye hard) To take at face value	4.04	개념적 지식: 외모는 가치를 보여 준다
A bag of hot air (실재적 결과가 없음)	0	Tong kosong (Barrel empty) A bag of hot air	–	개념적 지식: 빈 그릇은 가치가 없다
To have a loose tongue(수다스러운)	0.04	Mulut murai (Mouth sparrow) chatterbox	–	환유법: 말하기 위한 음성 기관
Pickpocket (소매치기)	0.26	Panjang tanjang (Long arm) pickpocket	–	도식의 지식: 도둑질은 날렵한 손재주로 가능하다
Tongue tied (말문이 막힌)	0.83	Berat mulut (Heavy mouth) Tongue tied	–	환유법: 음성 기관은 말하는 것을 상징 한다

번역가는 '친구들'이라는 범주에서 선택을 한다. 번역가는 번역 말 바꾸기를 사용 할 수도 있고 목표 언어에서부터 동일한 관용어구를 조사 할 수도 있다. 코퍼스는 여기에서 유용하다. 왜냐하면 번역가가 이용 가능한 높은 빈도에 있는 동등한 관용어구를 사용 하는 것이 이상적이기 때문이다. 『코빌드 관용어 사전(The Cobuild Dictionary of Idioms (1995))』은 그 것의 가장 높은 빈도 대역 내에 있는 모든 2백만 단어들 보다 두 번 이상 나타나는 관용어구들을 분류해 놓았다. 가장 낮은 빈도 대역은 백만 단

어마다 0.1 과 0.3 사이에 있고, 빈도수가 이 단계 아래로 떨어질 때 관용적인 것보다는 오히려 번역 바꾸어 쓰기의 가능성을 고려해야 한다. 예를 들어, 영어 단어 'to interfere (방해하다)'는 *campur tangan* 을 번역 할 때 동의어로 사용되는데 그 이유는 'to poke your nose into(~에 참견하다)' 가 오히려 빈도가 낮기 때문이다. 그러나 'to take something at face value (액면 그대로 받아들이다)'는 *mata kasar* 에 대한 번역으로서 사용이 보증될 만큼 충분한 빈도수를 나타내고 있다.

5. 마지막 범주는 완전히 다른 표면 형태와 다른 개념적 기반을 가진 '이방인 (Strangers)' 관용어구로 설명된다. '이방인'은 번역가에게 가장 큰 문제를 던져주는 것 같다. 왜냐하면, 관용적 형태를 목표 언어에서 이용 할 수 없기 때문이다. 예를 들면, 어느 문화에서나 원어민의 기호 체계의 일부를 형성하고 종종 어법 단위의 기초를 형성하는 일련의 관례적인 문화 특유의 몸짓이 존재한다. 영어에서는 *wring your hands*(개탄하다), *tongue-in-cheek*(놀림조의), *rub your hands*(사과(부탁)하다), *turn the other cheek*(부당한 처우를 감수하다) 등이 있다. 이러한 어법 단위가 어떻게 그 의미에 대한 완전한 바꿔 쓰기 표현을 사용하지 않고 번역 될 수 있는지 이해하기 어렵다.

　　마치 어떤 이방인에게는 직관적으로 신뢰를 느끼는 반면에 다른 이들에게는 그렇지 않은 것처럼, 번역가에게도 **투명한(transparent)** 이방인과 **불투명한(opaque)** 이방인은 구별이 되어야 한다. 일부의 관용어구들은 잠재적으로 보편적인 백과사전 지식에 기초하기 때문에 명확하다. 예를 들어, *turn your back*(네가 너의 등을 돌리다)하면 더 이상 어느 누구도 볼 수 없다는 것은 명확하다. 그래서 말레이어 화자들은 네가 더 이상 누군가를 볼 수 없기 때문에 더 이상 행동하려는 의도가 없고 따라서 '무시하다'라는 의미에 도달하게 된다는 것을 추론할 수 있다. 이와 유사하게 만약 영어 원어민 화자가 누군가의 손으로 전달되는 선물에 대한 심적 도식에 접근 할 수 있다면, 말레이어 *buah tangan* (fruit hand(과일 손))에 대해 '선물'이라는 의미를 추론 할 수 있을 것이다. 이처럼 투명성에 대한 토대를 제공하는 것은 신체 부위의 원형적 기능에 대해 우리가 가지고 있는 지식이다. 이러한 하위 범주에 속하는 관용어구에 있어서는 글자그대로의 번역이 가능하고, 그 글자그대로의 번역이 문화적 중요 특징을 유지하고 있기 때문에, 빈도가 높은 관용어구에 대해 특히 더 바람직하다.

표 6a-6b는 투명한 이방인의 예를 요약하고 있다.

표 6a. 영어의 투명한 이방인

영어	빈도수
Have your back to the wall(궁지에 몰리다)	0.06
Turn a blind eye to(보고도 못 본체하다)	1.17
Put your feet up(누워서 쉬다)	0.94
Put your finger on(단서를 잡다)	1.04
Wash your hands of(관계를 끊다)	0.67

표 6b. 말레이어의 투명한 이방인

말레이어	개념적 기반
Anak kapal(son ship) crew(승무원)	배(ship)는 부모님이다
Angkat kaki(transport foot) leave(떠나다)	동작은 육체적인 활동이다

Buah tangan(fruit hand) gift(선물)	주는 것은 생산적이다
Cakap besar(speak big) exaggerate(과장하다)	큰 것은 실속이 없다
Ringan tangan(light hand) quick to slap/strike(재빨리 때리다)	내부 기관의 구체적인 상태는 감정적인 선행지표이다

반면에 의미가 불투명한 이방인은 두 언어에서 완전하게 다른 개념
적 기반을 가지고 있는 것들이고 문화 특유의 의미의 부호화를 반영한다.
표 6c와 6d는 불투명한 이방인의 예를 개괄한다.

표 6c. 영어의 불투명한 이방인

관용어구	개념적 기반
Thumb your nose(경멸하다)	문화 특유의 몸짓
Rub your hands(사과(부탁)하다)	문화 특유의 몸짓
Tongue-in-cheek(놀림조의)	문화 특유의 몸짓
Wring your hands(개탄하다)	문화 특유의 몸짓
Find your feet(자립하다)	힘은 수직이다(upright)
Fly in the face of(무모한 짓을 하다)	얼굴은 상처받기 쉽다
In cold blood(냉정하게)	감정은 열이다
Get to the heart of the matter(핵심을 찌르다)	심장은 중심이다

표 6a-6d에서 필자는 영어의 개념적 기반을 포함했다. 그러나 인지
적 접근법으로 교육받은 말레이어 제1언어 정보 제공자를 더 광범위하게
사용하지 않는다면 6d의 말레이어 관용어구를 위한 개념적 기반을 설정
하는 것은 문제가 있는 것 같다.

'이방인'의 범주로 분류되는 몇몇 말레이어 관용어구를 고려함으로

써 '이방인'의 범주를 테스트해 볼 수 있을 것이다. 그 예로는 'to travel for leisure(여가를 위해 여행하다)'라는 의미를 가진 *makan angin*(eat wind)이 있다. 우리는 이것을 추측하지 못할 수도 있다. 그러나 *anak kepal* (son ship)을 의미하는 '승무원(crew)'은 조금 더 추측 가능 한 것 같다. '완전히 경험이 많은 사람(someone who has thoroughly experienced life)'을 지칭하는데 사용된 *Makan garam*(eat salt)는 불투명 할 지도 모르지만 *cakap besar*(speak big)은 '과장해서 말하다(to exaggerate)'를 의미한다는 것은 쉽게 추측할 수 있다. *Kaki ayam*(foot chicken) '맨발로(barefooted)' 와 *telinga nippis*(thin eared) '성급히 화내다(quick to lose one's temper)'는 불투명하다.

표 6d. 말레이어의 불투명한 이방인

말레이어	번역
Telinga nippis(thin eared)	성급히 화내다(quick to lose one's temper)
Hati sejuk(liver cool)	안도감을 느끼다(to feel relieved)
Makan garam(eat salt)	삶의 다양한 경험을 통해 박식한(knowledgeable through wide experience of life)
Kecil hati(small liver)	아픔을 느끼다(to feel hurt)
Hati perut(stomach liver)	동정심을 보이다(to show sympathy)
Kaki ayam(foot chicken)	맨발의(barefooted)
Batu api(stone fire)	문제아(trouble maker)
Makan angin(eat wind)	즐거운 여행(travel for fun)

'이방인'의 두 하위 범주사이에 있는 본질적인 구별은 우리가 보편적인 백과사전적 지식에 기초해서 의미를 접근 할 수 있느냐 없느냐, 또

는 문화 특유의 지식에 의존하느냐에 따라 이루어진다. 또한 어느 정도는 우리 삶의 주관적인 경험의 범위에 의존한다. 이방인의 일반적인 범주 안에는 투명성의 층이 다양하며, 이 범주는 문화적 상징(icon)을 찾을 수 있는 아주 풍부한 범주가 되는 것이다. 이러한 것들은 종종 빈도가 높은 관용어구이고 (비록 수치를 포함하지는 않았지만) 그래서 번역가와 언어 교사 양쪽 모두가 적절한 관심을 쏟아야 한다는 것을 주지할 필요가 있다.

4. 결론

언어는 언어학적인 현상 뿐 아니라 인지적이고 사회 문화적인 현상이다. 관용어구 번역에서 표면 형태에 의존하는 정도를 비교할 필요가 있는데, 이것은 관계된 언어에서 개념적 기반이 유사하거나 다른 정도를 비교함으로서 가능하다. 개념적 기반이 유사한 경우에, 문자 그대로의 번역은 용인가능하다. 그러나 그 토대가 다른 경우 번역은 표면 형태보다는 오히려 개념적 기반에 초점을 두어야 한다. 각기 다른 표면 형태와 각기 다른 개념적 기반을 가진 관용어구는 일반적인 백과사전적 지식을 통해서 접근 될 수 있는 정도에 있어 다양하다. 어떤 경우에, 이것은 또 다른 언어에서 비유적인 의미에 접근하기 위해 사용 될 수 있지만, 다른 경우에는 이러한 의미들은 불투명한 상태로 유지될 것이다. 심리학과 인지의 이러한 측면들은 심층구조의 단계에 있으며, 비유적인 언어에 대한 개념적(은유와 환유의) 토대를 확인하는 데에서 포착 될 수 있다.

　　본고는 어법 대조에 있어서의 코퍼스의 역할을 설명해왔다. 이러한 코퍼스는 관용어구들이 각 언어에서 발생하는 빈도수를 확립할 수 있게 해주고 우선순위를 정할 수 있게 해준다. 예를 들어, 빈도가 높은 관용어구는 이러한 중요성을 포착하는 올바른 번역을 하기 위해 번역가들의 특별한 관심이 요구된다. 또한 병렬 코퍼스가 두 언어에 의해 공유된 특정한 개념적 은유를 확인하는 것을 가능하게 해준다는 것을 보았다. 예를 들어, 'THE MATERIAL STATE OF AN INTERNAL ORGAN IS THE EMOTIONAL ANTECEDENT(내부 기관의 구체적인 상태는 감정적인 선행지표이다)'라는 개념적 은유는 두 언어에서 중요하다는 것을 보았다. 그것들은 또한 영어의 '새로운 것은 좋다(NEW IS GOOD)'와 말레이어의 '새로운 것은 나쁘다(NEW IS BAD)' 같은 문화 특유의 개념화를 확인할 수 있게 해준다. 마지막으로, 코퍼스는 중의적인 관용어구의 글자그대로의 의미와 비유적 의미의 상대적인 빈도를 확인 할 수 있게 해준다. 그러나 코퍼스는 쉽게 이용 할 수 없고 쉽게 비교될 수 있는 형태로 되어 있지 않는다는 것을 상기해야 한다. 그러한 코퍼스는 적절한 비교를 하기에 앞서 수정이 필요할 수 있다. 그러나 이 점 때문에 현재 이용 가능한 코퍼스를 확장하는 것 뿐 아니라 각기 다른 언어에 있는 적절한 코퍼스 검색을 단념하는 일이 있어서는 안 될 것이다.

감사의 말

본 필자는 그들의 코퍼스에 접근할 수 있도록 해 준 말레이시아 언어계획국(Dewan Bahasa dan Pustaka)과 '영어은행(Bank of English)'에 접근할 수 있도록 해준 코빌드사(Cobuild), 말레이시아에서 자료를 수집할 수 있도록 하는데 도움이 된 연구 기금을 제공한 영국학사원(British Academy)에 고마운 마음을 전한다.

■ 참고문헌

Aisenstadt, E. 1981. Restricted Collocations in English lexicology and lexicography. *Review of Applied Linguistics* 53: 53-61.

Barkema, Henk. 1996. Idiomaticity and terminology: a multi-dimensional descriptive model. *Studia Linguistica* 50: 125-160.

Bobrow, Samuel & Bell, Susan. 1973. On catching on to idiomatic expressions. *Memory & Cognition* 1: 343-346.

Cameron, Lynn & Low Graham (eds). 1999. *Researching and Applying Metaphor.* Cambridge: CUP.

Charteris-Black, Jonathan. 1995. Proverbs in Communication. *Journal of Multilingual Multicultural Development* 16: 259-268.

Charteris-Black, Jonathan. 2000a. Metaphor and Vocabulary Teaching in ESP Economics. *English of Specific Purposes: An International Journal* 19: 149-165.

Charteris-Black, Jonathan. 2000b. Figuration, lexis and cultural resonance: A corpus based study of Malay. *Pragmatics; Quarterly Publication of the International Pragmatics Association* 10: 281-300.

Charteris-Black, Jonathan. 2001a. Cultural resonance in Malay and English figurative phrases: the case of 'hand'. In Janet Cotterill & Anne Ife (eds), *Language Across Boundaries,* BAAL 2000 conference proceedings, Continuum Press, 151-170.

Charteris-Black, Jonathan. 2001b. Blood, sweat and tears: a corpus-based cognitive analysis of 'blood' in English phraseology. *Studi Italiani di Linguistica Teorica e Applicata* 2: 273-288.

Charteris-Black, Jonathan. 2002. Second Language Figurative Proficiency: A Comparative Study of Malay and English. *Applied Linguistics* 23(1): 104-133.

Charteris-Black, Jonathan & Ennis Timothy. 2001. A comparative study of metaphor in Spanish and English financial reporting. *English for specific Purposes: An International Journal* 20(3): 249-266.

Collins Cobuild Dictionary of English. 1995. R. Moon (ed.). London: Harper Collins.

Cowie, Anthony (ed.). 1998. *Phraseology: Theory, Analysis and Applications.* Oxford: Clarendon Press.

Cruse, David. 1986. *Lexical Semantics.* Cambridge: CUP.

Dobrovolskij, Dimitri. 1998. Contrastive Idiom analysis (Russian and German idioms in theory and dictionary). *Third International Symposium on Phraseology.* University of Stuttgart.

Fernando, Chitra. 1996. *Idioms & Idiomaticity.* Oxford: OUP.

Geeraerts, Dirk. 1989. Prospects and problems of prototype theory. *Linguistics* 27; 587-612.

Gibbs, Raymond & O'Brien, Jennifer. 1990. Idioms and Mental imagery: The metaphorical motivation for idiomatic meaning. *Cognition* 36: 35-68.

Gibbs, Raymond. 1992. What Do Idioms Really Mean? *Journal of Memory and Language* 31: 485-506.

Giora, Rachel. 1997. Understanding figurative and literal language: The graded salience hypothesis. *Cognitive Linguistics* 8: 183-206.

Glaser, Rosemary. 1988. The grading of idiomaticity as a presupposition for a taxonomy of idioms. In Werner Hullen & R Schulze (eds), *Understanding the Lexicon*, 264-279. Tubingen: Max Niemayer.

Granger, Sylviane. 1998. Prefabricated Patterns in Advanced EFL Writing: Collocations and Formulae. In Anthony P. Cowie (ed.), *Phraseology: Theory, Analysis, and Applications*, 145-160. Oxford: Clarendon Press.

Howarth, Patrick. 1998. The Phraseology of Learner's Academic Writing. In Anthony P. Cowie (ed.), *Phraseology: Theory, Analysis, and Applications*, 161-188. Oxford: Clarendon Press.

Kamus Basar Bahasa Melayu 1995 Kuala Lumpur: Utusan.

Kamus Perwira. 1998. Selangor: United Publishing House.

Katz, Jerrold & Fodor, Jerry. 1963. The Structure of a Semantic Theory. *Language* 39: 170-210

Keysar, Boaz & Bly, Bridget. 1995. Intuitions of the Transparency of Idioms: can one keep a secret by spilling the beans? *Journal of Memory and Language* 34: 89-109

Lyons, John.1995. *Liguistic Semantics*. Cambridge: CPU.

McGlone, Matthew & Glucksberg, Sam & Cacciari, Cristina. 1994. Semantic Productivity and idiom comprehension. *Discourse Processes* 17: 167-190.

Nunberg, Geoffrey, Sag, Ivan & Wasow, Thomas. 1994. Idioms. *Language* 70: 491-538.

Rosch, Eleanor. 1973. On the internal structure of perceptual and semantic categories. In TE Moore (ed), *Cognitive Development and the Acquisition of Language*, 111-144. New York: Academic Press.

Rosch, Eleanor. 1975. Cognitive Representations of semantic categories. *Journal of Experimental Psychology* 104: 192-233.

Rosch, Eleanor. 1977. Human Categorization. In I. N. Warren (ed.), *Studies in Cross-cultural Psychology*, 1-49. New York: Academic Press.

Rosch, Eleanor. 1978. Principles of Categorization. In E Rosch & B Lloyd (eds), *Cognition and Categorisation*, 27-48. Hillsdale, NJ: Erlbaum.

Sinclair, John. 1987. Collocation: a progress report. In Ross Steele & Terry Threadgold (eds), *Language Topics Essays in Honour of Michael Halliday* Vol.2, 319-331. Amsterdam: John Benjamins.

Swinney, David & Cutler, Anne. 1979. The access and processing of Idiomatic Expressions. *Journal of Verbal learning and Verbal Behaviour* 18: 523-534.

6.

핀란드 아동문학에서 비정형 구문: 번역문체의 특징은 번역 보편소의 특성과 대립하는가?

Tiina Puuritinen / 조엔수대학(*University of Joensuu, Savonlinna School of Translation Studies*)

개요 ● 본고는 핀란드어로 번역된 아동 문학과 핀란드어로 쓴 아동 문학의 통사에 관한 연구 보고서이다. 본 연구는 사보리나 번역학부(Savonlinna School of Translation Studies)에서 이루어진 대용량 코퍼스 연구 프로젝트의 일부로서 1940~1998년 사이에 출판된 핀란드 아동 서적과 영어-핀란드어 번역서에서 나타나는 비정형 구문의 빈도수와 용례를 비교하고 있다. 연구 결과는 번역의 보편적 특성의 관점에서 논의된다. 여기서 번역의 보편성이란 원래 목표언어로 쓴 텍스트보다 번역본에서 나타난다고 가정되며, 개별적인 출발언어와 목표언어의 영향과는 별개인 것으로 가정되는 언어적 특성을 말한다. 번역의 보편적 특성에 관한 기존의 가설은 단순화, 명시화, 표준화 및 구체화 등을 포함한다. 비정형 구문은 조사 대상 기간 동안의 문헌을 비교해 볼 때 원래 핀란드어로 쓴 동화보다 핀란드어로 번역된 동화에서 훨씬 더 자주 사용된다. 더구나 번역서에서 사용된 비정형 구문은 정상적인 목표언어의 의미적, 문체적, 화용적 기능으로 항상 사용되는 것은 아니다. 그러므로 비정형 구문은 핀란드 아동문학에서 번역문체의 특징으로 간주될 수 있다. 본 연구는 기존의 단순화 가설, 명시화 가설 및 표준화 가설과 상반되는 주장을 펼친다. 비정형 구문들을 사용함으로써 텍스트의 명시성이 증가하는 것이 아니라 감소하는 경향이 있으며, 어휘적으로 압축시키는 단순화와는 반대로 정보 부하(information load)를 더 높인다. 따라서 단순화와는 상반된다. 나아가, 비정형 구문을 많이 사용하면 핀란드어로 쓰여진 아동문학의 통사적 규범과는 달라지고, 결과적으로 표준화라는 번역의 보편적 특성과 일치하지 않는다. 본고는 번역에서 비정형 구문이 생기는 잠재적 이유를 고찰하고, 번역된 핀란드어의 통사 구조를 고찰할 때와 번역학 전반에서 코퍼스 방법론을 사용하는 것이 어떤 장단점을 가지고 있는지 논의한다.

1. 서론

본 논문은 비전통적인 방법이긴 하지만 대조적 연구라고 볼 수 있는 하나의 연구 결과이다. 비전통적 방법이라고 한 이유는, 대조되는 대상이 두 언어가 아니라 같은 언어로 된 두 가지 다른 유형의 텍스트 즉 처음부터 핀란드어로 쓴 텍스트와 핀란드어로 번역된 텍스트를 비교하기 때문이다. 여러 학자들 중 특히 Baker(1995, 1996)와 Toury(1980, 1995)가 주장하는 바는, 번역을 하면 어떤 목표언어로 처음부터 쓴 텍스트와 번역 텍스트를 구별 짓는 언어적 유형이 생겨나게 된다는 것이다. 번역문체의 특징인 그런 양식은 번역본에만 나타날 수도 있고, 혹은 목표언어로 쓴 텍스트보다는 번역본에서 특히 더 빈번하게 나타날 수도 있다. 번역문체 는 또한 목표 언어의 일반적인 의미, 문체, 화용 기능에서 사용되지 않는 통사적 구조와 어휘적 요소를 포함한다. 번역문체라는 용어는 본 연구에 서는 중립적 의미로 사용되며, 어떤 부정적인 내포 없이 '번역 특유의 언 어(translation-specific language)'를 의미한다(이 개념을 위해, Maruanen 1998a와 근간 연구 참고; '제 3의 코드(third code)'를 알기 위해서는 Baker 1998 참고; '중간언어'를 알기 위해 Toury 1980: 71-77 참고; '번역 특유의 어휘 항목(translation-specific lexical items)'을 알기 위해서는 Toury 1995: 206-220 참고).

본 연구는 본래 핀란드어로 쓰여진 아동 도서와 영어에서 핀란드어 로 번역된 도서에서 나타나는 복잡한 비정형 구문(NC)의 사용과 빈도수 를 고찰하고 있다. 연구의 첫 단계(Puurtinen 1995, 1997 참조)는 1940-1993년 동안 출판된 서적으로 구성되었으며, 자료의 통사적 분석은 수작업으로 이루어졌다. 제 2단계(Puurtinen 1998 참조)에서 이 연구는 사 보리나 번역학부(Savonlinna School of Translation Studies)에서 이루어진 대용량 코퍼스 연구(번역 보편소와 번역된 핀란드어: 코퍼스 자료에 대한 연구(Translation Universals and Translated Finnish: a study on corpus data))의 일부가 되었으며, 따라서 그 연구는 컴퓨터 자료 형태로 새로운 자료를 수집하고, 수작업 분석 뿐만 아니라 컴퓨터 소프트웨어를 이용하 여 작업을 수행하고 있다(연구에 관한 자세한 내용은 아래 주석 2번과 Mauranen 1998b를 참조). 아동 문학의 새로운 코퍼스는 1995년 이래로 출판된 서적으로 구성되어 있다. 현재 번역 하위 코퍼스는 유일한 출발 언어인 영어에서 번역된 번역본을 포함하고 있으나 그렇게 만들어진 코퍼스는 독일어와 러시아어에서 번역된 번역본을 포함하도록 확장될 수 있다. 그러나 번역본의 원본은 포함되지 않기 때문에 그 코퍼스는 비교 코퍼스라고 명명된다(Baker 1995).

아래에서 먼저 어떤 통사적 구조가 고찰되었는지 소개하고, 다음으로는 기존 자료와 새로운 자료 사이의 통사적 분석의 주요 결과를 요약할 것이다. 그 결과들은 언어 현상의 관점에서 논의될 것이다(Baker 1993; Toury 1991). 그러한 언어 현상들은 지금까지 번역의 보편적 특성으로 여겨져 왔던 것들인데, 핀란드어로 쓴 텍스트 보다 핀란드어 번역서적에서 더 자주 발생한다는 가설과, 그러한 현상들이 특정 출발언어와 목표언어의 영향과는 독립적이라는 가정이다(Baker 1993: 243). 마지막으로 번역학(보다 구체적으로는 인구어가 아닌 교착어이고 비인구어인 핀란드어로 번역된 번역본의 조사)에서 코퍼스 방법론의 장점과 한계를 지적할 것이다.

2. 비정형 구문

대부분의 핀란드어 비정형구문(이하 NC로 약칭함)은 대응하는 정형 구문보다 읽고 이해하기가 더욱 어렵다고 일반적으로 여겨진다. 구문의 복잡성과 빈도수 때문에 단지 4가지 NC 구문만이 본 연구에서 논의되었다. 논의된 구문은 축약절(contracted clauses), 전치수식어가 있는 분사적 속성표현(premodified participial attibutes), 제2 부정 수단격(second infinitive instructives), 전치수식어를 가지는 -minen- 명사화(premodified -minen- nominalisations)구문이다(아래 예시 1-3 참조). 모든 구문들은 등위절이나 종속절로 거의 바꾸어 쓸 수 있다. NC가 읽기 어렵고 말하기 어렵다는 것은 아동을 실험 대상으로 한 실증적 연구에서 밝혀져 왔다(Puuritinen

1994, 1995). NC가 인지적으로 이해하기 어렵다는 것은 많은 요인들로 설명될 수 있다. 첫째, NC는 아주 압축적인 형태로 많은 정보를 담을 수 있기 때문에, 정보 압축과 어휘적 압축을 증가시키는 경향이 있다 (Halliday 1976: 330-331 참조). 둘째, NC는 정형 구문보다 문법적 잉여성이 적은 것 같다. 부연하자면, NC는 명제들을 아주 집약적으로 포함할 수 있는데, 그 명제들은 접속사가 없어서 그 명제들 사이의 관계가 명시적이지 않을 수도 있다. L. Frank Baum의 오즈의 마법사(1982/1900)에 나오는 동일한 원문을 두 가지로 다르게 번역한 예시 1을 보면서 설명해 보자 (NC는 굵게 표시되어 있다).

(1) When I began chopping again my axe slipped and cut off my right leg. (Baum 1982: n.pag.)

Alettuani jälleen puunhakkuun *kirves lipesi ja leikkasi poikki oikean jalkani.* (Helanen-Ahtola 1977: 41)
(직역:'(My) having started again the wood chopping the axe slipped and cut off my right leg.')

Kun rupensin taas hakkaamaan puita, kirveeni luiskahti ja katkaisi minulta oikean jalan. (Juva 1977:40)
(직역: 'When I started again to chop trees, my axe slipped and cut off my right leg.')

첫 번째 번역에서 구문은 명사화되어 있고 시간관계에 따른 절 관계를 표시해 주는 명시적 표시어가 없는 축약문으로 시작한다. 두 번째 번역은 종속절이 있고, 그 종속절 속에 독립적인 동사와 명사가 행위를 전달하고 있다. 종속절속에는 접속사 *kun* 'when(-할 때)'으로 시작하고 있어서 시간적 관계를 명시적으로 표시하고 있다.

전치수식어구를 가진 NC는 좌분지(left-branching) 구조이며 이는 우분지 구조인 정형 구문보다 독자의 작업 기억(working memory)에 더욱 부담이 된다. 좌분지 구조에서는 어휘 항목을 예측하기가 아주 어려워진다. 번역문에서 발췌한 좌분지 전치수식어 구문(Daniel 1998: 7-8)을 보여주는 예시 2는 분사적 속성과 *-minen-* 명사화를 포함하고 있다(굵은 표시 참조).

(2) *Mandyn tehtäviin kuului* **koiratarhan ja yöpyvien hoidokkien tilojen lattian lakaiseminen.** (Kapari 1998: 7-8)

　(직역: 'Mandy's duties includes the dog kennel's and spending-the-night patients' rooms' floor's sweeping.')

행위는 동사 *lakaista* 'to sweep(청소하다)' 의 *-minen-*형으로 나타나고 있으며, 전체 구문의 핵어(head word)로서 맨 나중에 위치한다. 종속절과 함께 사용되는 대체구문으로서의 우분지 구문은 아래와 같다.

Mandyn tehtäviin kuului lakaista lattiat koiratarhassa ja tiloissa, joissa hoidettavat eläimet yöpyivät.

(직역: 'Mandy's duties included to sweep the floors in the dog kennel and in the rooms where the nursed animals spent the night.')

마지막으로, 몇몇 NC는 문법적 은유로 간주될 수 있으며, 그 문법적 은유는 유표적이며 범주 불일치의 부호화 형태이다. 행위(action)는 영어에서 무표적인 형태로 간주되는 동사로 표현되는 것이 아니라 명사나 분사적 속성 표현에 의해 이루어지고 있다(보다 정확히 개념을 알기 위해 Halliday 1986와 Ravelli 1988를 참조하고 핀란드어 텍스트에 적용사례를 보기 위해 Karvonen 1991과 Puuritinen 1993: 96-103 참조). 그와 마찬가지로, 형용사로 보통 표현되는 특성(quality) 요소들은 명사로 표현할 수 있으며, 보통 접속사로 표현되는 절사이의 관계는 비정형 동사형으로 표현할 수 있다. 예시 3은 오즈의 마법사에 나오는 같은 문장에 대한 은유적(명사적) 번역과 범주일치(정형적) 번역을 보여주고 있다.

(3) What worried her most was that the bread was nearly gone, and another meal for herself and Toto empty the basket. (Baum 1982: n.pag.)

*Eniten häntä huolestutti se, että leipä oli miltei syöty, ja **yksi Toton ja hänen itsensä nauttima ateria** tekisi siitä lopun.* (Baum 1977b: 42)
(직역: 'Most she was worried by (the fact) that the bread was nearly eaten, and one by -Toto -and-herself-eaten - meal would make an end of it.')

Eniten Dorothya huoletti se että leipä oli loppumassa, hänen ja Toton ei tarvitsist syödä kuin kerran niin kori olisi tyhjä. (Baum 1977a: 41)

(직역: 'Most Dorothy was worried by (the fact) that the bread was running out, she and Toto would not need to eat more than once so the basket would be empty.')

첫 번째 번역에서는 먹는 과정이 명사(*ateria* 'meal')로 나타나고 대상역과 절의 문법적 주어가 되는데, 이러한 분사적 속성 구문 역시 좌분지 구조이다. 직역인 두 번째 번역은 보다 직접적으로 구체적인 사건과 관련되어 있다. 즉, 행위를 하는 사람은 행위자로 실현되고, 행위는 동사로 나타나며, 그 행위의 결과(빈 바구니)는 접속사 *niin* 'so'로 표시된다. 이두 번째 번역은 우분지 구조이기 때문에 역시 독자가 이해하기 쉽다.

Halliday와 Ravelli가 말하는 범주일치(congruency)와 은유성(metaphoricalness)의 개념은 영어에 기반을 두고 있고, 따라서 다양한 어휘 문법적(lexicogrammatical) 표상들의 범주일치의 문제는 자연스럽게 개별 언어적 문제라고 보는 것이 자연스럽지만, 대응하는 핀란드어 구조에서도 유사하게 나타난다. 핀란드어에서 명사화시켜 표현하는 과정이나 행위는 상태나 사물로 응축될 수 있지만, 정형 동사에 의한 범주 일치 표현은 더 직접적으로 구체적인 사건과 관련 되는 것 같다. 아동 도서가 내용과 언어에 있어서 추상적이기 보다는 구체적인 경향을 띠고, 특히 문법적 은유는 어린이 언어 발달에서 비교적 늦게 습득되기 때문에 (Halliday 1989: 95-96), 지나친 문법적 은유는 이러한 특정 텍스트 유형 (아동문학)과 목표 그룹(아동)에 적합하지 않다.

정형 구문이 대체로 구어에서 많이 사용되는 반면, NC는 문어에서 더욱 전형적으로 나타난다. 원래 핀란드어로 쓰여 진 아동 도서에 관한 많은 언어적 연구(예: Heinonen 1985; Lappalainen 1982; Manner & Mertaniemi Ruopsa 1986; Turunen 1984)에 따르면, 그 아동 도서에서는 NC는 사용빈도가 높지 않으며, 정형 구문이 널리 사용 되고 그 사용 문장의 통사 구조는 단순하다. 지금까지 밝혀진 바로는, Puurtinen 1995 연구를 제외하고는 핀란드어로 번역된 아동 도서에 대해 이와 유사한 통사 분석을 한 경우가 없다. 새로운 번역본(그리고 핀란드어 원본)에 관한 Puurtinen의 최근 분석은 3장에서 다룬다[1]. 독자들 특히 비평가들이 원본과 번역본 아동 서적에서 기대하는 것은 비슷해 보인다. 우세 규범을 (Chesterman은 '기대 규범(expectancy norms)'이라고 함) 반영하는 책 서평에서는, 그것이 번역본이든 아니든 상관없이 아동 도서에 쓰인 복잡한 구문이 비판받고 있는 반면, 쉽게 이해할 수 있는 실제 일상 언어는 긍정적으로 평가되는 경향이 있다.

3. 핀란드어 번역본과 핀란드어로 쓴 원본에 나타나는 비정형 구문

3.1 1940-93 자료

Puurtinen (1995)은 핀란드어 원본과 영어-핀란드어 번역본에 나타나는 4가지 유형의 비정형 구문의 빈도수를 비교하기 위해, 아동 도서 80권에 대한 계량적 통사 분석을 수작업으로 실시하였다. 모든 도서는 동화나

---

1) 다른 장르에도 번역된 핀란드어에 관한 몇몇 연구가 있다. Eskola(1997)는 영어와 러시아어 문학 텍스트의 핀란드어 번역본을 분석하였고, Vehmas-Lehto(1989)는 러시아의 정기간행물 텍스트의 핀란드어 번역본을 연구했다.

공상 소설로, 7-12세 어린이를 대상으로 한 것이다. 이 도서들을 출판 시기에 따라 세 그룹으로 분류하였는데, 1940-69년에 출판된 번역본 10권과 원본 10권, 1970-85년에 출판된 번역본 20권과 원본 20권, 그리고 1986-93년에 출판된 번역본 10권과 원본 10권이다. 따라서 자료의 대부분은 1970-85년에 출판된 것이다. 이보다 앞서 또는 뒤에 출판된 것을 추가하면 통사 구조에 있어서 잠재적인 변화를 보여줄 것으로 예상했다. 각 핀란드 저자와 번역가의 작품은 한 시기에 하나만 선택한다는 점 외에는, 기본적으로 책들은 임의로 선정되었다. 이것은 결과에 대한 언어적 특이성의 영향을 혹시라도 왜곡하게 되는 경우를 최소화하기 위해서이다. 그러나 아동 문학 번역가의 수가 너무 적기 때문에, 어쩔 수 없이 두 명의 번역가들은 자료에 두 번 나타난다. 각 책에서 시를 제외한 이야기 부분과 대화 부분을 다 포함하여, 시작부터 2,000개 단어의 발췌문에 바탕을 두고 분석하였다.

핀란드 아동 문학에 관한 초기의 언어적 연구를 기초로 하여 예상한 바 대로, 원래 핀란드어로 쓴 아동 도서에는 NC가 자주 사용되지 않는다는 결과가 나온다(표1 참조). 그러나 세 가지 번역 샘플들은 모두 현재 핀란드어 원본보다 NC를 더 많이 사용하고 있음을 알 수 있다. 특히 중간 기간인 1970-85년에서 그 차이가 더 크다. 번역 샘플에 사용된 NC의 평균 총수는 핀란드어 샘플의 두 배가 된다(49.25 : 24.55). 놀랍게도 1986-93년의 수치는 핀란드어로 쓴 원본과 핀란드어 번역본에서 NC의 사용 정도의 차이가 점점 없어지고(비록 1986-93년의 샘플 간의 차이가 여전히 두드러지지만) 원본에서도 번역본에서 만큼 많은 NC가 사용되는 것으로 보인다. 그러나 이것은 샘플의 양이 적다는 점에서 너무 대담한 결론일지도 모른다. 그러므로 1995-98년의 새로운 자료는 원래 핀란드어로 쓴 아동 문학과 번역된 아동 문학의 최근 경향의 단서로서 상당히 흥미를 끈다.

3.2 1995-98년 자료

새로운 조사 자료는 사보리나 번역학부(Savonlinna School of Translation Studies)[2]에서 편찬한 용량이 더 큰 번역 핀란드어 코퍼스(Corpus of Translated Finnish)의 일부이다. 이 코퍼스는 여전히 컴파일링 중이기 때문에, 현재 이용 가능한 샘플의 크기는 유감스럽지만 작고 균형이 맞지 않다. 번역된 아동 문학 하위 코퍼스의 크기는 304,000단어(책 13권)이고, 핀란드어 하위 코퍼스의 크기는 135,000단어(책 8권)이다. 목표로 하는 독자의 연령은 7-12세로 이전 자료와 같다. 그러나 장르는 더 다양하다. 이전 자료가 동화와 공상 소설에만 국한된데 비해, 새 코퍼스는 공상, 탐정 소설에서 소녀들의 책과 실화에 이르기까지 모든 종류의 아동 소설을 포함하고 있다. 물론 이러한 장르의 차이가 예문들을 비교하는데 영향을 미칠 수도 있으나, 코퍼스를 신속하게 보강하려면 범위를 더 넓혀서 아

---

2) 번역 핀란드어 코퍼스(Corpus of Translated Finnish)는 비슷한 시기에 출판된 비슷한 유형의 핀란드어 번역본과 원래 핀란드어로 쓴 텍스트로 구성되어 있다(Mauranen 1998b). 이 코퍼스에는 원본은 포함되어 있지 않으며, 번역본의 출발 언어는 영어와 독일어 그리고 러시아어이다. 텍스트는 성인 소설, 아동 소설, 학문적 문헌의 세 장르로 나눌 수 있다. 이런 특정 장르를 선택한 것은 부분적으로는 프로젝트에 참여한 연구자들 특유의 관심사 때문이고, 부분적으로는 수집한 텍스트는 믿을만한 것이어야 하고 출판된 것이어야 한다는 보다 일반적인 코퍼스 설계 기준 때문이다. 그리고 이 텍스트는 1995년부터 그 이후로 출판된 것이다(몇몇은 예외). 이 코퍼스는 텍스트 샘플 대신 전체 텍스트로 구성되어 있다. 번역본은 아마추어나 번역 전공 학생이 아닌 전문 번역가의 작품이다. 더군다나 위상(높이 평가됨), 영향(많은 독자가 있음), 그리고 전형성 (상당히 많이 번역됨)의 관점에서 문화적으로 두드러진 번역본 종류에 집중하는 것이 목표이다. 이 코퍼스의 현재 크기는 550만 단어이며, 목표 크기는 1,000만 단어이다.

동 문학 하위 코퍼스가 더 다양해지도록 해야 한다. (나중에 다양한 하위 장르로 세분화 될 것이다.)

조사된 현상의 본질 때문에 또한 텍스트를 통사적으로 구문분석 (parsing)하지 않았다는 사실 때문에 또 다른 문제가 야기 되었다. 이론상 으로, 컴퓨터 소프트웨어는 전자 코퍼스를 빠르게 분석할 수 있다. 그러 나 이번의 경우, 검색되는 구문은 상당히 넓은 범위의 격 어미와 인칭 접 미사를 가지고 있어, 워드스미스툴(WordSmith Tools) 컴퓨터 프로그램으 로 찾으면 뜻밖의 자료를 지나치게 많이 얻게 되는데, 전체 코퍼스를 수 작업으로 찾는 것 보다 이런 자료를 삭제하는데 더 오랜 시간이 걸린다. 그러므로 전체 아동 코퍼스에서 모든 -minen 명사화 표현들을 검색하기 위해 워드스미스툴(WS Tools)을 사용하여 적당한 수준으로 시험해보는 것과는 별도로, 대부분 분석을 다시 수작업으로 실시하였다.

이번의 수작업 분석은 각 책에서 두 가지의 2,000개 단어 발췌문을 기반으로 하였는데, 한 번은 이전과 같이 시작부에서 2,000개의 단어를 발췌하고, 또 한 번은 중간부에서 2,000개의 단어를 발췌하였다. 목표는 첫째, 더 많은 수의 샘플을 확보하는 것이고, 둘째, 한 소설의 다른 부분 들이 문체가 다를 수 있기 때문에, 잠재적으로 문체가 다를 수 있는 텍스 트를 포함하자는 것이다. 그러나 비정형 구문에 있어서는 각 책의 시작 과 중간 부분이 어느 정도 같았다. 그 결과는 1970-85년 자료의 결과와 유사하다(표1 참조). 즉, 번역본 샘플에 나타난 NC의 평균 총수(43.15)가 핀란드어로 쓴 원본에서(26.56) 보다 훨씬 더 높았다. 1986-93년 자료에서 드러났듯이, 핀란드어 원본에 NC가 더 많이 나타나는 경향이 여기서는 나타나지 않는다. 그렇지만, 코퍼스에 포함된 핀란드어 원본의 범위가 좁 기 때문에 현재의 결과는 불확실한 것으로 보고 신중하게 판단해야 한다.

확장된 코퍼스에서 얻을 수 있는 또 다른 관찰, 혹은 가설은 비정형 구문의 사용 정도에 있어서 번역된 아동 문학과 그렇지 않은 아동 문학 간의 차이뿐 아니라, NC의 빈도수도 하위 장르에 상관없이 유사하다는 것이다. 예를 들어 실제 이야기보다 동화와 공상 소설에 언어적으로 더 생소하고 어렵고, 더 다양한 어휘가 나타난다 하더라도, 최소한 현재의 자료에는 그것의 통사 구조가 아동 문학의 다른 하위 장르의 통사 구조와 현저하게 다르다는 증거는 없다.

전체 아동 번역 코퍼스와 핀란드어 코퍼스에서 선행 수식어가 있는 -minen 명사화 표현을 컴퓨터를 이용하여 찾는 것은 비교적 쉽다. 왜냐하면 이 특정 형태에 대한 각기 다른 어미(ending)의 범위는 넓지 않기 때문이다. 그럼에도 불구하고, 필요 없는 단어의 양이(예: ihminen 'a human being(인간)'과 같은 보통 명사와 Salminen과 같은 평범한 핀란드인의 성) 엄청나다. 조사 결과, 앞에서 수식하는 -minen 명사화 표현이 핀란드어 코퍼스에서는 140개 그리고 번역 코퍼스에서는 281개였다. 그러나 두 코퍼스의 크기가 다르다는 점을 고려해 보면, 빈도수는 거의 같다고 할 수 있다. 조사된 4가지 비정형 구문 유형 가운데서 -minen 명사화 표현이 가장 적게 사용되었고, 이 낮은 빈도수 때문에 한 언어를 '번역문체'라고 부르기에는 불충분하다. 그러나 이러한 구문이 번역본에서 보통과는 다른 기능으로 사용될 수 있고, 선행 수식어의 수는 핀란드어로 쓴 원본에서 보다 더 많다(위의 예 2와 같음). 이것은 분사의 속성 표현을 가진 구문에도 똑같이 적용되는데, 번역본에서 동사의 분사 형태 앞에 오는 수식어의 수는 종종 3개 또는 4개인데 반해, 번역본이 아닌 경우는 거의 1개이다. 다시 말해, 번역본에서 좌분지 구조가 핀란드어 원본에서 보다 더 빈번하게 사용될 뿐 아니라 더 길고, '더 복잡하다. 요약하면, NC의 빈도수 특히 복잡한 NC의 빈도수가 높다는 것은 핀란드 아동 문학에 나타나는 번역문체의 특징으로 볼 수 있다.

표 1. 네 가지 시기별 핀란드어로 된 책과 영어-핀란드어 번역책에서 뽑은 2,000단어에 나타난 네 가지 비정형 구문의 평균수

	핀란드어 원문	영-핀 번역본	차이	t	p
1940-1969 (n = 10+10)	18.7	35.4	16.7	3.26	p < 0.01
1970-1985 (n = 20+20)	24.55	49.25	24.7	21.68	p < 0.001
1986-1993 (n = 10+10)	40.4	47.1	6.7	3.39	p < 0.01
1995-1998 (n = 8+13/16+26: 각 책에서 2개씩 추출)	26.56	43.15	16.59	3.64	p < 0.001

3.3 번역문체가 생기는 이유

핀란드어로 쓴 아동 문학과 핀란드어로 번역된 아동 문학 사이에서 나타나는 통사적 차이를 가져오는 것으로 보이는 잠재적인 요인은 현재 추측만 할 뿐이다. 출발 언어의 형태나 구조에 형식적으로 해당되지만 다른 분포나 기능을 가질 수 있는(Toury 1980: 74) 목표 언어의 대응 형태나 구조를 (의도적 혹은 비의도적으로) 사용하는 것은 번역에서의 NC의 높은 비율을 설명해 줄 수 있다. 영어의 현재 분사(-*ing*)를 예로 들면, 형식적으로 핀란드어의 제 2 부정 수단격(instructive)의 대응어로 번역되곤 한다. 원본이 코퍼스에 포함되어 있지 않아서, 이 설명을 입증할 수는 없다. 그러나 형식적인 대응어 설명이 번역에 있어서 나타나는 복잡한 현상을 모두 설명할 수는 없을 것이다(어떤 원본-번역본 비교 연구(Puurtinen 1995)에서 번역본의 NC 가운데 30%만이 원본의 형식적인 대응어를 갖고 있었다). 때로는 영어의 우분지 구조가 자동적으로 핀란드어의 좌분지 구조나 (축약절 같은) 복잡한 NC로 대체되며, 독자층인 어린이들의 읽기 능력이 불완전한데도 불구하고 그러한 번역 언어가 나타나고 있다. 게다가 NC가 매우 자주 나타나는 것은 아마도 아동 문학 뿐 아니라 핀란드어로 번역된 글에서 볼 수 있는 전반적인 특징일지도 모른다. 성인용 소설에 대한 Eskola(1997)의 연구에서 나타난 결과도 본고와 비슷하다. 성인용 소설의 경우 원래 핀란드어로 쓴 것보다 번역된 것에서 NC가 눈에 띌 정도로 더 자주 나타났다.

　NC를 사용하는 단점을 생각하기 보다는 장점을 우선시해야 할 것 같다. NC는 많은 양의 정보를 나타낼 수 있는 산뜻하고 간결한 표현이며, 그래서 번역본이 (예를 들면 원본에만 포함되어 있는 것을 명시적으로 만들고자 하는 필요성 때문에) 원본보다 더 길어지는 경향을 적절히 균형 잡아줄 수 있는 방법 중 하나이다. NC는 복잡한 구조 때문에 독자를 머뭇거리게 하거나 말을 더듬게 해서 역효과를 내기도 하지만, 소리 내어 읽기 쉽도록 아동 도서에 특정한 리듬을 만들어주는 방법으로 여겨지기도 한다. 반면에, 종속절은 바로 이해하기에 더 쉽지만, 너무 많이 사용하면 단편적인 스타카토 리듬을 만들어 낼 수 있다.

　번역에서 NC를 사용하는 이유가 무엇이건, 이 연구 결과는 번역의 보편적 특성에 관한 최근 가설 중의 일부와는 모순되기 때문에, 그 최근 가설의 차원에서 보면 흥미롭다.

4. 번역의 보편적인 특성

번역의 보편적 특성에 관한 가설에는 단순화, 명시화, 표준화(normalisation) 그리고 구체화가 포함되는데(Laviosa-Braithwaite 1995) 이는 부분적으로 는 중복되고 심지어 모순되는 범주들이다. 지금의 맥락과 관계된 위 네 가지 외에도, 다른 가설들이 있다. 번역에서의 반복을 피하려는 경향, 특 정 어휘 항목들의 사용(Gellerstam 1996 참조) 혹은 목표 언어에서는 전 형적으로 사용되지 않으나 번역본에서 자주 사용하는 문법 구조들의 사 용과 같은 가설들이 있다. 번역문체의 이러한 특징들은 표준화 가설과는 모순이 된다.

단순화 가설이 의미하는 바는 번역되지 않은 목표 언어 텍스트의 언어보다 번역본의 언어가 (어휘적으로나 통사적으로) 더 단순하다고 추 정된다는 것이다. 단순화의 지표는 보다 좁은 영역의 어휘라고 할 수 있 는데, 더 좁은 영역이란 말은 타입(type)-토큰(token) 비율(즉, 텍스트 안에 서 사용되는 단어의 숫자에 대한 서로 다른 단어의 숫자 비율)이 더 낮다 는 것이다. 또 다른 단순화 지표는 번역에 있어서 정보 부하가 더 낮은 수준이라는 것이다. 정보 부하가 텍스트의 어휘 밀도(텍스트 전체에서 사 용된 단어 수에 대한 (문법적 항목과 대비되는) 어휘적 항목의 비율)에 따라 올라가는 것 같기에, 어휘 밀도가 더 낮다는 것은 번역이 단순화되 었다는 증거로 여겨질 수도 있다. 사실 Laviosa-Braithwaite(1996)의 연구 결과는 이 가설을 뒷받침해준다. 그들의 영어로 된 번역본(translational English) 코퍼스는 영어로 된 비번역본(non-translational English) 코퍼스 보다 더 낮은 어휘 밀도를 갖고 있었다. 통사적 단순화의 예는 종속 접속 보다 등위 접속을, 비정형절보다는 정형절을 더 많이 사용하는 번역자의 경향을 포함하고 있다(Vanderauwera 1985). 그러나 본고의 연구 결과는 부분적으로 이 가설과 모순이 된다. 번역된 아동용 도서는 전반적으로 비정형 구조보다 정형 구조를 더 많이 가질 것 같지만, 원본의 정형절을 목표 언어의 NC로 대체하는 일이 자주 일어나는 것은 번역을 단순화하는 것이라고 볼 수는 없다. 게다가 NC는 어휘 밀도를 높이고 정보 부하를 늘리는 경향이 있다.

명시화(explicitation) 가설은 번역본들이 목표 언어의 원문보다 더 명시적인 경향이 있다고 주장한다. 번역가들은 전치사 같은 문법적 항목들을 반복하고 어휘적 반복을 과도하게 사용하여, 그 결과 대명사 사용이 줄어드는 경향이 있는 것 같다(Laviosa-Braithwaite 1995 가설). 한편, NC는 어떤 텍스트에서 부분적이기는 하지만 명시성을 높이는 게 아니라 줄이는 경향이 있다. NC에 접속사가 없는 탓에 명제들 간의 관계는 불명료한 채로 남게 된다.

세 번째 가설은 표준화(때로는 관례화나 보수성으로 명명됨)로 언급되는 목표 언어의 전형적인 특징을 과장하는 것과 관계되어 있다. Laviosa-Braithwaite가 언급했듯이(1995: 155-156), 이러한 특징은 Toury(1995: 268)의 '변환의 법칙'이나 '점증하는 규격화(standardization)의 법칙'으로 공식화될 수 있다. 그 법칙들에 따르면 '번역을 할 때, 원문 속의 문맥적 관계는 [목표 체계]가 제공하는 습관적인 선택 사항들을 위하여 수정되는 경우가 종종 있으며 때로는 완전히 무시당하기도 한다.' Baker(1996)는 표준화(normalisation)는 문법성, 전형적인 구두법, 연어 유형에서 뚜렷하게 나타난다고 했다. 그래서 번역본은 비번역본보다 다양한 식으로 더 무표적이고 관례적이라고 추정할 수 있다. 표준화의 증거는 Malmkjaer(1998), Toury(1980, 1995), Vanderauwera(1985)가 제공했다. Malmkjaer의 연구 결과는 출발언어인 덴마크어 텍스트는 규범을 어기는 표현이 있는데도, 단일한 덴마크어 원본(앤더슨(H. C. Andersen)의 이야기)에 대한 다양한 영어 번역본의 경우, 대부분 관례적인 어휘 표현을 따른다는 것을 보이고 있다. Toury(1980: 130, 1995: 102-112)는 히브리어의 특징인 이명식(binomial)이 히브리어 원문보다 히브리어 번역에서 더 자주 쓰인다는 것을 알게 되었다. Vanderauwera는 특이한 심상과 단어를 사용하는 네덜란드 소설들이 영어 번역에서 문맥적으로 더 관례적인 표현으로 되는 경향이 있다는 것을 알게 되었다. 표준화되는 정도는 원본의 위상에 영향을 받는 것 같다. 예를 들어 매우 가치 있는 고전문학은 음식의 조리법이나 기계 설명서와 같은 정도로 표준화되지는 않는다. 아동 문학이 고전과 같은 정도의 위상에 이르는 경우는 흔치 않으므로 표준화가 일어나리라고 기대할 수 있다. 표준화를 가져오는 또 다른 요소라면, 아이들이 이상하고 익숙하지 않은 표현이나 구조 등을 어른들만큼 참고 읽어내지 못한다는 사실이다. 그럼에도 불구하고 핀란드어 아동 소설에서 번역문체의 표시로서 비정형성을 나타낸다면, 표준화 가설과 앞뒤가 맞지 않는다. 그것은 목표 언어의 아동 문학에 적용되는 통사적 규범에서 벗어나기 때문에 '비규범적'이며 관례적이지 않다.

마지막으로 번역의 보편적 특성 가운데 구체화 가설은(명시성의 한 형태로 볼 수도 있음) 번역 상에서 구체적인 단어의 빈도가 더 높고, 다의어가 쓰일 경우 그 다의어가 추상적인 의미보다는 구체적인 의미로 더 자주 나타나는 것을 보면 분명한 것 같다. 독자로 하여금 설명되고 있는 구체적 사건이나 과정으로부터 거리를 두게 하는, 비전형적이고 보다 추상적인 형태의 부호화, 즉 문법적인 은유로서 NC를 생각할 수 있다면, NC를 자주 사용하는 것은 심지어 이 가설과도 상반된다. NC를 사용한 예들이 모두 이런 효과를 갖는 것은 아니지만, 아동용 도서에서 문법적 은유는 전반적인 추상 개념의 수준이라고 볼 수 있을 만큼 그렇게 많지는 않은 것 같다. 다른 세 가설의 관점에서 볼 때, 본고의 연구 결과는 번역 행위에서 기대하는 것들과 분명히 충돌한다.

5. 코퍼스 기반 연구의 장점과 한계

전자 코퍼스는 언어학에서 널리 사용하고 있으며, 번역학 내에서는 용어 컴파일링과 기계 번역 분야에서 일상적으로 사용되고 있다. 그러나 기술 번역학에서는 코퍼스가 상대적으로 새로운 연구 방법론이다. 최근의 META 특별호(Laviosa 1998 편집)에서는 번역 코퍼스에 관한 이론적 논의와 실증적 연구를 통합하면서 번역학에 있어서의 이 새로운 접근법을 조망하고 있다(단일 언어 비교 코퍼스 설계에 대하여 Laviosa 1997 참조). Baker(1993, 1995, 1998)는 번역 텍스트의 본질에 대한 실증적 연구를 위하여 유망한 도구로 코퍼스를 사용하는 것을 옹호해 왔다. 전통적인 수작업 코퍼스에 비해서 코퍼스 방법론이 갖고 있는 가장 눈에 띄는 장점은 대량의 재료를 빠른 속도로 분석할 수 있다는 점이다. 그렇게 전례 없이 광범위한 재료들을 분석함으로써 번역학 내 연구의 주요 대상 가운데 하나로 여겨져 온 번역 규범에 관한 더욱 믿을 수 있는 정보를 얻을 수 있게 될 것이다(Chesterman 1993; Delabastita 1991; Hermans 1991; Toury 1995). 더욱이 번역의 보편적 특성에 대한 가설을 검증하기 위해서는 대용량 코퍼스가 꼭 필요하다. 그러나 번역의 보편적 특성이 구체적으로 나타나 있는 언어적 특징을 정확하게 정의하는 것은 어려울지도 모른다. 이러한 언어적 특징들은 부분적으로는 그 언어나 문헌의 유형에 따라 달라지는 것 같다. 예를 들어 NC는 핀란드어에서 복잡해서 단순하지 않은 특징을 갖는 경향이 있다. 그러나 다른 언어에서도 다 그런 것은 아니다.

번역하는 동안 생길 수 있는 응집성이나 관념 또는 텍스트 유형의 변화 등과 같은 매크로 구조적 특징은, 일반적으로 사용되는 기본 작업인 단순 콘코던스 프로그램으로는 접근할 수가 없기 때문에 무시당하기도 한다(병렬 코퍼스의 단점에 대한 논의는 Malmkjaer 1998 참조). 어떤 컴퓨터 프로그램은 문장, 문단, 심지어 텍스트 정도의 길이를 갖는 문맥까지도 접근이 가능하지만, 콘코던스 프로그램 상에서 그 찾는 단어와 문장이 출발점이 됨으로써 매크로 구조적 현상에 대하여 연구자들의 주목을 받지 못하고 있다. 쉽게 생각해낼 수 있고 정량화할 수 있는 특징들만 연구한다는 함정에 빠지지 않으려면 코퍼스 방법론이 갖고 있는 여러 제한들을 고려해야만 한다. 핀란드어의 NC는 자동적으로 쉽게 검색되지 않는 언어의 유형에 해당하는 좋은 예이며, 이 구문은 후속 연구에서 간과될 수 없는 번역문체의 중요한 특징으로 판명되었다.

그 한계에도 불구하고, 코퍼스 기반 접근법은 기술 번역학 뿐 아니라 다른 관심 분야에도 도움이 되는 것으로 보인다. 본고에서 개괄했던 연구는 우선 번역, 특히 문학 번역의 본질에 대하여 새로운 정보를 만들어 내어 번역 이론에 이바지하고, 둘째, 핀란드어로 번역된 책에서 특별한 특징을 찾아내 핀란드어 연구에 이바지하고, 셋째, 번역이 원래의 목표 언어 텍스트와는 다르게 어떤 방식으로 잘못 이루어지고 있는지를 밝혀 번역가 훈련 개발에 이바지하리라고 기대된다. 연구의 자료가 비록 아동 문학으로 구성되어 있지만, 전체는 아니더라도 일부의 연구 결과물과 결론은 전반적으로 연구와 훈련에 어느 정도 관련성을 갖는 것 같다.

■ 참고문헌

아동문학(Children's literature)

Baum, L. Frank. 1982/1900. *The Wizard of Oz*. New York: Galahad Books.

Baum, L. Frank. 1972a. *Ozin velho*. Transl. Kersti Juva. Helsinki: Otava.

Baum, L. Frank. 1977b. *Oz-maan taikuri*. Transl. Marja Heanen-Ahtola. Hämeenlinna: Karisto.

Daniels, Lucy. 1998. *Mäyrä mummilassa*. Transl. Jaana Kapari. Helsinki: Tammi.

연구문헌(Research literature)

Baker, Mona. 1993. Corpus linguistics and translation studies - implicatioins and applications. In Baker, Mona, Gill Francis and Elena Tongini-Bonelli (eds) *Text and techninology: in honour of John Sinclair*, 233-250. Amsterdam, Philadelphia: John Benjamins.

Baker, Mona. 1995. Corpora in translation studies: an overview and some suggestions for future research. Target 7(2):223-243.

Baker, Mona. 1996. Corpus-based translation studies: the challenges that lie ahead. In Somers, harold (ed.), *Terminology, LSP and translation: studies in language engineering in honour of Juan C. Sager*, 175-186. Amsterdam: John Benjamins.

Baker, Mona. 1998. Réexplorer la langue de la traduction: une approche par corpus. In Laviosa, Sara (ed.), 480-485.

Chesterman, Andrew. 1993. From 'is' to 'ought': laws, norms and strategies in translation studies. *Target* 5(1): 1-20.

Chesterman, Andrew. 1997. *Memes of Translation: The Spread of Ideas in Translation Theory*. Amsterdam, Philadelphia: John Benjamins.

Delabastita, Dirk. 1991. A false opposition in translation studies: theoretical versus/and historical approaches. *Target* 3(2): 137-152.

Eskola, Sari. 1997. *käännössuomen syntaktisia ominaispirteitä - autenttisten ja suomennettujen teosten vertailua.* Unpublished MA thesis. Tampere: University of Tampere.

Gellerstam, Martin. 1996. Translation as a source for cross-linguistic studies. In Aijmer, Karin, Bengt Altenberg and Mats Johansson (eds.), *Languages in contrast.* Papers from a symposium on text-based cross-linguistic studies, Lund 4-5 March 1994. 53-62.

Halliday, Michael A.K. 1986/1985. *An Introduction to Functional Grammar.* London: Edward Arnold.

Halliday, Michael A.K. 1986/1985. *Spoken and Written Language.* Oxford University Press.

Heinonen, Päivi. 1985. *Lauseenvastikkeiden sekä modaali - ja agenttirakenteiden käytöstä lastenkirjallisuudessa.* Unpublished MA thesis. Jyväskylä: University of Jyväskylä.

Hermans, Theo. 1991. Translational norms and correct translations. In van Leuven-Zwart, Kitty M. and Ton Naaijkens (eds), *Translation Studies: The State of the Art,* 155-169. Amsterdam, Atlanta: Rodopi.

Karvonen, Pirjo. 1991. Kieliopillinen metafora ja sen vaikutukset tekstissä. In Lehtinen, Tapani and Susanna Shore (eds), *Kieli, valta ja eriarvoisuus.* Esitelmiä 18. Kielitieteen päiviltä, 149-165. Helsinki: University of Helsinki.

Lappalainen, Marita. 1982. *Syntaksin piirteitä 199-luvun alun ja 1970-luvun lastenkirjallisuudessa. (Kvantitatiivinen ja vertaileva analyysi.)* Unpublished MA thesis. Tampere: University of Tampere.

Laviosa, Sara. 1997. How comparable can 'comparable corpora' be? *Target 9(2):* 289-319.

Laviosa, Sara. 1998. (ed.) *L'approche basée sur le corpus/The corpus-based approach.* (A special issue of META 43(4)). L'Université de Montréal.

Laviosa-Braithwaite, Sara. 1995. Comparable corpora: towards a corpus linguistic methodology for the empirical study of translaton. In Thelen, Marcel and Barbara Lewandowska-Tomaszczyck (eds), *Translation and meaning Part 3.* Proceedings of the Maastricht Session of the 2nd International

Maastricht-Lodz. Duo Colloquium on 'Translation and Meaning', 153-163. Maastricht: Hogeschool Maastricht.

Laviosa-Braithwaite, Sara. 1996. *The English Comparable Corpus (ECC): a resource and a methodology for the empirical study of translation.* Unpublished PhD thesis. Manchester: University of Manchester Institute of science and Technology.

Malmkjaer, Kirsten. 1998. Love thy neighbour: will parallel corpora endear linguists to translators? In Laviosa, Sara (ed.), 534-541.

Manner, Teija and Seija Mertaniemi-Ruopsa. 1986. *1980-luvun alun lasten kertomakirjallisuuden kerronnan kieli.* Unpublished MA thesis. Oulu: University of Oulu.

Mauranen, Anna. 1998a. Form and sense relations as seen through parallel corpora. In Teubert, Wolfgang, Elena Tognini-Bonelli and N. Volz (eds), *Translation equivalence.* Proceedings of the Third European TELRI Seminar, October 16-18, 1997, Montecatini Terme, Italy, 159-174. Mannheim: Institut für Deutsche Sprache.

Mauranen, Anna. 1998b. Käännössuomi ja kääntämisen universaalit (='Translational Finnish and translation universals') Project plan. Savonlinna School of Translation Studies: Mimeo.

Mauranen, Anna. 1993. Will 'translationese' ruin a contrastive study? *Languages in Contrast.*

Puurtinen, Tiina. 1993. Kieliopiliset metaforat lastenkirjojen suomennoksissa. *Virittäjä* 4: 546-563.

Puurtinen, Tiina. 1994. Dynamic style as a parameter of acceptability in translated children's books. In Snell-hornby, Mary, Franz Pöchhacker and Klaus Kaindl (eds), *Translation Studies: An Interdiscipline*, 83-90. Amsterdam, Philadelphia: John Benjamins.

Puurtinen, Tiina. 1995. *Linguistic Acceptability in Translated Children's Literature.* Joensuu: University of Joensuu.

Puurtinen, Tiina. 1997. Syntactic norms in Finnish children's literature. *Target* 9(2):

321-334.

Puurtinen, Tiina. 1998. Syntax, readability and ideology in children's literature. In Laviosa, Sara (ed.), 524-533.

Ravelli, L.J. 1988. Grammatical metaphor: an initial analysis. In Steiner, Erich H. and Robert Veltman (eds), *Pragmatics, Discourse and Text: Some Systematically-inspired Approaches*, 133-147. London: Pinter.

Toury, Gideon. 1980. *In Search of a Theory of Translation.* Tel Aviv: The Poter Institute for Poetics and Semiotics, Tel Aviv University.

Toury, Gideon. 1991. What are descriptive studies into translation likely to yield apart from isolated descriptions? In van Leuven-Zwart, Kitty M. and Ton Naaijkens (eds), *Translation Studies: The State of the Art*, 179-192. Amsterdam, Atlanta: Rodopi.

Toury, Gideon. 1995. *Descriptive Translation Studies and Beyond.* Amsterdam, Philadelphia: John Benjamins.

Turunen, Seija. 1984. *Suomalaisten satujen lauserakenteista ja sanaluokkajakaumasta luettavuuden kannalta.* Unpublished MA thesis. Joensuu: University of Joensuu.

Vanderauwera, R. 1985. *Dutch Novels Translated into English:* The Transformation of a 'Minority' Literature, Amsterdam: Rodopi.

Vehmas-Lehto, Inkeri. 1989. *Quasi-correctness: A Critical Study of Finnish Translation of Russian Journalistic Texts.* Neuvostoliittoinstituutin vuosikirja no. 31. Helsinki: Neuvostoliittoinstituuti.

VIII

범언어적 도구와 응용

1.

병렬 콘코던스 작업과 그 운용

Philip King / 버밍햄대학(*The University of Birmingham*)

개요 ● 본고에서는 두 가지의 윈도용 콘코던스 프로그램인 패러콘크 (Paraconc)와 멀티콘코드(Multiconcord)를 상세하게 기술하고 비교한다. 그리고 실제적이고 잠재적인 일련의 적용 방법에 대하여 논의한다. 이 적용 사례는 번역 행위에 대한 연구, 이중 언어 사전 편찬법에 대한 뒷받침, 대조 문법 연구, 학습자와 번역 훈련생을 위한 자료 설계 등을 포함하고 있다.

1. 서론

지금까지 문헌에는 많은 병렬 콘코던스 프로그램이 보고되어 왔다(Gale & Church 1993, Johansson et al 1996, King & Woolls 1996, Barlow 1998). 본고는 그 가운데 두 가지에 대하여 (상업적으로 이용 가능할 뿐만 아니

254   대조 언어학과 번역학의 코퍼스 기반 방법론 연구

라 연구와 교육적인 용도를 위해서 특별히 설계된 것) 좀 더 상세하게 기술하고 그 저자와 프로젝트 참여 동료들이 다양하게 운용한 내용을 기술한다.

2. 콘코던스 프로그램들

윈도용 패러콘크(Paraconc)는 Barlow(1998)가 기술했던 것으로 두 언어가 쌍을 이루어 문장 콘코던스를 제공한다. 사용자는 언어, 검색하는 언어의 문맥 크기, 찾아낼 수 있는 최대한의 인용문과 자료의 시작과 끝을 알리는 구분 문자를 정의하고, 텍스트를 선택하고, 검색 단어를 입력할 수 있다. 와일드 카드를 사용할 수도 있는데 사용자 정의도 가능하다. 검색 결과는 두 개의 창으로 나타나는데, 맨 위의 창은 검색 언어의 콘코던스가 들어 있고 찾는 항목이 강조된 글자꼴로 되어 있으며, 아래의 창은 목표 언어에서 해당하는 문장이 들어 있다. 그것은 서유럽어 글꼴을 사용하기 위하여 설계되어 있으므로, 즉, 독일어, 불어, 스페인어, 포르투갈어나 스칸디나비아어보다 식별 기호가 더 복잡하지 않은 언어라면 사용 가능하다.

멀티콘코드(Multiconcord) 역시 윈도 프로그램으로 원래 링구아 유럽연합(Lingua European-Union)이 재정을 지원하였고 Francine Roussel의 감독 아래 낸시2대학(Université Nancy)이 주도한 프로젝트를 위하여 David Woolls가 만들었다. 이 프로젝트에서는 원래 검색 언어나 목표 언어 모두에서 문장 콘코던스를 제공하기 위하여 다중 언어 병렬 콘코던스 프로그램이 도구로 제공될 예정이었다(여기서 목표 언어는 콘코던스화된 쌍의 다른 한 언어를 가리키는 것이고 검색 언어나 목표 언어 중 하나는 원본이거나 번역본이라는 것에 주목하기 바람. 또한 두 번역을 같은 원문의 다른 언어로 서로 검색하는 것도 가능함). 링구아 프로젝트를 위하여 개발된 그 프로그램은 현재 유럽 연합의 공식 언어인 덴마크어, 네덜란드어, 영어, 핀란드어, 불어, 독일어, 이탈리아어, 포르투갈어, 스페인어, 스웨덴어를 연구의 대상으로 삼는다. 그리스어를 제외한 이 언어들은 모두 같은 윈도 글꼴('서유럽어')을 사용하고 있다. 그러므로 패러콘크 (Paraconc) 프로그램에서처럼, 강세 부호가 있든 없든 이들 언어의 문자만을 쓰는 다른 어떤 언어도 자판이나 스크린에 바르게 표시될 것으로 보인다. 아프리칸스어(Afrikaans)나 말레이어, 줄루어는 수정을 요하지 않는 언어 예들이다. 게다가 키릴어, 중앙 유럽어, 발트어 글꼴이나 이들이 혼합된 것을 인식하고, 잠재적으로 수백 쌍의 언어들을 제공할 수 있는 다른 버전들이 만들어져 오고 있고 중국어에 대한 실험적 연구가 수행되어 오고 있다.

표 1. 패러콘크(Paraconc)와 멀티콘크(MULTICONC)의 주요 특성 비교 (사용 언어들에서 '원칙적으로'라고 나타난 특징은 인식된 파일 이름에 제한이 있을지도 모르기 때문이다.)

	패러콘크(Paraconc)	멀티콘크(MULTICONC)
텍스트 준비	평범한 텍스트 파일, 문장 정렬	평범한 텍스트 파일, 최소한의 활자 지정, 문단 정렬
사용 언어들	원칙적으로 윈도용 서유럽어 폰트에서 모든 언어가 사용 가능	원칙적으로 서유럽어 폰트 더하기 그리스어에서 모든 언어가 사용 가능하고 키릴어, 동/중앙 유럽어, 발트어 버전도 사용 가능
화면 표시	언어 당 창 한 개	병렬 또는 하나씩 띄운 문장이나 문단
인용문 분류	있음	있음
프로그램 내에서 인용문 편집	없음	있음(원하지 않는 항목 삭제)

시험 문제 출제	없음	있음
저장 가능한 세팅	있음	없음
출력	텍스트 파일/고속 인쇄	텍스트 파일/하나씩 띄우는 인쇄 또는 병렬 단 나누기

텍스트를 준비하는 과정은 다른 데서 상세하게 기술되지만(King & Woolls 1996), 간단히 보자면 다음과 같다. 요구하는 언어로 된 어떤 텍스트의 단순 텍스트 파일은 각 프로그램 패키지의 한 부분으로 제공되는 민마크 실행(minmark.exe) 프로그램을 사용하여 최소한으로 마크업(mark up)된다. 마크업은 텍스트 표지의 시작과 끝에 삽입되는 것으로, 각 문단의 시작에 표지 <p>, 각 문장의 시작에 표지 <s>를 삽입한다. <s> 표지를 약간 조정할 필요도 있는데, 그 프로그램은 세미콜론, 온점, 물음표, 느낌표, 그리고 괄호와 구두점의 결합을 포함한 여러 가지의 구두 표지를 문장 표지의 끝으로 인식하기 때문이다. 그 프로그램은 다양한 언어에서 가장 일반적인 축약형을 나타내는 온점을 잘 인식하지만, 문장의 최종 끝이 아닌 온점만 모두 나타내는 목록을 만들 수는 없다. 독일어나 다른 언어들을 예로 들면, 서수는 숫자 뒤의 온점으로 나타나고 어쨌든 잠재적으로 문장의 끝이 될 수도 있는 것이다.

출력 파일에는 그 출판 파일 언어에 해당되는 파일명 확장 부호가 주어진다. 그리하여 말하자면 pickwick.en, pickwick.fr, pickwick.ru라는 파일명이 픽익페이퍼스(Pickwick Papers; 챨스 디킨스의 소설 제목)의 영어, 불어, 러시아어 번역본을 나타낼 수도 있다. 멀티콘코드(Multiconcord) 프로그램이 무조건적인 문단 정렬에 의존하기 때문에 이것들은 원문과 비교하여 점검받아야 하며, 필요하다면 적절한 자리에 <p> 표지를 넣고 빼는 것으로 조정된다. 예를 들어 어느 언어의 책 중의 한 장이 빠진 경우에는 정렬을 유지하기 위하여 때로는 빈 문단들을 삽입할 필요가 있었다.

프로그램의 첫 화면에서는 사용자가 언어의 쌍을 선택하도록 인도하고 그 쌍에 사용 가능한 파일의 목록을 만든다. 하나 혹은 그 이상의 검색 단어들을 입력할 수 있으며 와일드 카드를 사용하면 명사든 동사든 모든 어미의 격, 성, 수의 변이형을 다 보여줄 수 있기 때문에 표제어의 형태론적 변이형을 간편하게 검색할 수 있어 특히 동사 활용이 있는 언어에 유용하다. 문맥 단어(context word)를 자세하게 표시할 수 있다.

그림 1. 멀티콘코드(Multiconcord) 검색 화면

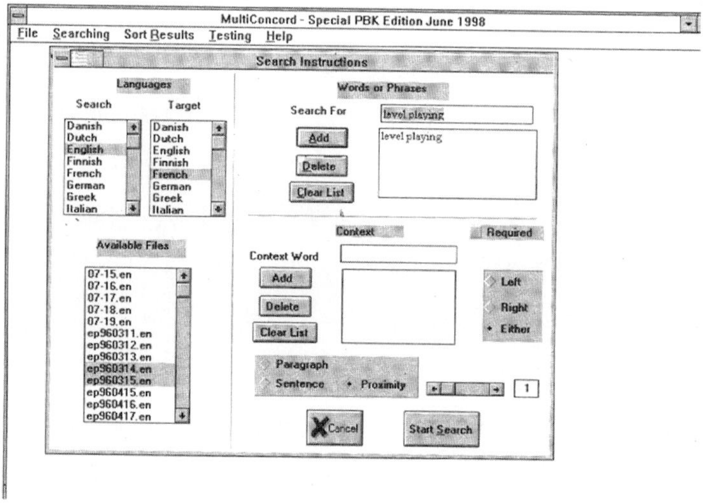

검색의 결과는 키워드, 이웃한 단어, 혹은 사용자에 의해 정의된 범주 등에 따라 분류되며, 각 문장의 쌍이나 각 문단의 쌍을 한 번에 볼 수

있다. 원하지 않는 항목은 삭제할 수 있고 쌍들의 결과 설정은 빈 칸이 없는 쌍으로 저장되든지 아니면 다양한 방식으로(키워드 빈칸, 특정한 순서에 해당되는 칸 빈우기, 확정지을 수 있는 길이보다 더 길거나 짧은 단어 전부 빈칸 등등) 빈칸이 있는 상태로 저장될 수 있다.

그림 2. 멀티콘코드(Multiconcord) 결과 화면

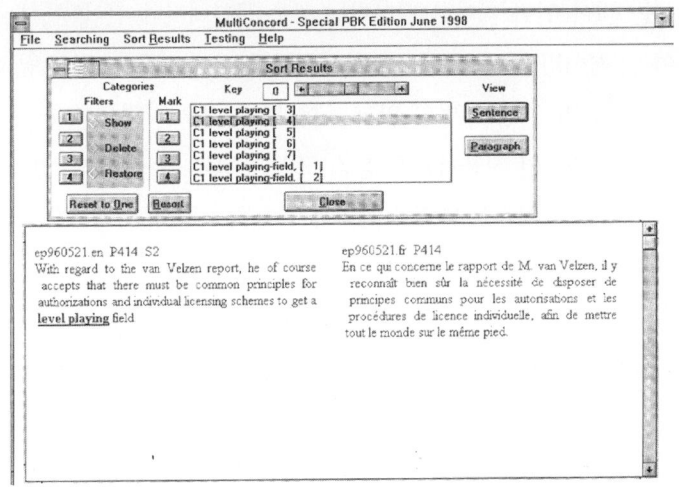

문단들이 위의 설명대로 정렬되면, 프로그램은 항상 대응하는 문단을 찾을 것이고 목표 문단에서 완전히 일치하지 않는 경우에는 서로 어긋났다는 것을 의미하고 따라서 재편집을 해야 할 필요성이 제기된다. 그런데 프로그램은 각 문단 안에서 방대한 숫자를 되풀이하여 처리하고 문단 안에서의 상대적인 크기를 재고 이것을 문장의 숫자와 비교함으로써 대응하는 문장을 찾으려 한다. 그리하여 한 문장 당 두 문장이나 심지어 세 문장의 대응을 찾을 수도 있게 된다.

전체적인 성공률은 85-90% 사이에 있다. 두 가지 유형의 짝 불일치 오류가 생길 수 있다. 우선 문장을 보여주는 부분에서, 그 안에 있는 문단의 상대적인 길이와 문장의 수가 전혀 다르다면, '문단 부분을 확인하라'는 메시지가 나올 수 있다. 두 번째로 그 둘 간의 관계가 크게 다르지 않다면, 그 프로그램은 이웃한 문장을 찾아내고 적절한 짝으로 제시할 것이다. 보다 긴 문단에서는 잘못된 짝이 나타날 기회가 더 많다. 정보를 배열하는 것이 언어 짝마다 달라지는 짧은 문장에서와 같이, 특히 검색 항목이 끝 쪽이라면 더욱 그러하다. 전형적인 예는 이른바, 두 병렬 텍스트에 'he said'가 직접 화법의 앞과 뒤에 각각 나오는 경우이다.

경험에 의하면 사용자들은 종종 고민할 필요 없이 100% 만족스러운 답을 소프트웨어에서 얻기를 기대하기 때문에 이러한 제한을 어느 정도는 지적하기로 했다. 그게 그렇지가 않다는 사실은 부분적으로 소프트웨어의 한계로 보일 지도 모르지만, 불일치하는 짝은 종종 정보의 재구성이나 정보 생략/삽입 또는 어느 분량의 번역 전환(translation shift)을 강조하고 있다.

문단을 정렬해야 한다는 요건과, 동일한 정보가 문단의 비슷한 부분에서 발견될 것이라는 기대가 있기 때문에 이러한 기대를 충족시키지 못하는 텍스트는 적당하지 못할 수도 있다. 두 가지 사례를 들면, 첫째, 다른 것은 몰라도 독일어와 불어 번역 편집본이 있기 때문에, 우리의 코퍼스에 『사이언티픽 아메리칸(Scientific American)』 잡지의 기사를 넣으려는 의도를 가졌으나, 정렬을 비교하는 작업을 시작하니, 많은 문단에서 정보가 동일하지 않고, 한 언어의 논점들이 다른 언어에서는 많이 확대되거나 축소될 수도 있다는 것이 명백하며 그 때문에 하나의 버전은 사실상 다른 하나의 요약이 되기도 했다. 또한 이러한 현상이 많은 문단으로 확장되어 나타날 수도 있기 때문에, 문단 정렬을 시도하는 것이 의미 없게 되었다. 두 번째, Baker(1992, 31-32)가 보고했듯이, 『시간의 역사(A Brief history of time)』의 그리스어 번역본은 책의 일부가 그 소프트웨어를 위한 우리의 초기 시험용 코퍼스의 일부였는데, 버트란트 러셀(Bertrand Russell)에 대한 일화 대신에 『이상한 나라의 앨리스』에 나오는 대체로 비슷한 내용으로 교체하고 있다. 이렇게 벗어난 정도는 그 자체로 충분히 연구할 가치가 있는 현상이다. 그러나 사용자가 그런 현상이 일어나는 문장이나 문단을 정확히 지적할 수 있다는 사실과는 별도로, 이 도구는 이러한 일탈 때문에 원하는 사항에 대한 심화 연구에 적합하지 않다. 검색 도구가 단어 수준에서 작동하기 때문에, 번역이 원문에서 얼마나 일탈할 수 있는지를 깨닫지 못하는 상대적으로 숙련되지 않은 사용자들은 그 프로그램이 찾아낸 '대응짝'에 대해 당황해 할 수도 있다. 마지막 제한점으로 지적되어야 할 점은 번역본의 문단 나누기는 무조건적인 정렬을 위하여 상당량 재구성되기도 하기 때문에 이 소프트웨어를 사용하기 위하여 수정된 코퍼스라면 어느 것이든 번역본에서 문단 구조를 비교하도록 허용되어서는 안 된다는 점이다.

2.1 출력

패러콘크(Paraconc)와 멀티콘크(Multiconc) 둘 다 알파벳순 분류나 키워드 분류를 허용하는데, 멀티콘크는 사용자 정의 범주에 의한 분류와 콘코던스 라인 편집도 가능한다. 패러콘크 출력은 하나씩 띄워진 짝으로 된 콘코던스의 형태로 되어 있는데, 그 콘코던스는 텍스트 파일 형태로 저장할 수도 있고 인쇄할 수도 있다. 멀티콘코드(Multiconcord) 출력은 평범한 텍스트일 수도 있고 시험용 자료를 만들기 위하여 빈 칸 만들기로 수정될 수도 있다. 그것은 병렬 단(혹은 칸)이나 하나씩 띄워진 텍스트로 저장이나 인쇄가 가능하다. 이제 그러한 프로그램이 사용될 수 있는 다양한 사용법의 예를 보자. 필자가 이 소프트웨어를 사용하는데 익숙한 관계로, 예시는 멀티콘코드를 사용한 예로 주어진다. 그러나 그 절차가 다소 다르긴 해도, 원칙적으로 패러콘크도 또한 이러한 운용 프로그램에 대한 도구의 기능을 할 수 있다.

3. 운용

3.1 언어 학습자를 위한 자료 설계

오프라인 콘코던스를 사용해서 자료 설계를 하는 예 하나가 특히 눈에 띈다. 나의 동료 Tim Johns는 소위 말하는 상호 학습(reciprocal learning)을 위한 자료를 고안했고(Johns 1997), 그것을 시험 가동하기 위한 실험 분반을 구성했다. 그 수업은 여러 쌍의 학생들이 참가했는데 각 쌍에 속한 구성원들은 각각 다른 언어의 학습자였다. 익히 알려진 문제시되는 학습 사항들에 대한 예는 편집된 콘코던스에서 제시되며, 아울러 그에 따른 연습 문제와 함께 주어진다. 이러한 사항들에는 가정법을 필요로 하는 접속사와 불어에서 *dont*(영어 whose에 해당)를 사용하는 예, 독일어에서 *schlimm*(나쁜)과 *schlecht*(나쁜) 사이의 의미와 연어 관계의 차이, 영어에서 *carry out*(수행하다)이 갖는 연어의 범위 등이 포함된다. 다른 언어가 기능하는 방식에 대해 각 쌍에 속한 구성원들은 무엇인가를 배울 것이 있다. 예를 들면, 영어를 배우는 불어 화자는 *carry out*이 많은 불어 어휘항목을 포함하고 있다는 것을, 불어를 배우는 영어 화자는 *carry out*에 한 마디로 딱 들어맞는 불어 대응 어구는 없다는 것을 배울 수도 있을 것이다. 짝을 이룬 그 학생 쌍은 연습문제를 함께 연구하고 서로에게 자료 제공자로 역할하며 교사는 각 쌍들을 지도하거나 후속 토의를 이끌 수 있다.

실제로 나타나는 자료에 의존한다는 점이 여기서 중요하다. 자료 의존적 학습을 뒷받침하는 이론에 대해서는 Johns(1991)를 참조할 수 있다. 학습자가 언어 학습이라는 목적을 위해서 진짜 자료를 대면해서 얻는 이득과는 별도로, 콘코던스 접근법을 사용함으로써 학생들에게 자료의 패턴과 경향에 주목하도록 권장할 수 있다. 학생들을 위한 일반적인 '연구' 질문은 'X는 어떤 상황에서 Y에 대응하고 어떤 상황에서 Z에 대응하는가?' 등이 될 수 있다.

두 번째 예는 다중 언어 콘코던스 접근법을 가장 먼저 이용한 예들 중의 하나로, 버밍햄(Birmingham) 대학교에서 작문 과정을 이수해야 하는 그리스어 연구생들을 대상으로 필자가 만든 것이다. 초기에 이 학생들의 작문을 검사했을 때 나타난 문제점 중에는 다소 주장과 권유를 과장하는 방식으로 조동사를 사용하는 경향이 있었다. 즉, *would*와 *should*를 사용하기 보다는 *will*과 *must*를 사용하는 것이다. 원래 영어 텍스트와 그리스어 번역본을 사용하여 *would*의 영어-그리스어 콘코던스를 준비해 두었다. 그리고 영어 *would*가 그리스어의 단순 미래에 대응하거나 혹은 *must*의 양상적 의미에 상응하는 어구에 대응하는 비교적 많은 사례에 대해 연구와 토론이 중점적으로 이루어졌다. 형식적으로 그리스어가 조건 형태를 가지고 있고, 그 조건 형태에 대해 영어 문법과 유사한 사용에 관한 진술을 그리스어 문법들이 하고 있다. 그러나 그것의 화용적 의미는, 예를 들면 미래 사건이 그 이전의 미래 사건을 전제할(contingent) 때 혹은 가정의 수용을 전제로 할 때, 대개 영어 *would*가 그리스어 단순 미래에 상응한다는 점이다. 학생들이 학습하고 토론할 수 있도록 유인물은 간단하게 영어와 그리스어 문장들을 나란히 짝을 지어 구성했다. 텍스트가『시간의 역사 (A brief history of time)』이고 그 학생들이 19세기 그리스 문학을 전공함에도 불구하고, 학생들은 *would*를 πρ∂πει(*must*)로 번역하여 자연스러운 그리스어가 되는 범위와, 논리적으로 확장하여 그리스어의 *must*와 똑같은 화용적 효과를 내기 위해 *would*가 어떻게 특정 상황에서 자연스러운 영어에 사용되는지 그 범위를 매우 분명하게 알고 있었다.

이 두 경우 모두에서 본고는 사실상 언어 간의 특정한 기능을 실현하는데 있어 차이점들을 여실히 보여주기 위해 번역가의 행동을 이용하고 있다. 여기에 위험이 따를 수도 있지만(번역가의 행동이 얼마나 표준적인가를 어떻게 알 수 있는가라고 의문을 표시했던 Malmkjaer (1998)의 관점을 참조하시오), 만약 본고의 결론을 위한 토대로서 **패턴**이라는 용어를 사용한다면, 패턴의 출현 빈도라는 말이 함축하는 어느 정도의 확정성이 존재한다.

3.2 번역가 훈련을 위한 자료 설계

일반적으로 콘코던스 프로그램을 사용하면 일련의 문자열로 나타낼 수 있는 현상은 모두 검색하는 것이 가능해진다. 이 프로그램을 사용함으로써 중요 사항을 설명하기 위한 예를 제시하는 것이 용이해 진다. 이 프로그램 사용의 두 가지 장점은 비교적 풍부하게 예를 얻을 수 있다는 점과, 그것들이 자연스럽게 사용하는 실제 언어 샘플이라는 점이다. 어휘에 중점을 두는 것이 권장되지만, 이를 통해서 의미가 얼마나 문맥 의존적인가를 알게 된다. 필자는 MA 번역 워크숍(다양한 제1언어(L1)를 사용하는 학생들로 구성)을 위해 유인물을 만들었는데, 그것은 학생들이 문맥에 어울리게 번역할 수 있도록 여백이 남겨진 약 20개의 *keep* + *-ing* 동사 형태 인용문으로 구성되었다. 학생들 스스로의 번역이 아니더라도, 그들의 번역을 번역가들이 다양한 언어로 번역한 것과 비교해 볼 수 있다. 번역을 비교함으로써 예를 들면, 재어휘화(*don't stop doing something*)와 상응하는 *keep on doing something*)가 이 경우에 전략적으로 사용될 수 있는 범위와, 다른 경우에도 확장하여 사용될 수 있는 범위를 명확히 알 수 있다.

3.3 번역가 행동

콘코던스 프로그램을 통한 코퍼스 접근법은 번역학과 관련된 조사를 하기에는 다소의 잠재적 문제가 있다는 점을 Malmkjaer(1998)는 지적하고 있다. 특히 일반적으로 병렬 텍스트는 단일 원본과 각각의 많은 언어로의 단일 번역본으로 나타난다는 점을 생각해 보자. 그러면 단일 원본에 대한 수많은 번역을 비교해보면 번역가가 선택할 수 있는 것이 정말로 다양하다는 것을 알 수 있고 좋은 예들이 여러 가지 방식으로 많이 만들어 질 수 있다는 점을 참작해 볼 때, 어떤 주어진 병렬 텍스트에서 번역가의 보다 특징적인 번역과 보다 '표준적인(normal)' 번역을 어떻게 구별할 수 있을까?

쌍으로 된 두 언어 텍스트들을 검색할 수 있는 콘코던스 프로그램을 이용하여 일반적으로 여러 언어들을 교차하여 검색할 수 있다. 그러나 반드시 이렇게 되어야 할 프로그램 상의 제약은 없다. 즉 사용자가 어떠한 언어에 어떠한 텍스트라도 지정할 수 있으며, 콘코던스 프로그램은 대응하는 문장을 찾는 일을 수행하게 된다. 몇 개의 파일에 적절하게 새로운 이름을 붙이면 안 될 이유가 없으므로 같은 출발 언어 텍스트의 다른 목표 언어 번역본들에 대해 일련의 검색이 수행될 수 있다. 또는 원본으로 지정된 하나의 목표 언어 번역본에 대해서도 일련의 검색을 할 수 있는데, 그 검색은 번역본으로서 지정된 다른 것과의 직접적 비교를 위한 것이다. 여기서 한 발 더 나아가, 같은 출발 언어 텍스트의 학생 번역본들을 같은 방식으로 처리해서, 언제라도 직접적으로 비교할 수 있을 것이다.

반면, 여러 언어로 된 텍스트의 대용량 코퍼스를 검토해 보면 번역가 행동에 대한 흥미로운 의문점들이 제기된다. 링구아(Lingua) 프로젝트의 일환으로, 본고는 1996년 유럽 의회의 회의록 전집(proceedings)을 구했으며, 그것은 그 당시 유럽 연합의 9개의 공식 언어로 되어 있다(덴마크어, 네덜란드어, 영어, 불어, 독일어, 그리스어, 이탈리아어, 포르투갈어, 스페인어 - 핀란드어나 스웨덴어는 아님). 단지 일부가 표시되었음에도 불구하고 이것은 여전히 약 80 메가바이트에 달한다. 한 언어로 된 일일 회의록인 각 텍스트 파일은 원본과 번역본이 섞여있다. 쉽진 않지만, 어떤 문장의 출발 언어를 확인하는 것은 가능하다. 부분적으로는 교육학적인 목적으로 은유와 관용어구의 번역을 찾기로 하고, 일일 회의록에서 영어로 된 이런 번역이 있는지를 찾아, 이들을 모든 언어 속에 나타나는지를 추적하고, 출발 언어를 확인한 후, 다른 날의 회의록을 뒤져 이러한 표현의 예를 더 찾았다. 모든 예들을 찾는다고 하는 것은 불가능한데, 이것은 많은 관용어구와 그 변이형들이 다양한 어휘 항목이 들어갈 수 있는 통사적 틀(들)로 구성되어 있기 때문이다. 이것의 고전적인 예로 영어의 'one sandwich short of a picnic(이상한 사람)' 표현의 변이형을 들 수 있는데, 이것의 틀은 '수+명사1+short of+명사2'이고, 명사1은 일종의 명사2의 구성 요소이다. *short*를 검색해보면 비관용어구의 비율이 상당히 크게 나타난다. 특히 유심히 살펴본 한 예는 *level playing field*(공평한 경쟁의

장)로, 토론에 사용되는 영어 목표 언어 기고문에는 나타나지 않는 것이다(유럽 의회의 이탈리아 회원이 다른 방식으로 이탈리아어 기고문에 영어 표현을 사용했던 한 예는 제외). 이용 가능한 텍스트들에서 이것의 예가 약 6개 있었다. 각 언어의 변이형의 양을 보면 번역가들이 이용 가능한 대응 관용 어구를 하나만 알고 있는 것이 아님을 알 수 있다. 비록 언어 내에 그리고 교차하는 언어들 간에 어떤 일관성이 있는 것 같고, 심지어 어떤 의미에서는 어떤 특정 언어에서 차별적 선호도가 있긴 하다. 그 차별적 선호도가 언어나 혹은 언어의 규범에 기인하는 것인지 혹은 번역가의 개인적인 선호도에 기인하는 것인지는 앞으로 밝힐 필요가 있다.

표 2. 8개 언어에 나타나는 'level playing field' 표현의 대응 어구.
    (1996년 유럽 의회 토론 자료)

영어 출발언어 'level playing field'	Da	Nl	Fr	De	Gr	It	Po	Es
전체 인용구	6	6	7	7	6	6	6	6
'level playing field'(형태 변화없음)	0	0	0	0	0	1	0	0
(playing) field	0	0	3	1	0	0	1	3
rules (of the game)/game	0	0	1	1	1	0	1	3
foot, footing	0	0	1	0	0	0	2	0
conditions/chances/opportunities	3	5	1	1	4	3	1	
Ausgangs-(basis, position, 등)	0	0	0	4	0	0	0	0
harmonising	2	0	0	0	0	0	0	0
'action space'	0	0	0	0	0	2	0	0
equal/same/like (형용사)	4	5	1	2	6	0	0	4
fair/just/equitable (형용사)	0	0	3	1	0	2	0	1

3.4 사전 편찬

다중 언어 코퍼스와 콘코던스 접근법의 기능 중 하나가 사전 등가성 (dictionary equivalence)의 개념을 확장할 수 있다는 것은 코퍼스 연구에서 평범한 사실이 되고 있다. 이 접근법으로 제시되는 대응 어구의 범위는 사전에서 나타내고자 하는 것 보다 훨씬 더 넓다. 왜냐하면 일부 대응 어구들은 상당히 문맥 의존적이기 때문이다(예를 들어, *dis-huit*를 6시로 번역하는 것은 번역가가 24시간 시계를 12시간 체계로 바꾸는 경우에서만 나타난다). 그럼에도 불구하고, 이중 언어 코퍼스는 일반 이중 언어 사전을 만들기 위한 연구 토대가 되기 시작했다.

여기서 본고는 어떻게 병렬 콘코던스 작업이 현재 사전의 범위를 뛰어 넘는 대응 어구를 제시하는가를 보여줄 뿐만 아니라, 비록 임시적이지만 검색 결과물이 체계적이어서 발전된 사전 편찬에서 사용될 수 있는 중요한 무언가를 갖고 있는 것처럼 보이는 두 예를 제시한다. 영어와 불어 텍스트와 그들의 번역본에 대한 소용량 코퍼스를 사용하여 영어 단어 *still*을 검색해본 결과 105개의 인용구가 나왔고 다음과 같이 분류할 수 있다.

6: 다양한 종류의 의미: 정물화(still life)(3), 스틸사진(still)(≠movie) 카메라(camera)(1) 포함.

7: 부동(immobile)의 의미를 가진 표현인 *immobile*(부동의)(3), *sans bouger*(움직이지 않는)(3) *immobilité*(부동)(1) 포함.

8: 대조나 양보의 의미를 가진 표현인 *malgré tout*(그래도)(3)), *cependant*(그러나)(1), *néanmoins*(그럼에도 불구하고)(1), Ø(2) 포함.

84 시간적인 의미를 가진 표현인 *encore*(다시, 여전히)(47), Ø(16),

toujours(항상, 영원히)(13) 동사(예: *continuait à*)(5) 포함.

여기서 시간적인 의미로 사용되는 경우 영(zero) 형태의 사용 빈도가 아주 높다는 것이 주목할 만하다. 이것은 출발 언어로서의 불어와 목표 언어로서의 불어 둘 다에 만연해 있다. 이러한 사실을 볼 때, 통상적으로 번역가가 영어로 번역할 때 (부사를) 삽입한 경우와 번역가가 불어로 번역할 때 통상적으로 개별 어휘항목으로 (부사를) 번역하지 않은 경우 둘 다의 경우라는 것을 알 수 있다. 그러면 이런 것이 체계적인지 임의적인지가 문제가 된다. 이것은 철저한 연구로서 의도된 것이 아니므로, 일부의 인용구의 경우 예를 들어 *subsister*(존속하다, 남아있다)가 *still exist*(여전히 존재하다)의 대응어구로 번역되는 번역의 규칙성을 제공해 주고 있다는 주장 정도만을 할 수 있을 것 같다. 이를 증명하고 *still*을 생략하거나 삽입하는 다른 문맥을 확립하기 위해서는 더 많은 연구가 필요하다. 그러나 다중 언어 콘코던스 접근법을 사용하여 문제를 제기하고 해답도 제시해 왔다. 주목해야 할 것은 사전의 속성은 어휘적 대응 어구를 가장 쉽게 제시한다는 점인데, 그렇기 때문에 비록 사전에서 대응 어구로서의 특정 단어 사용의 연어 제약을 어느 정도 명시하지만, 영 대응 어구에 대해서는 규칙적인 경우라 할지라도, 거의 그러한 연어 제약을 명시하는 경우는 거의 없다.

이중 언어 사전 편찬 적용 사례의 두 번째 예는 그리스어와 관련하여 설명할 수 있다. 그리스에서 단일 언어 사전 편찬이 현대 언어의 두 중요한 사전 출판과 더불어 최근 상당한 진전을 보였지만, 영어-그리스어 이중 언어 사전 편찬은 전혀 진전이 없으며, 여러 출판사의 영어-불어, 영어-독일어 등의 대형판에 필적할 만한 사전 편찬이 없었다. 평균적으로, 표제어의 수도 더 적고, 각 표제어에 담겨있는 정보도 훨씬 더 적다. 이것은 그 사전의 등가성 설명이 권위 있는 것으로 보이지 않는다는 것을 의미한다. 왜냐하면 그 사전은 어떤 의미적 가능성을 암시할 뿐이기 때문이다(반면 순진한 사전 사용자는 그 사전이 상응하는 용법에 대해 규범적인 설명을 하는 것으로 여길 것이다).

그리스어 단어 δηλαδή /ðiladí/는 'that is (to say), namely(다시 말해)'라는 주석을 갖는다. 그것의 한 기능은 설명을 나타내는 것으로, 흔히 선행 용어를 확장한 형태이다. 예를 들어, 유럽 의회의 토론에서 가져온 문장 'Τέλος, ένα σχόλιο για το τέταρτο θέμα, δηλαδή τις άδειες ικανότητας και τα πτυχία του ιπτάμενου προσωπικού'는 문자 그대로 'Finally, a comment on the fourth topic, that-is, the licences of—capability and the qualifications of—the flight personnel(마지막으로 네 번째 주제 즉 비행승무원의 면허 다시 말해 능력과 자격에 관한 언급)'로 해석할 수 있다. 이 시점에서 영어 번역은 'finally, a comment on the fourth issue, flight crew licensing(마지막으로 네 번째 문제인 비행승무원의 자격요건에 관한 언급)'으로 해석된다. 두 언어에서, 'issue'라는 단어는 그 주제가 무엇인지를 설명하는 후속 구에 의해 확장된다. 영어에서, 'i.e.'와 같은 표지를 삽입하는 것도 가능하지만, 이런 표현의 전형적인 통사 메커니즘은 쉼표이며, 동격구가 뒤 따른다. 그리스어에서는 전형적으로 그러한 확장을 표시하기위해 δηλαδή를 사용한다. 번역을 전공하는 그리스 학생들에게 δηλαδή에 대한 그리스어와 영어 병렬 콘코던스로 구성된 자료를 제공한 한 번역 워크숍에서 쉼표가 본고의 자료에서 가장 빈번하게 사용되는 대응 어구 중의 하나임을 알 수 있었다.

이전에 인식하지 못했던 등가성의 관점에서 볼 때, 할 수 있는 것이 두 가지 있다. 하나는 일반적인 사전 편찬에 그러한 검색 결과물을 설명적 예들과 그러한 대응어가 작용하는 문맥에 대한 약간의 설명과 함께 삽입하는 것이다. 다른 하나는 학생들이 그들의 사전의 가장자리에 메모를 하고 주석을 달아 확장하도록 장려하는 것이다. 두 번째 과정은 학생들이 사전을 최종적인 것이 아니라 개선할 수 있는 자료로 여기도록 가르칠 수 있다는 장점이 있다.

3.5 문법 연구

언어 내부의 연구를 위한 자료를 제공하기 위해 콘코던스 프로그램을 사용한 예로 Kenning(1998)의 흥미로운 설명이 있다. 그녀는 다음의 문장들을 고찰한다.

(i) As Piere had not arrived, I left without him.

　　　Comme Pierre n'était toujours là, je suis partie sans lui

(ii) As I could not find my book, I left without it.

　　　Comme je n'arrivais pas à trouver mon livre, ????

Kenning은 불어 원어민들이 무생물 선행사와 함께 *lui*(역자 설명: 영어 him에 해당)를 잘 사용하지 않는 것에 주목한다. 학습자를 위한 문법책들은 이런 사항들을 고려하지 못하고, 대신 *il*(역자 설명: 영어 he에 해당)과 *elle*(역자 설명: 영어 she에 해당)가 사람 또는 사물을 지시할 수 있다는 점을 지적하는데 더 치중하고 있다. 그러한 경우에 어떤 일이 생기는지에 대한 서술은(항상 부연 설명(reformulation)을 하고 있는가? 그런 예시들을 특정 문체에서 불 수 있는가?) 불명확하다. 영어에서 *it*의 예시를 검색하기위해 콘코던스 프로그램을 사용할 수 있으며, 그것을 통해 상응하는 불어 번역을 할 수 있게 된다. Kenning의 목적에는 이런 인용구들 중 다수가 관련이 없었지만, 다소간의 예들은 관련성이 있었다.

만일 이런 접근법이 어떻게 그 특징이 영어의 불어 번역본에 작용하는가를 조사하는데 한정된다면, 이를 번역 행동을 연구하는 것으로 간주할 수 있을 것이다. 그러나 이것은 (불어 출발언어 텍스트에서 *lui*에 대한 단일 언어 콘코던스와 자료를 마무리함으로써) 불어 전반에서 나타나는 특징을 다루거나 양방향으로 번역을 관찰하기(영어로 번역하지 않거나 다른 언어를 영어로 번역한 텍스트와 비교해 볼 때, 불어를 영어로 번역한 텍스트에 '전치사+무생물을 지시하는 *it*' 표현이 적게 나타나는가?) 위한 연구 단계에 있어서는 단지 작은 발판에 불과하다.

4. 결론

본고는 다중 언어 콘코던스가 언어에 대한 언어학적 연구나 번역가 행동에 관한 많은 연구에서 어떻게 유용한 도구가 될 수 있는지를 보여주는 것이 목적이다. 본고에서 다루는 범위가 결코 논의의 끝이 아니다. 콘코던스 프로그램이 언어나 번역의 특정 관점과는 무관하며 콘코던스의 사용에 한계가 있음을 명심하는 것이 중요하다. 그러나 분명한 것은 이렇게 비교적 초창기에는 그것의 잠재력이 실현되기도 힘들며, 또한 완전히 이해되지도 않고 있다.

■ 참고문헌

Baker, Mona. 1992. *In Other Words.* London, Routledge.

Barlow, Michael. 1998. Investigating form and meaning using parallel corpora. In Teubert, Wolfgang et al(eds) *TELRI Proceedings of the Third European Seminar: Translation equivalence.* The TELRI Association - Institut für deutsche Sprache, Mannheim - Tuscan Word Centre: 13-28.

Gale, W. and K. Church. 1993. A program for aligning sentences in bilingual corpora. *Computational Linguistics* 19(1): 75-102.

Johansson, Stig, J Ebeling & K. Hofland 1996. Coding and aligning the English-Norwegian parallel corpus. In Aijmer, K., B. Altenberg & M. Johansson (eds) *Languages in contrast: Papers from a symposium on text-based cross-linguistic studies.* 87-112

Johns, Tim. 1991. Should you be persuaded - two examples of data-driven learning materials. In Johns, T. and P. King (eds) *Classroom concordancing.* English language Research, University of Birmingham. 1-16.

Johns, Tim. 1997. Reciprocal DDL materials. http://web.bham.ac.uk/johnstf/ddl_lib.htm (last visited July 1999).

Kenning, Marie-Madeleine. 1998. Parallel concordancing and French personal pronouns. *Languages in Contrast* 1(1): 1-22.

King, Philip. and D. Woolls. 1996. Creating and using a multilingual parallel concordancer. In Thelen, M. & Lewandowska-Tomaszczyk, B. (eds) *Translation and Meaning,* Part 4. 459-466. Hogeschool, Maastricht.

Malmkjaer, Kirsten. 1998. Love thy neighbour: will parallel corpora endear linguists to translators? *Meta* 43(4). Special edition edited by S. Laviosa on L'approche basée sur le corpus: 534-541.

2.

번역가 양성을 위한 코퍼스 기반 응용법: 가능성 탐구하기

Lynne Bowker / 오타와대학(*University of Ottawa, School of Translation and Interpretation*)

개요 ● 본 논문은 번역가 양성 과정에서의 많은 코퍼스 기반 응용 방법을 탐색한다. 첫 째는 번역가 연습생이 겪게 되는 어려움들을 조사하는데 쓰일 수 있는 학습자 코퍼스의 한 유형이라 할 수 있는 '번역가에 의해 만들어진 코퍼스(corpora created by translators: CCBT)'의 활용과 관련되어 있다. 두 번째로는 '번역가를 위해 만들어진 코퍼스(corpora created for translators: CCFT)'에 초점을 둔다. 이 코퍼스는 단일 언어사용자의 목표 언어 참조(reference) 코퍼스로서, 어휘적, 어법적, 통사적, 문체적인 요소를 포함한 많은 수준의 번역 상당 어구를 찾기 위한 자료로 사용될 수 있다. 마지막으로는 번역물과 원래부터 그 언어로 된 유사한 텍스트로 구성된 비교 코퍼스(comparable corpora: CC)를 살펴본다. 비교 코퍼스는 CCBT와 CCFT의 결합으로 만들어 질 수 있다. 이는 번역가 양성 강사가 학생 번역에 대한 피드백을 줄 수 있게 하는 평가 코퍼스로 사용될 수 도 있고, 원문 언어 텍스트와 비교하여 번역물의 특성을 연구하기 위한 자료의 모음으로 사용될 수도 있다.

1. 서론

현대의 코퍼스는 컴퓨터로 처리할 수 있는 텍스트를 구체적인 기준에 따라서 모은 거대한 수집물이고, 일반적으로 이 기준은 수행될 연구의 특성에 따라서 달라진다고 간주된다. 최근 들어 사전편집, 용어법, 언어학습, 자연 언어 처리 같은 영역에서 코퍼스를 매우 가치 있게 적용한다는 것이 입증되고 있다. 또한 코퍼스는 번역 분야에서도 유용하게 적용되고 있다. 예를 들어 Baker(1995, 1996), Kenny(1998), Laviosa(1997, 1998) 등이 번역본의 특징을 연구하기 위해서 코퍼스를 사용했고, Ebeling(1998), Maria(1997, 1998) 등은 언어 간의 유사성과 차이점을 연구하기 위해 번역된 코퍼스를 사용했다. Bowker(1998, 2000a), Pearson(1996), Zanettin (1998) 등은 코퍼스를 번역물과 용어의 자료로서 어떻게 사용하는지에 대해서 보여주었다.

　본 논문의 목적은 번역가 양성 과정에서 유용하게 사용 할 수 있는 많은 종류의 코퍼스를 연구하고자 하는 것이다. 번역가에 의해 만들어진 코퍼스(CCBT)라고 부른 첫 번째 유형은 외국어 학습에서 사용된 학습자 코퍼스의 유형과 여러 면에서 일치한다. 이 코퍼스를 Leech(1998: xiv)는 '외국어 학습자에 의해 만들어진 그 언어의 코퍼스 또는 텍스트적 데이터베이스'라고 정의하고 있다. 번역가를 위해 만들어진 코퍼스(CCFT)라고 필자가 지칭하는 두 번째 유형은 전자형식은 아니지만 전문 번역가들이 전통적으로 사용해온 병렬 텍스트의 유형과 더욱 잘 비교 설명된다. CCBT와 CCFT는 서로 공동으로 함께 사용될 때, Baker(1995: 234)가 말하는 비교 코퍼스의 한 형태와 유사한 것으로 간주될 수 있겠다. 이 코퍼스는 번역가 양성과정에서 유용하게 적용되어 사용된다.

2. 번역가에 의해 만들어진 코퍼스

번역가에 의해 만들어진 코퍼스(CCBT)는 그 이름처럼 번역가(이 경우는 학생 번역가)에 의해서 생성되어온 번역본으로 구성된 코퍼스이다. 오타와 대학에서 본 필진은 특정 기간에 수행되는 연구의 특성에 따라 다른 유형의 코퍼스가 추출될 수 있는 학생 번역물 아카이브(Student Translation Archive)를 구축 중에 있다.

표1. 학생 번역물 아카이브 내의 번역에 수반된 속성

속 성	설 명
출발언어 텍스트 코드	번역본이 특정한 원본과 밀접한 연관성을 가지도록 해 줌
학생 ID 번호	특정 학생이 수행한 모든 작업을 사용자가 확인하도록 해 줌
과목 코드	특정 과목을 위해 수행한 모든 작업을 사용자가 확인하도록 해 줌 주석: TRA4133 같은 과목 코드가 제공하는 정보 　　a)번역의 목표언어와 출발언어 (예. 불어에서 영어로) 　　b)과목의 수준 (예. 4년차) 　　c)과목의 주요한 주제 영역 (예. 기술(technical) 번역)
날짜	특정한 기간 동안에 수행한 작업을 사용자가 알도록 해 줌
번역 조건	단순한 숙제로서 한 번역과, 성적이 부여되는 평가를 위한 번역(학생들이 다른 학생과 협력하여 작업했을 수도 있음), 혹은 시험과 같은 상황에서 한 번역(엄격한 시간제한, 정보 자료에 제한적인 접근) 간의 구분을 사용자가 할 수 있도록 해 줌

모국어	학생의 모국어를 사용자가 확인하도록 해 줌(모국어로부터 간섭이 있었는지, 학생이 외국어에서 모국어로 번역하는지 혹은 모국어에서 외국어로 번역하는지를 결정하게 해 줌)
우세한 외국어	학생의 우세한 외국어를 사용자가 확인하도록 해 줌
다른 외국어(들)	학생이 사용한 다른 외국어를 사용자가 확인하도록 해 줌

아카이브(archive)와 코퍼스간의 구분은 Barnbrook(1996: 23)이 적절하게 요약했다. 그는 '사용자의 연구 기준에 따라 자신의 프로젝트를 위해 수집한 컴퓨터로 처리할 수 있는 언어를 일반적으로 코퍼스라고 부르고, 이는 텍스트 아카이브에서 생성된 더 임의적인 텍스트의 모음과 구분된다.'라고 설명한다. 학생 번역물 아카이브는 컴퓨터 파일 형식으로 학생의 번역을 제출하도록 요청하여 수집되고 있다. 학생 번역물 아카이브에 대한 자료기증은 철저하게 자발적으로 이루어졌다. 그러나 실제로 자료 기증을 거부한 사람은 거의 없었다. 또한 각 번역은 표 1과 같은 속성 정보를 담고 있다. 이러한 점 때문에 사용자들이 그 속성에 맞춘 텍스트를 선택함으로서 학생 번역물 아카이브로부터 코퍼스를 도출할 수 있게 된다.

아래에서는 학생 번역물 아카이브로부터 얻을 수 있는 다양한 코퍼스의 유형을 제시하고자 한다. 이 목록은 완전히 다 나열된 것이 아니라, 번역가 양성 과정에서 경험상 유용하거나 흥미로운 것으로 드러난 코퍼스를 제안하는 수준의 것이다. 이러한 다양한 코퍼스 활용 사례들은 번역가 양성강사가 교육 실시를 할 수 있게 하는데 목표를 둔다. 반면에 또 다른 코퍼스의 활용 영역은 자신의 실력향상을 도모하고자 하는 학생의 흥미에 목표를 둔다.

2.1 특정 텍스트별 CCBT

번역가 양성강사는 어떤 특정한 수업에서 학생이 수행한 특정 원본의 번역물로 구성된 코퍼스를 얻을 수 있다. 콘코던스 같은 코퍼스분석 도구를 사용하여, 양성강사는 모든 번역물들의 상응하는 부분들을 동시에 검토할 수 있다. 이렇게 함으로써 한두 명의 학생에게만 일어날 수 있는 문제와는 달리, 학급전체가 어려움을 느끼는 영역을 양성 강사가 확인하도록 해 준다. 개별 학생의 번역물을 가지고 작업을 할 경우에는 이러한 유형의 패턴을 찾아내는 일이 더 어렵고 부담이 된다.

예를 들어 표 2와 같이 코퍼스분석 도구 워드스미스를 사용하여 다음의 원본 부분의 다양한 번역을 분리할 수 있다. 이 예의 출처는 일종의 전문 컴퓨터 정기간행물인 『정보기술지(Informatique magazine)』(1998 6월)에 기고되었던 '주변장치 운영체계(Un système d'exploitation dédié aux périphériques)' 라는 제목의 논문이다.

L'Irtos possède non seulement toutes les caractéristiques nécessaires pour écrire facilement des pilotes, mais il supporte également une API(interface de programmation d'application) pour créer des modules de services intermédiaires nommés ISM.

이런 다른 번역들을 동시에 검토함으로써 본 필자는 다음과 같은 결론을 내릴 수 있었다. 예를 들어 수업을 듣는 대다수의 사람들이 1)약어(abbreviation)의 복수형화에 논의(한명의 학생만이 약어 ISM를 복수형화 했기 때문에)에서 도움을 받고 또한 2)'거짓 친구(false friends)'에 대한 논의(단 한명의 학생만이 *pilote*/ 'pilot'의 거짓 친구 해석을 성공적으로 피하고 정확한 단어인 'driver'를 찾아냈기 때문에)에서 학생들이 도움을 얻었을 것이라고 단정할 수 있었다. 대조적으로 다른 문제들은 단지 한두 명의 학생에게 특별하게 나타나는 문제라는 것을 알 수 있었다. 예를 들어 1) 운영 체제 이르토스(Irtos) 명칭의 한 부분으로서 정관사 L'의 삽입과 2)*pilote*가 'Beta version(컴퓨터 프로그램 테스트용 버전)'으로 번역되는 개념적 혼란을 일으킨 경우 등이 여기에 속한다.

표 2. 동일한 원본 부분의 각기 다른 번역물 모음

Irtos not only has all the necessary characteristics for easy writing of Beta versions, but it also supports an API (Application Programming Interface) in order to create ISM modules.
Irtos not only possesses all the characteristics necessary to write pilots without difficulty, but it also supports an API (Application Programme Interface) in order to create Intermediate Service Modules(ISM).
L'Irtos has not only all the characteristics necessary to write drives easily, It is also equipped with an API (Application Programme Interface) which enables it to design ISM (Intermediate Service Modules).
AS well as having all the necessary features for writing pilot programmes, Irtos also supports Application Programme Interface (API) to create Intermediate Service Modules (ISM).
Irtos not only has all the necessary characteristics to write pilotes with ease, but it can also support an application programme interface (API) to create Intermediate Service Modules (ISM).
Not only does IRTOS have all the features necessary for writing pilots, it also an API (Application Programme Interface) which makes it possible to create Intermediate Service Modules (ISM).

2.2 특정 주제별 CCBT

많은 번역 교육과정은 법률번역, 의학번역, 경제번역 같은 전문 주제 분야에 특화되어 있다. 번역 양성강사들은 특정 주제 분야에 관련된 번역물의 코퍼스를 모을 수 있다. 그리고 특정한 출발 텍스트에만 국한되는 문제인지, 아니면 관련된 주제의 또 다른 텍스트에서도 뚜렷하게 나타나는 어려움인지를 결정하기 위해서 코퍼스를 조사할 수 있다. 예를 들어 법에 관련된 분야의 텍스트를 번역할 때 학생들이 적절한 구문을 만드는 데 어려움을 느낄 것이다. 왜냐하면 특정한 원본은 이해하기 어렵게 표현되어 있고, 또한 이 원본이 목표 언어로 번역하는데 영향을 주기 때문에 혹은 번역가들이 대체로 법률 구문을 이해하는데 실질적인 어려움을 갖기 때문이다.

학생들의 불어-영어 기술 번역 수업에서 생긴 문제가 불어-영어 경제 번역 수업에서 생긴 문제와 비슷한지의 여부를 연구하기 위해 여러 가지 주제 분야에 걸친 CCBT를 모을 수 있다. 예를 들면 학생의 문법 지식이 부족해서 생긴 문제(그 주제 분야와 관계없이 나타나는)인지, 혹은 특정 주제 분야와 관련된 어휘나 구문에 대한 지식 부족(다른 주제 분야의 텍스트를 번역할 때는 문제의 증거가 아닌)이 어려움의 원인인지를 교육 담당자가 연구할 수 있다.

각기 다른 언어에서 같은 주제를 다루고 있는 CCBT를 수집하여 출발언어(SL) 간섭의 영향을 연구할 수도 있다. 예를 들어, 한 학생이 경제 번역에 대한 두 개의 다른 수업(하나는 불어에서 영어로, 다른 하나는 스페인어에서 영어로)을 받을 수도 있다. 두 번역물을 비교해 보면 학생이 불어를 번역할 때와 스페인어를 번역할 때 다른 종류의 문제를 가진다는 것을 보여줄 수 있으며, 이 경우에는 출발 언어로부터의 간섭에 초점을 둘 필요가 있을 것이다. 혹은 학생이 출발 언어와 관계없이 두 번역에서 유사한 문제점이 있을 수도 있으며(예를 들면 아마도 그 학생은 사용역 (register)의 개념을 잡지 못하고 있을 수 있다), 이 경우에는 출발 언어와 관련되지 않는 방식으로 그 문제를 볼 필요가 있다.

2.3 종적 CCBT

종적연구(longitudinal study)는 학습자 개인이나 학습자 그룹의 실력향상을 도표화하기 위해 수행될 수 있고, 한 학기나 한 해, 혹은 전 단계의 교육과정에 걸쳐 행해질 수 있다. 번역가 양성강사(학생들도)가 이러한 코퍼스를 사용하여 어떤 문제점이 해결되었고, 어떤 문제점이 여전히 어려움을 야기 하는지 알 수 있다.

번역가 양성강사가 새로운 교육방법을 다음해까지 시도하려고 결정한다면 다른 유형의 종적연구가 진행될 수 있다. 만일 양성강사가 두 그룹 이상의 학생들에게 같은 원본을 사용해 왔다면(혹은 유사한 번역의 어려움을 일으키는 다른 텍스트라 해도), 전통적인 교육방법을 활용한 수업과 새로운 교육방법을 활용한 수업을 비교하는 것은 흥미로운 일이 될 것이다. 이런 종류의 비교가 특정 교육방법의 유용성에 대해서 명확한 주장을 하기에 충분하진 않겠지만, 그럼에도 불구하고 더 연구할 가치가 있는 흥미로운 논점이 될 것이다.

3. 번역가를 위해 만들어진 코퍼스(CCFT)

위에서 서술된 CCBT와 비교하여, CCFT는 실제로 번역물을 포함하고 있지 않지만 오히려 번역물 자료로서 활용되는 것 같다. 이 장은 CCFT

가 번역물 자료로서 어떻게 학생 번역가를 돕는가에 초점을 맞출 것이다.

좋은 번역을 하기 위해서 번역가가 텍스트의 주제와 친숙해져야 하고 적절한 특수목적언어(Language for Special Purposes)를 사용하여 그것을 표현 할 수 있어야 한다는 사실은 일반적이다. 주제 분야 지식에 대해 언급해 볼 때, 번역가가 정확한 번역을 하기 위해서는 원본의 주제를 이해하는 것이 필요하다는 것이 많은 번역 전문가와 연구가의 공통적 의견이다(예를 들어 Teague 1993: 162 참조). 번역가는 단순히 단어를 번역할 수 없다. 즉, 그들이 텍스트를 이해하고 그것을 번역하는데 필요한 것 중의 하나가 바로 주제 분야에 대한 지식이다.

게다가 번역가는 적절한 용어와 적절한 문체에 대한 지식을 포함하여, 뛰어난 목표 언어 기술도 가지고 있어야 한다. 원어민들은 자동적으로 모국어를 뛰어나게 사용한다고 종종 간주된다. 비록 일상 언어와 일반목적언어(Language for General Purposes)를 사용하는 경우에 원어민들이 종종 모국어를 뛰어나게 사용하긴 하지만, 번역가가 규칙적으로 접한 폭넓고 다양한 LSP에 원어민이 필연적으로 뛰어나다고 가정하는 것은 합리적이지 않다.

요즘 이루어지는 대부분의 번역은 일상의 화제나 LGP를 다루지 않고, 오히려 LSP를 사용해서 표현하는 전문주제를 다룬다. 또한 많은 번역가들이 단일 주제 분야에 대해서 작업하는 것을 선호하더라도 그것이 항상 가능하지는 않다. Sofer(1995:11)는 많은 번역가들에게 친숙한 하나의 일반적 행동 양식을 다음과 같이 기술하고 있다.

많은 전문 번역가들은 다양한 분야에서 번역을 요청 받는다. 번역가가 일 년에 정치, 경제, 법률, 의학, 통신 등을 포함한 이삼십 개의 지식 분야를 다루는 것은 일반적이다.

번역가가 그들의 직업 수행 과정에서 직면할 수 있는 각각의 수많은 주제에 대한 LSP 훈련을 제공하고 또한 광범위한 주제 영역을 번역가 훈련 프로그램이 심지어 제공하려고 시도하는 것은 분명히 비현실적이다. 그러므로 이러한 프로그램을 통해 주제 분야와 LSP연구에 대해 학생들이 어떻게 적절하게 처리해야하는지를 가르쳐야 한다. 특별히 제작된 전자 코퍼스는 번역가 양성강사와 학생 번역가가 주제 분야 지식과 LSP에 연관된 문제를 해결하도록 하는 매우 가치 있는 자료가 될 수 있다.

앞서 말한 것처럼, 코퍼스는 일반적으로 명백한 기준에 따라서 선택된 전자 형식 텍스트의 방대한 수집물로 여겨진다. 그러므로 어떤 면에서 CCFT의 사용은, 많은 번역가들이 현재 사용하는 접근법으로부터의 급진적인 이탈이 아니라 그것의 개선이다. CCFT의 사용은 병렬 텍스트의 사용을 어느 정도 반영하는데, 병렬 텍스트는 목표언어 안에서 별개로 생성되었지만 원본과 같은 소통적 기능을 가진다(예를 들면, 유사한 텍스트 유형으로 비슷한 기간 내에 만들어지고, 같은 주제를 다룬다). 번역 자료로서 병렬 텍스트의 가치는 선행 논문들(예를 들어 Schäffner 1998; Williams 1996 참조)에서 입증되었다. 사전과 같은 전통적인 사전 편찬 자료는 어떤 강점을 가지기도 하지만, 또한 많은 결점도 지니고 있으며, 병렬 코퍼스가 이러한 결점을 극복하는데 도움을 줄 수 있다. 첫째로, 병렬 텍스트는 실제 문맥에서의 용어를 보여주기 때문에 학생들이 주제 영역과 전문 목표언어 지식 둘 다를 습득하도록 해 줄 수 있는 반면, 사전의 내용은 비문맥적이므로 학생들이 이해하지 못하거나 용어를 정확히 사용하지 못할 수도 있다. 둘째로, 병렬 텍스트에서 다소 쉽게 얻을 수 있는 사용 빈도나 사용의 일반성에 대한 정보를 사전에서는 일관된 방식으로 제공하지 않는다. 마지막으로, Sundström(1996: 237)이 지적한 것처럼 사전은 '사어'(deadwood; (역자설명) 여기서 '사어'란 잘 사용되지 않는 무용지물이 된 단어의 의미로 사용함)를 종종 싣고 있기 때문에 '현실의 언어 실체'를 항상 반영하지 않을 수도 있다. Sundström(1996: 235)은 사전에서는 그 단어와 어구가 현재 사용하지 않는다 하더라도 그 '단어와 어구가 아주 오래 머문다'고 설명한다. 그 결과, 사전으로부터 정보를 얻는 학생번역가는 그 사전이 최근에 출판된 것이라 하더라도 최신 정보를 얻지 못할 수도 있다. 반면에 병렬텍스트는 일반적으로 더 최신의 광범위한 용어를 담고 있다.

그럼에도 불구하고 전통적인 인쇄 형식으로 병렬 텍스트가 사용된다면, 병렬 텍스트 역시 많은 함정을 가지고 있다. 먼저, 인쇄 형식의 코퍼스를 물리적으로 모으기 위해 종종 도서관이나 혹은 복사기에 몇 시간씩 있으면서 해야 하는 노력을 필요로 한다. 일단 코퍼스를 모으고 나면, 텍스트 논의에 더 많은 시간을 할애해야 한다. 즉, 이것은 종종 적절한 초점에 대한 토론을 하기 전에 많은 관련 없는 자료를 읽고 난 뒤에야 적절한 사항에 대한 논의를 발견할 수 있다는 것을 의미한다. 그러므로 인쇄된 형태로 병렬 텍스트를 얻고 참고하는 것은 두 가지의 중대한 약점이 있다. 첫째는 수작업을 할 때, 번역가는 모든 관련된 개념이나 용어, 언어학적 패턴이 확실히 나타날 수 있도록 충분한 범위의 방대한 서류를 모으고 검토할 수 없다. 두 번째는 Church et al.(1991: 116)의 의견과 같이, 수작업 분석은 처음부터 오류를 가지고 있는 경향이 있다. 즉, '인간이 도움을 받지 못하면 중요한 패턴의 군을 정하고 그것의 중요성을 정하는 일은 차치하고라도, 그 패턴 자체를 발견할 수도 없을 것이다.'

전자 코퍼스의 형식으로 병렬 텍스트를 모으는 것은 이러한 결점들을 해결하는데 도움이 될 수 있다. Maia(1997: 483)가 지적한대로, '코퍼스가 수작업으로 구축되었을 때, 이 전체적인 분석은 피곤한 작업이었다. 몇 시간 씩 텍스트를 열심히 들여다봐야 하고, 정보 수집을 위해서는 산더미와 같은 서류작업이 필요했었다. 오늘날, 텍스트를 전자로 저장하고 접근할 수 있게 되어서, 자료를 수집하는 데는 시간을 적게 들이고, 연구하는 데는 더 많은 시간을 쓸게 있게 되었다.' 그 뿐 아니라, 콘코던스와 같은 코퍼스 분석 도구는 이제 번역가들이 더 광범위하고 정확한 연구를 하는데 도움이 되고 있다.

1997년에서 1999년 사이, 전통적인 자료(예를 들어, 사전이나 인쇄된 병렬 텍스트)를 사용하여 행해 진 학생들의 번역 결과물과 CCFT를 사용하여 번역한 결과물을 많은 실험을 통해 비교해 보았다. 이 실험 중 일부의 결과는 Bowker(1998, 1999, 2000a)에 더 자세히 설명되어 있다. 더 주목해야 할 요점 중 몇 가지를 아래에서 제시할 것이다.

3.1 실험

지면이 부족하여 실험에 대한 자세한 설명은 못하지만, 일반적으로 다음의 과정으로 구성된 방법론을 사용하였다. 학생 번역가(불어-영어 또는 독어-영어) 한 집단을 반으로 나눈 다음, 그룹 A에게 전통적인 자료를 사용하여 원본을 번역하게 하였고, 그룹 B는 관련된 CCFT를 사용하여 같은 원본을 번역하도록 하였다. 이 CCFT는 비슷한 텍스트 유형의 문서에서 추출한 실제 영어 텍스트로서, 10만에서 100만 개에 이르는 단어를 포함하고 있었다. 그 문서는 원본과 같은 소재를 다루고 있고, 또한 비슷한 발행날짜를 가지고 있었다. 이 CCFT를 작동하는 소프트웨어는 리버풀

대학의 Mike Scott에 의해 발전된 워드스미스(WordSmith) 도구였다. 워드스미스는 다양한 문맥에서 검색 용어를 표시하는 콘코던스이면서, 동시에 사용자들이 빈도 정보를 검색할 수 있도록 하는 코퍼스 분석 묶음이다. 그룹 A와 B가 한 번역물은 정확성과 스타일을 중심으로 분석 비교되었다. 번역 용어 선택의 유추과정과, 정보를 인용한 방법 그리고 그들이 가지고 있는 각기 다른 유형의 자료의 유용성에 대한 견해 등을 알아보기 위해 많은 경우에 학생들은 또한 인터뷰 요청을 받았다.

문제의 원본은 광범위한 텍스트 종류와 주제 분야를 다루었다. 요리법, 일기 예보, 보증서, 사용자 안내서, 의학 연구 서류, 기술적인 생산품(예를 들어, 스캐너나 프린터, 작동시스템) 안내 및 품평 등이 이에 해당된다.

실험 결과에 따르면 CCFT를 사용한 학생들의 번역물이 대체적으로 내용과 LSP 사용(어휘, 언어 사용력, 문법, 문체 등을 포함)의 적절성에서 모두 더 정확하다는 것이 나타났다. 다음은 3장에서 설명한 바와 같이, CCFT를 사용하는 것이 잘못된 자료 참조와 LSP에 대한 지식 부족으로 인한 문제들을 어떻게 해결하고 번역물의 질을 향상시킬 수 있는지에 관한 예들을 제시하고 있다.

3.2 자료 분석과 토의

앞에서 언급한 것처럼, 사전과 관련된 문제들은 문맥적 사용 정보의 결여와 사어(死語)의 존재 등을 포함하고 있다. 이 두 가지 문제에 대한 사례는 전통적인 자료를 사용한 학생들의 번역물에서 찾을 수 있다. 사어(死語)의 예로는, 스캐너의 상품평을 번역할 때 많은 학생들이 불어의 단어인 *numériseur*를 영어로는 이미 구식인 용어 'digitize'로 번역하였다.

이 용어는 사전(최신판이라 할지라도)을 참고한 번역물에서 발견되었다. 한편, CCFT를 사용한 학생들은 모두 영어 단어 'scanner'를 사용하였는데, 이 단어는 요즘, 이 주제 분야 대부분의 전문가들이 선호하는 용어이다.

거듭 언급하지만, 적절한 사용법이라는 점을 고려해 볼 때, 전통적인 자료를 사용한 학생들은 본 LSP에 적절한 문법 구조를 확인하는데 어려움을 겪었다. 예를 들어, 기술적인 영어의 LSP의 한 특징은 전치사구나 관계대명사를 포함한 후치 수식어를 사용하는 것보다, 복합 전치 수식어를 사용하는 경향이 있다는 것이다. 이 특징은 불어의 LSP(Foucou & Kübler 1998: 80)에서 더 전형적으로 나타났다. 전통적인 자료로 작업하여 문맥적 사용 정보가 주는 이점을 활용할 수 없었던 학생들은 *photodiodes sensibles á la lumiére* 구문을 'photo sensors that are sensitive to this light(이 빛에 민감한 감광 장치)'나 'laser diodes which are sensitive to this light(이 빛에 민감한 레이저 다이오드)' 혹은 'photodiodes which are sensitive to light(빛에 민감한 포토다이오드)'로 번역하였다. 이와는 반대로, CCFT를 사용하여 LSP에 적절한 문법적 구문의 유형을 더 잘 판단할 수 있었던 학생들은 복합 전치 수식어를 사용해 'light-sensitive photodiodes(빛에 민감한 포토다이오드)'나 'photosensitive diodes(감광성의 다이오드)'와 같이 더 만족스러운 번역물을 내놓았다.

비슷하게, 독일어 요리법을 영어로 번역할 때, 전통적인 자료를 사용한 학생들은 정관사를 번역하는 경향을 보였다. 따라서 *Die Bachforellenfilets würzen*를 'Season the trout(송어에 양념을 하시오)'로, *Die Butter untermishen*을 'Mix in the butter(버터로 뒤섞어주세요)'로 번역하였다. 또한 전통적인 자료를 사용한 학생들은 독일어 수동문을 영어 수동문으로 번역하는 경향을 보였다(예를 들어 *Die fertigen Röllchen werden auf einer Platte angerichtet*을 'The finished roll is arranged on a plate(완성된 롤빵은 접시위에 배열시킨다)'로 번역). 반면, CCFT를 사용한 학생들은 보통 수동 구문을 명령형의 능동문으로 바꿔 번역하였다(예를 들어, 'Arrange finished roll on a plate(완성된 롤빵을 접시에 배열하시오)'). 이러한 예시들은 번역가는 '전문가가 어떻게 그 생각을 표현할까?'라는 질문을 스스로에게 할 필요가 있다는 Teague(1993: 168)의 주장을 뒷받침하고 있다. Teague(1993: 169)에 따르면, '표현 방식의 예로 사용되어야 하는' 주제 분야 전문가 작성한 실제 텍스트에서 그 질문의 해답을 찾을 수 있다.

이와 관련된 한 문제는 학생 번역가가 LGP와 LSP의 차이점을 항상 알고 있는 것은 아니라는 것이며, 학생들의 LGP 지식이 LSP의 발화를 간섭할 수 있다는 점이다. 이는 모국어의 문법 규칙이 제2언어로의 발화를 간섭하는 것과 같은 방식으로 이해 가능하다. 한 예로, 전통적인 자료로 작업한 한 학생은 사전에서 복합어 단위인 *la tête de numérisation du scanner*에 해당하는 영어를 찾을 수 없다고 했다. 그럼에도 불구하고, 그 학생은 이것을 'the head of scanner'라고 번역하고는 자신 있어 하였다. 왜 그것이 적절한 번역이냐고 묻자, 그 학생은 자신의 의견을 뒷받침하기 위해 영어 'he is the head of the English department(그는 영문과 학과장이다)'와 'go to the head of the queue(그 줄의 맨 앞으로 가시오)'와 같은 예를 들어가며, 이것이 영어의 '전형적인' 구문이라고 대답했다. 분명히 이 학생은 본 LGP 개념을 LSP에 적용시켰고, 따라서 번역문이 이해 가능하고 문법적이긴 하나, 관용 어구에 맞거나 LSP에 적절한 것은 아니었다. 만약에 그 학생이 'read/write head'나 'tape head' 아니면 'print head' 등의 전산시스템을 참고하여 LSP의 다른 용어를 사용했더라면, 번역할 때 'scan head'와 같은 말을 생각해 내기가 더 쉬웠을지도 모른다. 반면, CCFT를 사용한 대다수의 학생은 'scan head'라는 정확한 표현을 사용하였다. 물론 이 예는 CCTF를 사용한 학생들이 LSP에 대한 인식이 더 낮다는 것을 반드시 보여주는 것은 아니다. 왜냐하면, 이는 단지 학생들이 그 맹목적인 신념을 사전에서 CCFT로 바꾸었고, 그 결과 CCFT가 우연히도 사전보다는 더 크고 더 최신 자료이므로, 더 많고 더 나은 상응어를 제공했다고 볼 수 있기 때문이다. 그러나 Bowker(1999)에 의해 보고된 많은 예들은 코퍼스가 실제로 학생들의 언어 인지를 향상시키는데 도움이 되었다고 주장하는 것 같다. 가장 놀라운 사실은 CCFT에 있는 용어를 사용하는 경향 외에도, 학생들은 또한 CCFT에 나타나지 않는 용어 사용을 현저하게 잘 사용하지 않는다는 것이었다.

앞에서 지적한 대로, 사전에서 사용의 빈도나 사용의 일반성에 관한 정보는 일관된 방식으로 제시되지 않은 반면에, CCFT에서는 더 쉽게 이 정보를 알 수 있다. 비록 빈도 자료만으로 어떤 번역 용어가 가장 적절한지를 결정하는데 사용될 수는 없지만, 그럼에도 불구하고 이 자료는 번역가가 작업을 할 때 유용한 정보가 된다.

독일어 보증서를 영어로 번역할 때, 전통적인 자료를 사용한 학생들은 *Gewähr*을 'guarantee'로 번역하였는데, 이 용어는 유명한 독-영 사전에 명시되어 있었다. 그러나 CCFT를 사용한 많은 학생들은 번역시 'warranty'라는 용어를 선택했다. CCFT에 나타난 단어는 'guarantee'는 35회인 반면, 'warranty'는 475회였다. 통계상 이와 유사한 뒷받침 자료는 *Gewährleistungszeit*가 'guarantee period'(2회 나타남) 보다는 'warranty period'(28회 나타남)로 번역되는 것이다. 또한 *Garantieleistungen*은 'guarantee service'(1회 나타남) 보다는 'warranty service'(6회 나타남)로 번역되었다.

마지막으로, 다음의 예는 CCFT가 학생들이 그 주제 분야에 대해 더 이해를 잘 할 수 있도록 도와 줄 수 있는지를 보여준다. 평면주사(flatbed) 스캐너가 작동되는 방법을 설명하는 원본을 번역할 때, 대부분의 학생은 텍스트의 첫 문장 속의 개념들 중 하나를 포착하는데 어려움을 겪었다. 즉, 그 문장은 *Quelle que soit leur sensiblité aux nuances, leur rapidité, leur précision, tous les scanners reposent sur le même principe* 이다. 이 구문은 논리적으로 'Regardless of such characteristics as colour-recognition capability, speed, or precision, all scanners operate in basically the same way'로 번역되어야 한다.

표 3. Quelle que soit leur sensiblité aux nuances... 구절의 제안된 번역 사례
(+표시는 학생들이 그 개념을 적절히 이해한 것 같은 번역을 떠올렸을 때를 지시함)

전통적인 자료를 사용한 학생들에 의해 제안된 번역물
...no matter how much attention to detail they pay...
...no matter how sensitive they are...
...even though their sensitivity to touch...
...regardless of their sensitivity...
...while adaptability...
...no matter how good the resolution...
...whatever their feeling to the suggestion...

CCFT를 사용한 학생들에 의해 제안된 번역물
+... no matter their sensitivity to shading...
+... despite differences on their sensitivity to shading...
... whatever their sensitivity to detail...
... regardless of how sensitivity they are to differences...
++ whatever their sensitivity to colour...
... whatever their sensitivity to small differences...
+... whatever differences there may be in shade...

전통적인 자료를 사용한 학생은 아무도 *sensiblité aux nuances*의 개념을 정확히 이해한 번역을 거의 하지 못했다. 즉, 표 3에서처럼 몇몇 학생들은 주제 분야의 이해가 부족하다는 것을 확실히 보여주는 다소 어색한 번역을 했다. 그러나 CCFT를 사용한 학생들은 그 개념을 다루는 코퍼스의 영역에 바로 초점을 맞추었다. 예를 들어, 어떤 학생들은 와일드 카드 검색(즉, 별표(*)가 다른 문자로 대체될 수 있는 검색)을 실행하였다. 'sensitiv*' 패턴을 사용한 와일드 검색은 'sensitive'와 'sensitivity'(즉, *sensible/sensibilité*의 전형적인 번역임)의 모든 경우를 찾아냈다. 연어 검색을 통해 밝혀낸 것은 따라 나오는 단어가 일반적으로 'sensitiv*'와 근접해 나타나는 단어라는 것이다. 즉 'color'(5회 나타남), 'greyscale'(4회 나타남), 'shade(s)' (122회 나타남), 'shading'(8회 나타남) 과 같은 단어들이었다. 학생들은 이 특별한 문맥을 읽어 낼 수 있었고 그 주제 분야에 대해 좀 더 나은 이해를 할 수 있었다. 표 3에서와 같이, CCFT를 이용한 학생 중 3명은 *shades*나 *shading*을 사용함으로써 정확한 주제에 아주 가까운 표현을 하였다. 4 번째 학생은 실제로 *colour*를 언급했다. 비록 특정 글에 대해 아주 정교한 번역을 한 학생은 아무도 없었지만, 적어도 원본에서 나타내

고 있는 개념에 대해 더 잘 이해하고 있는 것 같았다.

4. 비교 코퍼스(CC)

Baker(1995: 234)는 비교 코퍼스를 '같은 언어에서의 두 개로 분리된 텍스트 모음, 즉 하나의 코퍼스는 본래 그 언어의 원본 텍스트로 구성되어 있고, 다른 하나는 출발 언어나 다른 언어에서부터 그 언어로 번역한 것으로 구성되어 있다'고 정의하였다. Baker(Kenny 1998, Laviosa 1997, 1998과 다른 학자들 역시)는 번역된 텍스트에 나타나는 특별한 패턴(예를 들면, 단일화나 표준화, 또는 명시화나 평준화의 패턴)을 파악하기 위해 그런 코퍼스를 사용한다고 하였다. 또한 Baker(1995: 234)는 '두 코퍼스 모두 비슷한 영역과 다양한 언어, 그리고 기간을 다루어야 하며, 비교 가능한 길이가 되어야 한다'고 제안하였다. Laviosa(1997: 295, 298)는 또한 맨체스터대학(UMIST) 비교 코퍼스에 포함된 번역본은 그들 직업의 일부로서 규칙적으로 번역해온 전문번역가에 의해 수행되어 온 것들이라고 덧붙이고 있다.

번역된 텍스트의 특징에 관한 체계적인 연구를 하기 위해 이러한 학자들이 비교 코퍼스를 사용하고 있다는 점을 고려해 볼 때, 이 기준들은 이해할만하며, 실제로 바람직하다는 것이다. 그럼에도 불구하고, 본 논문에서는 비교 코퍼스에 대한 개념이 번역가 양성 과정에 적합하게 만들기 위해 수정될 수 있다고 본다. 비록 그 연구목적이 달라지기는 하지만, 전문가가 작업한 번역물에 못지않게 학생들이 한 번역물 역시 연구의 대상으로 적절하다. 앞서 언급한 두 개의 코퍼스 CCBT와 CCFT는 비교 코퍼스의 한 종류를 형성하는데 이용될 것이며, 여러 가지의 목적을 위해 사용되어 질 수 있다.

4.1 평가 코퍼스로 사용되는 비교 코퍼스

Baker(1998: 481)가 설명한대로, 번역 과정에서 나타나는 부호나 언어는 독특하다. 다시 말해, 그 부호나 언어는 출발 언어의 기준과 구조 그리고 목표 언어의 기준과 구조 사이의 타협이라고 볼 수 있다. Baker(1998: 482)는 번역은 제 3의 부호를 만드는 과정이라고 주장한다. 그 이유는 번역이 의사소통의 부적절하거나 비정상적이거나, 혹은 기준에서 벗어난 형식이기 때문이 아니라, 번역이 의사소통의 독특한 형식이기 때문이라는 것이다. 본고에서는 Baker의 주장을 지지하지만, 학생 번역의 경우는 전문 번역가의 경우와는 다르다. 왜냐하면 사실상 학습자가 사용하는 언어는 종종 부적절하거나 비정상적이거나, 혹은 기준에서 벗어날 수 있기 때문이다. 그러므로 비교 코퍼스의 아주 실용적인 한 가지 적용은 평가 코퍼스의 한 종류로 사용될 수 있다는 것이다. 그러면 번역가를 양성하는 강사가 학생 번역물의 질을 평가할 때나 실력 향상에 도움이 될 수 있는 객관적인 피드백을 제공하는데 도움이 된다.

학생 번역물을 평가하는 것은 분명 번역가 양성 강사가 직면한 가장 어려운 일 중 하나이다. 이 일을 간단하게 바꿀 수 있는 마법과 같은 공식이 있을 것 같지는 않다. 하지만, 이 일은 비교 코퍼스를 사용하면 좀 더 쉬워질지도 모른다. 비교 코퍼스가 번역가 양성 강사가 학생의 번역물을 비교할 수 있도록 표준적 역할을 할 수 있는 것이다. 믿을 만하고 적절한 텍스트를 충분히 고려함으로써, 강사는 학생들의 개념적, 언어적 선택(CCBT에서 볼 수 있듯이)을 검증하거나 수정할 수 있고, CCFT에 있는 증거를 토대로 하여 보다 건설적인 피드백을 제공할 수도 있다. 게다가, Bowker(2000)의 경험을 통해서 볼 때 학생들은 이 객관적 유형의 피드백으로부터 더욱 혜택을 얻고, 이 피드백을 더 잘 수용할 수 있게 되었다. 그 이유는 그것이 단순히 양성 강사의 주관적인 느낌이나 불완전한 이해를 바탕으로 하는 것이 아니라, 코퍼스 증거를 바탕으로 한다는 것을 학생들 스스로가 이해할 수 있기 때문이다.

4.2 번역과정 조사를 위한 비교 코퍼스

평가 코퍼스와 같은 실용적인 적용 이외에도, 비교 코퍼스는 번역 과정에 관한 면밀한 조사를 하는데 역시 도움이 될 수 있다. 제 2 언어 습득의 과정처럼, 번역 과정은 정신적 작업이며, 그 자체가 직접적으로 관찰 가능한 것이 아니다. 따라서 번역은 그 결과물을 통해 접근되어야 한다. 과거에는 번역 과정에 관한 많은 연구가 내관적(內觀的)인 자료에 바탕을 두거나, 표면적인 실험이나 조사의 결과를 토대로 했었다. 코퍼스 언어학은 이제 그 과정을 분석하기 위해 결과물을 이용할 수 있는 직접적인 도구를 제공한다. 학생 번역가의 언어를 다루는 잘 설계된 코퍼스 수집물은, 학생들이 어떻게 번역하고 번역을 할 때 어떻게 하면 도움을 더 잘 받을 수 있을지를 알고 싶어 하는 사람이라면 그 누구에게라도 유용한 자료가 될 것이다. 이 기술적인 조사의 유형은 위에서 언급했던 Baker의 제안과 유사하지만, 전문적인 번역물보다는 학생 번역물에 적용되었다.

5. 결론 및 제언

코퍼스 언어학은 언어학 연구에 많은 흥미로운 가능성을 열어주었다. 본 논문에서는 코퍼스의 여러 가지 유형이 어떻게 개발될 수 있으며, 번역학 분야의 학생과 강사에게 어떻게 도움이 될지에 관한 몇 가지 예를 제시하고자 하였다. 하지만, 이 적용은 여전히 걸음마 단계이며, 더 많은 연구가 남아있다. 예를 들어, Granger(1998: 15)와 Meunuer(1998: 19-26)가 지적한 것처럼, 코퍼스에 태그(tag)와 다른 종류의 주석(annotation)을 추가하는 것은 더 광범위한 조사를 수행할 수 있도록 해준다.

또 하나의 가능성은 병렬 코퍼스(즉, 일련의 원본과 그에 상승하는 번역물을 가진 코퍼스)를 연구한 Malmkjaer(1998: 539)의 제안이다. Malmkjaer는 비록 일반적인 병렬 코퍼스는 '언어가 사용될 때 각각 어떻게 관련되는지에 관한 증거를 제공하지만, 코퍼스가 가지고 있는 각각의 개별적인 예에 대한 한 개인의 생각을 얻을 뿐이라고' 주장한다. 또한 번역가의 의견은 개개의 문맥에 따라 각각의 상황에 대해 달라질 수도 있다고 진술한다. '그 번역가들의 의견이 가장 차이가 많이 날 때, 연구가 특히 성과가 있을 것 같다고 생각해 볼 수 있다. 병렬 코퍼스가 막 구축이 되었기 때문에, 이러한 경우들이 드러나지는 않을 것이다. 그런 성과 있는 조사를 가능하게 하는 한 단계로서, Malmkjaer는 거대하고 양적 연구지향적인 병렬 코퍼스 연구를 보완하는 것이 필요하다고 제안한다. 즉 원본과 그 원본에 대한 가능한 많은 번역물로 구성되는 보다 작은 코퍼스를 구축할 필요가 있다는 것이다. 그러나 또한, 이 제안의 분명한 문제는 다수로 번역된 텍스트를 포함하는 장르가 많지 않다는 점이다. 이 문제에 대한 하나의 해결책은 학생 번역물로 구성된 CCBT 사용을 고려해 보는 것이다. 왜냐하면 보통 학급이나 그룹의 모든 구성원은 동일한 텍스트를 번역하고, 주어진 원본의 다양한 많은 번역물의 결과물을 내어 놓기 때문이다. 물론, 이런 CCBT에 들어있는 번역물은 완벽하지는 않을 것이다(그러나 전문적인 번역물도 마찬가지이다!). 그렇지만, 여전히 어떤 흥미롭고 관련된 자료를 보여줄 수 있다.

본 논문은 번역가 양성에 있어 코퍼스를 바탕으로 한 적용의 가능성을 찾기 위한 출발점을 제시하고 있다. Barnbrook(1996: 165)은 '컴퓨터를 사용하여 언어를 탐구하고 분석하기 원하는 사람에게 필요한 가장 중요한 자질은 상상력과 융통성 그리고 인내심'이라고 하였다. 번역가와 번역가 양성 강사들은 충분히 이 자격을 갖추고 있으며, 가까운 미래에 코퍼스 언어학과 번역학의 합일점에서 연구될 많은 흥미진진한 연구가 있을 거라고 사료된다.

감사의 글

본인들의 작업을 학생 번역 아카이브(STA)에 제공하고, 번역 실험에 참가했던 더블린 시립 대학(Dublin City University)과 오타와 대학(The University of Ottawa)의 학생들에게 감사의 말을 전하고 싶다. 학생 번역 아카이브(STA: Student Translation Archive) 데이터베이스와 코퍼스 추출 시스템 개발에 도움을 주셨던 Peter Bennison씨에게도 감사를 드린다. 학생 번역 아카이브 개발은 더블린 시립 대학에서 받은 앨버트 대학 연구 기금(Albert College Research Fellowship)과 오타와 대학의 학술 발전 기금에서 받은 연구 지원금에서 재정 지원을 받았다.

■ 참고문헌

Baker, Mona. 1995. Corpora in translation studies: An overview and some suggestions for future research. *Target* 7(2): 223-243.

Baker, Mona. 1996. Corpus-based translation studies: the challenges that lie ahead. In Harold Somers(ed.), *Terminology*, LSP and *Translation. Studies in language engineering in honour of Juan C. Sager*, 175-186. Amsterdam: John Benjamains.

Baker, Mona. 1998. Réexplorer la language de la traduction: une approche par corpus. *Meta* 43(4): 480-485.

Barnbrook, Geoff. 1996. *Language and Computers*. Edinburgh: Edinburgh University press.

Bowker, Lynne. 1998. Using specialized monolingual native-language corpora as a translation resource: A pilot study. *Meta* 43(4):631-651.

Bowker, Lynne. 1999. Exploring the potential of corpora for raising language awareness in student translations. *Language Awareness*, 8(3/4): 160-173.

Bowker, Lynne 2000a. The translator as LSP learner: Using an electronic LSP corpus as a translation resource. In Mary Ruane and Dónall P. Ó Baoill(eds), *Integrating Theory and Practice in LSP and LAP*, 85-91. Dublin: IRAAL.

Bowker, Lynne. 2000b. A corpus-based approach to evaluating student translations. The Translations. *The Translator* 6(2): 183-210.

Church, Kenneth, William Gale, Patrick Hanks and Donald Hindle. 1991. Using statistics in lexical analysis. In Uri Jernik (ed.), *Lexical Acquisition: Exploiting Online Resources to Build a lexicon*, 115-164. Englewood Cliffs, NJ: Lawrence Erlbaum Associates.

Ebeling, Jarle. 1998. Contrastive linguistics, translation, and parallel corpora. *Meta* 43(4):602-615.

Foucou, Pierre-Yves and Natalie Kübler. 1998. A web-based environment for teaching technical English. In *Proceedings of Teaching and Language Corpora*

'98(TALC'98),78-86. Oxford: Seacourt Press.

Granger, Sylviane. 1998. The computer learner corpus: a versatile new source of data for SLA research. In Sylviane Granger (ed.), *Learner English on Computer*, 3-18. London: Longman.

Kenny, Dorothy. 1998. Creatures of habit? What translators usually do with words. *Meta* 43(4): 515-523.

Laviosa, Sara. 1997. How comparable can 'comparable corpora' Be? *Target* 9(2): 289-319.

Laviosa, Sara. 1998. The English comparable corpus: A resource and a methodology. In Lynne Bowker, Michael Cronin, Dorothy Kenny and Jennifer Pearson (eds), *Unity in Diversity? Current Trends in Translation Studies*, 101-112. Manchester: St.Jerome.

Leech, Geoffrey. 1998. Learner corpora: what they are and what can be done with them (Preface). In Sylviane Granger (ed.), *Learner English on Computer*, xiv-xx. London: Longman.

Maia, Belinda. 1997. Parallel texts and the study of sentence formation. In Barbara Lewandowska -Tomaszczyk and Marcel Thelen (eds), *Translation and Meaning*, Part 4, 483-493. Maastricht: Universitaire Pers Maastricht.

Maia, Belinda. 1998. Word order and the first person singular in Portuguese and English. *Meta* 43(4): 589-601.

Malmkjaer, Kirsten. 1998. Love thy neighbour: Will parallel corpora endear linguists to translators? *Meta* 43(4): 534-541.

Meunier, Fanny. 1998. Computer tools for the analysis of learner corpora. In Sylviane Granger (ed.), *Learner English on Computer*, 19-37. London: Longman.

Pearson, Jennifer. 1996. Electronic texts and concordances in the translation classroom. *Teanga* 16: 85-95.

Pearson, jennifer. 2000. Using specialized corpora to evaluate student translations. In Barbara Lewandowska-Tomaszczyk and Patrick James Melia (eds), *PALC'99: Practical Applications in Language Corpora*, 541-551. Frankfurt am Main: Peter

Lang.

Schäffner, Christina. 1998. Parallel texts in translation. In Lynne Bowker, Michael Cronin, Dorothy Kenny and Jennifer Pearson (eds), *Unity in Diversity? Current Trends in Translation Studies*, 83-90. Manchester: St. Jerome.

Sofer, Morry. 1995. *Guide for Translators*. Rockville, MD: Schreiber.

Sundström, Mats-Peter. 1996. The discrepancy between dictionaries and language reality: Scattered notes by a dictionary editor and translator. In Barbara Lewandowska-Tomaszczyk and Marcel Thelen (eds), *Translation and Meaning*, Part 3, 233-237. Maastricht: Universitaire Pers Maastricht.

Teague, Ben. 1993. 'Retooling' as an adaptive skill for translators. In Sue Ellen Wright and Leland D. Wright Jr. (eds), *Scientific and Technical Translation*, 161-172. Amsterdam: John Benjamins.

Williams, Ian A. 1996. A translator's reference needs: Dictionaries or parallel texts? *Target* 8(2): 275-299.

WordSmith Tools: www.liv.ac.uk/~ms2928/wordsmith/index.htm

Zanettin, Federico. 1998. Bilingual comparable corpora and the training of translators. *Meta* 43(4): 616-630.

3.

이중 언어 코퍼스를 이용한 영어 동사 교육: 전산학 분야를 중심으로[1]

Natalie Kübler / 파리7대학*(Paris 7 University)*

Pierre-Yves Foucou / 파리13대학*(Paris 13 University)*

개요 ● 프랑스의 대학에서는 대부분의 전산학 교수요목에 의무적인 영어 교육이 포함되어 있다. 그러나 영어 교사는 반드시 컴퓨터를 사용하는데 있어 전문가는 아니며, 교재나 사전이 그러한 컴퓨터 용어를 완전히 포함하지 않고, 특히 동사와 관련해서는 급속도로 구식이 되어버린다. 불어 화자들은 바로 이 영어 동사 체계를 습득하는데 큰 어려움을 겪고 있으며 특히 기술(技術) 영역의 영어 동사에 대해 더욱 그러하다.

본고는 기술 영어 코퍼스, 영어- 불어 정렬 번역 코퍼스, 일반 영어 코퍼스와 같은 다양한 유형의 코퍼스 사용이 어떻게 다음의 목적을 달성하도록 허용해 주는지를 기술할 것이다. 그 두 가지 목적이란 기술(技術)

---

[1] 본고의 초본에 유용한 논평을 해주신 A. J. Renouf께 감사드린다.

관련 동사의 믿을 만한 사용법을 발견하고 기술하는 것과, 강의 자료를 준비하는 것이다. 이러한 설명으로 우선 전문가 언어를 가르치기 위한 보다 적절한 교육 목표를 확인할 수 있을 것이며, 그 후에 웹 기반 언어 교육 환경에서 여러 가지의 학습 활동을 만들어 낼 수 있을 것이다.

1. 서론

프랑스의 대학에서는 아주 흔하게 전문화된 교육에 영어 수업이 포함되어 있는데, 이것은 전문적이고 과학적인 분야에서 영어가 우위적 위치를 차지하고 있기 때문이다. 특히 최근 유례없이 급속도로 확장된 전산학 (Computer Science: CS) 분야에서 영어는 필수적이다. 이러한 전산학의 확장으로 인해 언어적 단계에서는 새로운 용어를 만들어 내거나 기존 용어를 새롭게 사용하는 일이 더욱 늘어나게 되었다. 소프트웨어 포장이나 운영 체계의 기술 설명서 및 전문 용어는 처음에는 영어로 표기된 경우가 대부분이다. 문서를 다른 언어로 번역하려면 두 배의 능력이 요구되는데, 사용자는 언어적 지식과 기술적 지식을 모두 갖추어야하는 것이다. 이런 문제는 제2언어로써 영어를 가르치는 경우 더욱 중요해지고 있다.

실제 언어 사용을 관찰해보면 관례적이고 과대 단순화시키는 가설들은 잘못 되었음을 알 수 있다. 인터넷에서 사용되고 있는 간단한 예를 살펴보자. 다양한 브라우저에서 주소(URL[2])를 기억하는 똑같은 기능을 설명하기 위해 각기 다른 용어를 사용하는데, 불어 *signet*의 개념은 '넷스 케이프(Netscape)'의 *bookmarks*와 '인터넷 익스플로러(Internet Explorer)'의 *hotlist, favorites*와 일치한다. 학생들은 이러한 용어 사용법을 쉽게 터득할

---

2) 유아르엘(URL: Uniform Resource Locator):
   무료 온라인 컴퓨터 사전 http://www.foldoc.org에서 가져옴

수는 있지만, 밀접하게 연관된 이러한 용어 사용법으로 인해 몇 가지 어려움이 나타날 수 있다.

(1) You should bookmark this page now!

(2) *You should favorite this page.

(3) Bookmark this page in your favorites!

더군다나, 용어나 표현의 번역에 대해 각기 다른 번역가들마다 의견이 항상 일치되지는 않을 것이다. *bookmark*의 한 불어 번역은 *marque-page*이지만, 다음과 같이 사용된 경우도 있었다.

(4) Bookmarquez cette page![3]

이렇게 발달하는 전문용어를 학생들이 그들의 방식으로 찾도록 돕기 위해서는, 믿을 만한 문서를 사용하여 대조적으로 전산학 영어를 가르칠 필요가 있다. 이렇게 함으로써 전문적 능력에 상관없이, 전산학자들이 불어뿐 아니라 영어에 대해서도 편안하게 생각하게 만들 수 있다. 불어 번역을 통해 전산학 분야의 초급자들이 기술(技術) 설명서를 더 잘 이해할 수 있도록 되었다. 보다 상급의 전산학자들은 영어 용어를 사용하는데 이미 익숙해 있지만, 불어 용어를 다룰 수 있어야 한다. 이런 이유 때문에 번역가들은 종종 번역된 문서의 처음에는 영어 용어를 표기하

---

3) 알타비스타(Altavista)에서 이런 형태가 100번 정도 사용되었다.

고, 그 이후로는 전부 상응하는 불어를 사용한다. 따라서 *ensemble de comp]osants*에 대해 *chipset*(칩셋)이란 영어 용어, *queue*나 *file d'attente*에 대해 *spool*(스풀)이란 영어 용어, *tableur*에 대해 *spreadsheet*(스프레드시트)이란 영어 용어와 같이 이미 불어 화자들에게 잘 알려져 있는 용어들은 편리하게 불어 문서의 시작부터 사용가능하다.

본 논문에서는 파리13대학교의 빌레타뉴 기술연구소(Technology Institute of Villetaneuse)에서 수행한 교육 실험을 보여준다. 이 연구는 불어를 사용하는 학습자에게 가장 큰 문제점 중의 하나에 중점을 두었는데, 교재나 전문분야 사전에서 매우 자주 간과되어왔던 중요한 언어의 측면인 전산학 분야의 영어 동사를 습득하는 것이었다.

본고는 간단하지만 모든 가능한 구조를 포함하는 문맥에서 사용된 다양한 예를 학생들에게 제공하기 위해 어떻게 인터넷에서 이용 가능한 코퍼스를 사용할 수 있는지를 보여준다. 이중 언어 또는 다중 언어로 된 기술 문서를 대조 분석하는 것은 믿을 만한 최신 문서를 사용한다는 장점이 있으며, 실제 쓰임을 설명하는데 있어 그 문서들은 사실성(reality)이라는 중요한 요소를 도입시킨다. 본고는 공식 기구가 표준화시킨 용어를 설명하기 보다는 실제로 과학계에서 사용하고 있는 동사를 설명하는 것이 목적이다. 본고에서 사용한 관례적인 코퍼스 검색 도구들은 파리13대학교의 언어정보연구소(Laboratoire de Linguistique Informatique)에서 개발했다. 이 도구들은 언어 교육의 특정 필요성에 따라 간단한 이중 언어 콘코던스, 자동화된 학습 활동의 창작 등에 사용되었다.

2. 동사와 코퍼스

불어 화자들에게 전산학 영어를 노출시키게 되면 이해하고 사용하는데 몇 가지 문제를 유발시킬 수 있다. 동사가 기술(技術) 사전 목록에 거의 없고, 대신 명사 목록 끝에 종종 나타나는데다, 품사(part-of-speech) 범주 이상의 다른 어떤 정보도 없다. 그러나 이것이 중요한 문제를 야기시킨다. 일단 원어민이 아닌 사람이 간단한 명사나 형용사 등의 전문 용어를 습득했다면, 더 이상의 문제는 없다. 그들이 전산학 분야에서 더 향상될수록, 이런 유형의 용어는 더욱 문제가 되지 않는데, 왜냐하면 그들은 그들의 전공 분야에서 사용되는 특정 전문 용어를 습득했기 때문이다. 이해하고 사용하는 단계에서 그들이 부딪히게 되는 어려움은 무엇보다도 동사와 관련되어 있다. 이것은 본고가 영어에 있어 초급자든 아니면 상급자든지 간에 불어 사용 학생들 사이에서 주목했던 대로이다.

필자들의 프로젝트에서 최근에 영어 전산학 분야 동사와 그것의 불어 대응 어구에 대한 서술을 개발하고 있다. 전산학 분야 동사 용어들의 정의에 대한 화용적 접근법과 상당히 유사하게 전산학 분야 동사를 3개의 범주로 나누었다. Hoffman(1985)은 전문 분야 어휘를 주제 특정 어휘, 비 주제 특정 어휘 그리고 일반 어휘의 3가지 용어 범주로 나누고, Trimble & Trimble(1978)은 고도의 기술적 용어, 일련의 기술적 용어들, 그리고 하위 기술적 용어로 나눈다. 앞의 두 범주가 Hoffman이 설명한 첫 번째 범주와 같은 반면, 마지막 범주는 일반 언어에서 온 용어들을 모두 포함한다. 그러나 이 용어들은 전문 분야에서는 특정 의미를 가진다.

본고의 목적은 원어민을 대상으로 용어를 설명하는 것과는 약간 다르기 때문에, 비 원어민의 관점을 고려한 접근법, 즉 교육적 관점을 선택했다. 동사를 조사해 보니, 고도의 기술적 동사(Hoffman의 첫 번째 범주에 따라)는 그대로 습득해야 하는 신조어4)인 경우가 아주 빈번하다는 것

---

4) 특히 인터넷의 발전으로 전산학에서 거의 매일 새로운 개념이 만들어 지기 때문에 이

을 알게 되었다. 동사의 두 번째 범주는 Hoffman과 Trimble & Trimble의 첫 번째와 두 번째 범주와 부분적으로 일치한다. 왜냐하면 두 번째 범주는 이미 일반 영어에 있는 동사들로 구성되어 있기는 하지만, 전문분야에서도 사용되기 때문이다. 마지막 범주는 Hoffman과 Trimble & Trimble의 세 번째 범주에 상응하는 것으로, 전산학 분야 영어에 사용되는 일반적인 영어 동사로 구성되어 있다. 특히 이 동사들은 상당히 자주 사용되며 이러한 전공 분야에서 불어 화자가 습득하기는 어려운 것이다.

본고의 접근법은 예를 반복 훈련하는 것과 같은 학습 활동을 자동적으로 생성할 뿐 아니라, 교사가 학생들에게 실제적 자료를 직접 제시할 수 있는 교육 자료를 만드는 잠재성을 가지고 있다. 본고는 이미 웹 기반의 언어 학습(WALL) 환경을 마련하였고(Foucou & Kübler 2000), 여기서 학습 활동을 생성하여 학생들이 습득한 지식을 연습할 수 있게 한다.

2.1 기존 교육 자료

수많은 교재들이 전산학 분야 영어의 구체적인 특징을 설명하고 있지만, 이들은 대게 기본적인 것에 그친다. 기술(技術) 영어의 특징인 동사/명사 중의성과 다재다능하게 새로운 용어를 만들어 내는 특징들은 거의 언급되지 않는다. 동사 구조와 그것의 분포적, 변형적 특성과 같은 문장에 관한 표시는 거의 없다. 번역에 관한한, 전산학 분야 영어 동사와 그에 대응하는 불어 동사 목록은 불행하게도 잘 집대성되어 있지 않으며, 각기 다른 사용 문맥에 관한 정보도 포함되어 있지 않아서, 사용자는 어떤

것은 놀랍지 않다.

번역이 어떤 문맥에서 사용되어야 하는지를 추측해야 한다.

일반 사전은 대체로 전산학 분야 용어가 아주 적게 포함되어 있다(실제로 이것은 일반 사전의 기본 기능은 아니다. 왜냐하면 특수 목적 사전이 아니기 때문이다). 특수 목적 사전은 때때로 불완전하거나(특히 비원어민에게) 또는 매우 빨리 구식이 된다. 번역가가 번역을 위해 실제 텍스트를 접했을 때, 이 두 유형의 사전이 제공하는 정보는 그다지 유용하지 않은 경우가 많다. 이 때문에 보다 최신의 참고 자료에 의거할 필요가 있는 것이다. 본고는 문맥이 용어와 단어를 구별하는 유일한 방법이라는 Pearson(1998)의 견해에 동의하며, 따라서 동사가 설명 되어야 할지 말지를 결정하기 위해 코퍼스를 사용하기로 한다.

전산학 사전은 명사와 그 의미, 그리고 가능한 불어 번역(이중 언어 용어 설명에서)에 중점을 두고 있다. 전산학 분야의 초급자와 불어를 사용하는 학생들은(예: 프랑스 대학교의 1, 2학년 학생들) 때때로 백과사전적인 정의를 『무료온라인 전산사전(FOLDOC(Free On-Line Dictionary Of Computing)』[5])에서 또는 다른 전산학 사전에서 찾을 것이다. 학생들은 웹상에서 볼 수 있는 다양한 이중 언어 사전에서 용어에 대한 같은 유형의 설명과 불어 번역을 접하게 된다.[6]

- 사전 목록에는 무수히 많은 전문 두문자어(acronyms)가 있다. 이 중 언어 사전에는 3가지 유형의 두문자어가 나타난다.
- 불어로 번역되는 두문자어. 예를 들면, *ISDN(Integrated Service*

---

5) 주석 4 참조
6) http://www2.echo.lu.edic/EURODICAUTOM
   http://web.culture.fr/culture/dglf/internet
   http://www-rocq.inria.fr/qui/Philippe.Deschamp/CMTI/glossaire.html

*Digital Network)*은 *RNIS(Réseau Numérique Intégré de Service)*로 번역한다.

- 불어에서 두문자를 사용하지 않는 두문자어. 예를 들면, *OS (Operating System)*를 *système d'exploitation*으로 번역하지만, 순수주의자들 외에는 불어 두문자어 *SE*로는 거의 사용하지 않는다.
- 마지막으로, 불어 번역이 없는 두문자어. 예를 들면, *SCSI(Small Computer Interface System)* 또는 *MSDOS(Microsoft Disk Operating System)*.

- 사전에는 *controllerless, big or little endian*과 같은 예에서 볼 수 있듯이 매우 특수화된 수식어가 포함되어 있기도 한다.

2.2 불어 화자의 고충

본 필자들은 불어를 사용하는 학습자들 사이에서 영어의 동사 체계와 관련된 여러 가지 유형의 어려움들을 목격했다.

- 동사/명사 중의성(동사의 명사적 사용과 그 반대 사용): 학생들이 동사를 명사와 구별하는 것은 어려울 수도 있다. 영어 원어민들에게 있어 문맥은 충분히 분리해서 말할 수 있는 것이지만, 원어민이 아닌 사람은 그렇지 않으며, 이들은 얼마나 쉽게 그리고 자주 동사가 명사에서(예: 자료를 압축하기 위해 사용되는 프로그램인 *zip*에서 생겨난 *to zip*), 또는 명사가 동사에서(예: 동사 *to log in*에서 생긴 *a login*) 생겨날 수 있는지를 모른다. 게다가 영어 동사는 불어에 직접적인 대응어가 없고, 말을 바꾸어서 번역되

거나, 동사와 그것의 술어 명사가 결합된 형태를(연어) 유지한다.

- 다의성: 여러 가지 의미를 지닌 몇몇 영어 동사들은 불어 화자들에게 이해나 구조적 문제를 야기 시킨다. *to run*이 좋은 예인데, 이것은 다양하게 사용되며, 불어로 다양하게 번역되지만, 일부의 구조들은 동사의 논항에 의해 결정된다.
- 불어와 영어 간의 구조적 차이: 두 언어에서 매우 유사한 동사들 간의 구조적 차이는 종종 불어 화자들에게 간섭 오류의 원인이 된다(Kübler 1995). 이것은 전산학 분야 영어에서도 마찬가지이다.

동사와 그 구조에 관한 설명과 서술이 없이 전산학 분야 영어를 성공적으로 학습할 수 없다. 안타깝게도, 여러 교재에는 정확하게 이런 유형의 설명이 빠져있다. 그러나 코퍼스에서 이러한 유형의 설명을 얻을 수 있다. 전산학 분야 동사에 대한 철저한 설명과 서술은 교육뿐만 아니라 자동 오류 수정이나 자동 번역 시스템과 같은 다른 응용 분야에도 필수적인 것으로 보인다.

3. 문제의 동사 확인

3.1 전문, 일반, 그리고 병렬 코퍼스

월드 와이드 웹(World Wide Web)이 빠르게 발달함에 따라 늘어나는 코퍼스 자료를 더 쉽게 이용할 수 있게 되었다. 오직 실제 세계에만 관련된 기술적 설명서를 사용하면 믿을 만한 구성요소(component)를 도입하는 장점이 생기는데, 이것은 이 주제에 관한 문헌에서(예: Johns 1988) 오랫동안 중요하게 간주되었던 것이다. 전산학 분야 영어의 실체를 설명하기 위해, 본고의 연구 코퍼스로 리눅스하우투(Linux HOWTO(50만 단어))를 선택했다. 하우투(HOWTO) 기술적 설명서는 구하기 쉽고, 정기적으로 업데이트되는 장점이 있다. 그 뿐 아니라 불어를 포함하여 여러 언어로 번역되었기 때문에 다중 언어로 되어있다는 것도 장점이다.

그러나 철저하게 하기 위해 본고는 다른 코퍼스도 견본으로 뽑았다. 전산학 텍스트는 언어의 표현 양식과 단계가 매우 다양하다. 본고는 각기 다른 가능한 양식의 대표 견본을 사용하기로 했다. 본고의 코퍼스는 월드 와이드 웹에서 제공하는 거의 무진장한 자료에서 뽑았으며, 다섯 가지 범주로 나누어진다.

ⅰ) 기술(技術) 참고자료
- 유닉스(UNIX) 운용 체계의 사용자 안내서(문서 250개, 16MB, 타입 53,300개)
- 인터넷 사용자를 위한 설명서인 인터넷 RFC(Internet RFC) (파일 2000개, 85MB, 타입 161,083개))

ⅱ) 전문 온라인 출판사
『Wired』: 전산학 잡지(기사 1000개, 5MB, 타입 38,392개)

ⅲ) 뉴스 그룹
뉴스 그룹은 컴퓨터 사용의 다양한 측면을 다룬다. 언어의 단계는 비격식적이며, 때때로 다음 예와 같이 대단히 비격식적이다. 예는 comp.lang.perl.misc 뉴스 그룹에서 뽑았다.

쌍따옴표(double quote)나 골라 잇기(join)를 사용. 둘다 사용은 안됨.
Either:$file = '../dir/dir/dir/'. $country.'_' $machine ;
최소한 필자의 경우 다음과 같은 행태는
$file = <<../dir/dir/dir/$country_$machine ;
아래와 같이 되어야 함
$file = <<..dir/dir/dir/${country}_$machine >> ;

뉴스 그룹은 대략 1000개의 기사를 포함하고 있다(ca. 타입 6,500개)

ⅳ) FAQ (자주 묻는 질문)

*FAQ*는 종종 뉴스 그룹과 관련되어 있으며 주어진 주제에 관해 가장 자주 묻는 질문을 포함 하는 파일로 구성되어 있다. 예를 들면, *Y2K bug, Solaris OS*나 심지어 *Windows*와 같은 주제에 대해서는 *FAQ*를 이용할 수 있다.

ⅴ) '일반' 영어

결과를 비교하고 다른 각도에서 조사하기 위해, 『더타임즈(The Times)』(3,500,000 단어)나 『더헤럴드트리뷴(The Herald Tribune)』(1,500,000 단어)과 같은 '일반 영어' 코퍼스를 사용한다. 다른 전산학 분야 영어 코퍼스는 전문적인 쓰임을 확인하게 해주고, '일반 영어' 코퍼스는 선정된 동사의 전문화 정도를 알기 위해 사용된다.

3.2 빈도

코퍼스를 처음 샘플링한 결과, 가장 빈도수가 높은 동사의 목록을 알 수 있게 되었다. 하우투(HOWTO) 코퍼스에서 가장 빈도수가 높은 세 동사 (조동사와 유사조동사는 제외)는 다음과 같다.

use: 3,114회 사용	*run*: 1,565회 사용	*install*: 1,163회 사용
using: 1,726회 사용	*run*: 886회 사용	*install*: 662회 사용
used: 1,192회 사용	*running*:523회 사용	*installed*: 369회 사용
use: 196회 사용(명사로 사용된 횟수 포함)	*runs*: 140회 사용(명사로 사용된 비율 매우 낮음)	*installing*: 132회 사용

발생 빈도수는 몇 백으로 빠르게 줄어들 수도 있고(동사 boot의 경우 500회 정도 사용된다), 100회 미만인 경우도 있다(download는 40회 정도 사용된다).

이런 결과는 *use, run, call*의 빈도수가 높은 『더타임즈(The Times)』지의 동사 빈도수와 비교해 볼 수 있다(전산학 분야 영어가 아니라 일반 영어 사용을 말함). 아래 표를 참고하라.

use: 30,324회 사용	*run*: 26,697회 사용	*call*: 13,771회 사용
used: 13,333회 사용	*run*: 1,2773회 사용	*called*:12,445회 사용
use: 11,364회 사용	*runs*: 4,517회 사용	*call*: 5,922회 사용
using: 4,333회 사용	*running*: 6,541회 사용	*calls*: 3,601회 사용
uses: 1,295회 사용	*ran*: 2,866회 사용	*calling*: 1,793회 사용

놀랍게도, 불어 코퍼스(하우투(HOWTO) 코퍼스의 불어 번역본)에서의 빈도수는 이와 다르다. 가장 빈도수가 높은 동사는 *utiliser*(활용하다)로 2,000회 사용되었으며, 다음은 *fonctionner*(작용하다)로 300회로 급격히 줄어들고 나머지 동사들은 드물게 사용된다. 이는 동사의 사용에 따라 불어 번역이 달라진다는 점을 보여준다. 동사 *to run*의 다양한 사용 중 한 가지는 불어 *fonctionner*로 번역된다. 불어 *fonctionner*는 영어 *to work*의 번역이기도 하다. 하나의 단어를 번역하기 위해 여러 단어를 사용하기 때문에 불어 동사의 빈도수는 줄어든다.

이런 이유로, 빈도수가 높은 동사들을 기술하고 교육하는 것만으로는 충분하지 않다. 참고 코퍼스에서 빈도수가 상대적으로 낮은 동사들 가운데 가르쳐야 할 동사들이 있는데, 그 이유는 그런 동사들이 불어 화자에게 특히 어렵기 때문이다.

콘코던서를 사용하여 문자열상의 코퍼스 혹은 명사, 동사, 형용사 등의 통사적 범주를 포함하는 펄(perl) 프로그램 언어와 흡사한 규칙적인 표현을 가진 코퍼스를 탐구할 수 있다. 그림 1에서 보듯이, 펄과 같은 규칙 표현인 (*have* \ *has*) \ *w+ed*는 단어의 두 연쇄를 찾고 있다. 검색하고 있는 것은 *have*와 *has* 다음에 *-ed*가 따라 나오는 연쇄이다. 이런 문자열을 찾으면 현재 완료형의 사용횟수를 알 수 있다.

그림 1. 현재 완료 사용 검색

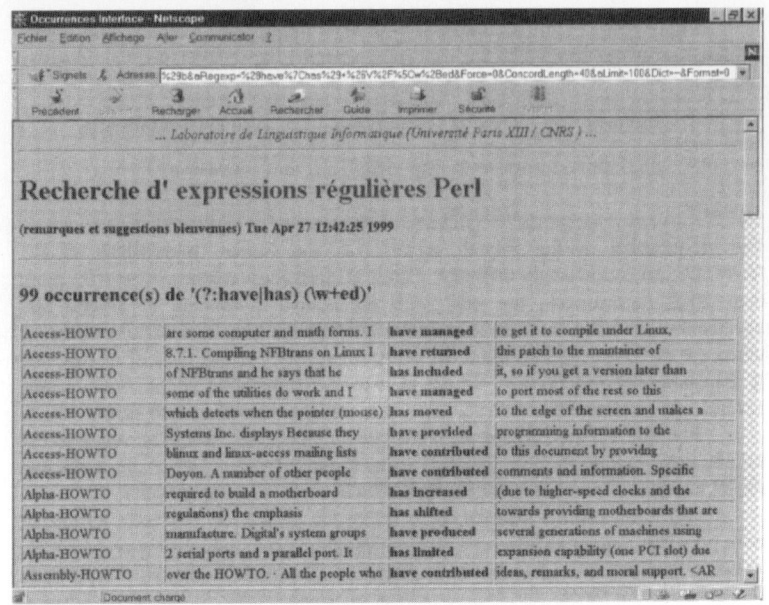

먼저, 동사로 간주되는 모든 용어를 검색하여 단순한 빈도수 목록보다 더 정교한 목록을 얻을 수 있었다. 이런 검색은 불어와 영어 사이에 존재하는 차이 때문에 중요하다. 우리는 영어 동사 *to mirror*나 *to cache*를 선택했으며, 그 이유는 그 동사들이 코퍼스에서 빈도수가 낮지만(빈도수 100 미만) 불어에서 대응어가 없어서 어려운 단어이기 때문이다. 대응어로서 불어 *miroirer[7])나 *cacher*는 적당하지 않다.

두 번째 탐색으로는 각 동사가 개별적으로 쓰이는 문맥을 다루었는데 이는 동사의 분포적, 변형적 특성을 추출하기 위한 것이다. 콘코던스의 예들은 학생들에게 제시하기 위해 편집되었으며 그 목적은 실제적 자

---

7) *표시가 된 단어들은 주어진 언어에 존재하지 않는다.

료를 통하여 동사의 용례를 학생들에게 가르치려는 것이다. 언어 교육에서 데이터 중심 접근법이 권장하는 방법은 참고문헌들의 설명과 코퍼스로부터 추출된 예들을 서로 비교하는 방법이다(Wichman et al 중의 Dodd 1997 참조). 이런 비교는 전산학 분야 영어 동사에 대한 설명이 없기 때문에 전산학 분야 영어에서는 잘 적용되지 않는다. 대신 일반적인 영어와 비교해 봄으로써 전문 분야에서 사용된 영어 동사를 고찰할 수 있다.

이상에서 언급한 것처럼, 참고 코퍼스인 '리눅스 하우투(Linux HOWTO)'는 다양한 언어로 번역되었고 영어 코퍼스를 불어 번역과 나란히 정렬할 수 있다. 불어 코퍼스와 영어 코퍼스는 우리의 툴(Wall환경)로 개발되었고 또 그 속에 포함되어 있는 펄 스크립트로 문단마다 나란히 정렬될 수 있다. 그런 정렬이 항상 완벽한 것이 아니기 때문에(번역가들은 섹션을 첨가하거나 삭제할 수 있다), 해당되는 문단은 수동으로 검색할 수 있다. 우리의 툴을 사용하면 사용자는 코퍼스(그림 1)중의 한 가지를 검색하고, 그 다음 한 동사의 사용을 검색하거나 다른 언어에서의 대응어를 찾아볼 수 있다(그림 2).

그림 2. 'announce'에 관하여 나란히 정렬된 두 문단

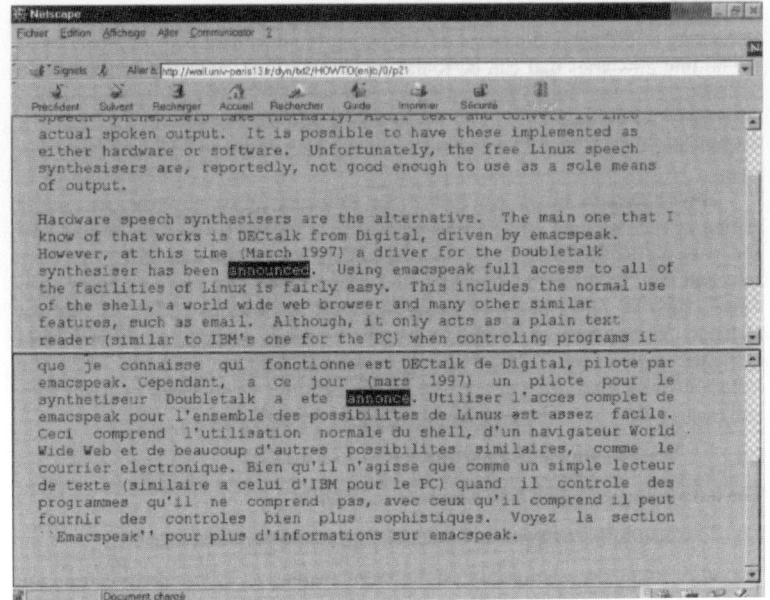

각 동사가 어떻게 다르게 사용되는지를 변별해 주는 콘코던스를 고찰한 후, 우리는 불어 번역 코퍼스에서 가능한 불어 번역을 알아보았다. 우리의 목적은 영어 동사를 보다 정교하게 기술하는 한편 다양한 불어 표현을 대응시키는 것이었다. 불어 코퍼스에도 동일한 작업을 하였다. 즉, 우리는 다양한 용례를 분석하고 영어 대응어를 검색하였다.

4. 몇몇 동사에 관한 설명

우리는 이 절에서 코퍼스를 검색해봄으로써 전산학 분야 영어에서 동사가 얼마나 다양하게 사용되는지를 보여줄 것이다. 코퍼스를 사용하면서 영어에서 전형적인 다음 세 가지 동사 유형을 기술할 수 있게 되었다. 그

세 가지란 첫째 신조어, 둘째 '일반 영어'에서 이미 존재하는 동사로서 특별 용법으로 사용되는 동사, 셋째 전산학 분야 영어에서 빈번하게 사용되는 '일반 영어' 동사를 말한다.

코퍼스 검색의 결과들은 불어화자들의 잠재적인 어려움을 드러낼 수 있다. 전산학 분야 영어에서 쓰이는 동사를 그에 해당하는 불어 대응어를 비교하거나 '일반 영어'에서 사용되는 동사와 비교해 보면 우리는 그 차이를 명확히 알 수 있다. 특히 신조어와 특별하게 사용된 일반 영어에서 이미 존재하는 동사를 비교해 보면 더욱 명료해 진다. 세 번째 유형의 동사(일반 영어)와 관련하여 불어 화자들이 겪는 어려움은 모든 불어 화자들에게 공통적으로 해당된다.

4.1 전산학 분야 영어의 신조어에서 나타나는 동사/명사 중의성

빈도 목록이나 동사 용어 목록 어느 것도 기술 관련 명사나 고유 명사로부터 만들어진 동사적 신조어를 포함하기에 충분하지 않다. 우리가 찾는 용어들이 일반 사전8)에서는 반드시 동사로 표기되어 있는 것도 아니다. 참고 도서들도 거의 도움이 안 된다. 전산학 분야 영어 교재에서도 이런 동사에 관해 명확하게 설명되어 있지 않다. 컴퓨터에 관한 영어 사전이나 이중 언어 용어집(인쇄된 사전이나 웹상에서 발견되는 온라인 용어집일 수 있다)은 많은 명사를 포함하고 있지만 그 용어가 동사로서 사용된 경우를 포함하고 있지 않다. 예를 들어, 『전산학사전(Dictionary of Computing)』(ESL학습자용으로써 옥스퍼드대학 출판부(Oxford University Press)에 의해 출판)이 아주 많은 어휘들을 포괄하고 있긴 하지만, 이 사

---

8) 우리의 코퍼스(예. 발화 범주별을 어휘 목록)를 분류하기 위해 특정한 사전을 사용한다. 우리의 코퍼스에서 추출한 정보로 우리는 우리의 사전을 완성할 수 있었다.

전은 이런 종류의 정보를 제공해 주지 않는다.

이런 사실을 염두에 두고, *-ed, -ing, -(e)d*로 끝나는 동사의 활용형 (inflected form)을 검색해 보았다. 이런 동사의 과거시제와 과거분사는 어근에 *-ed*를 붙여서 만들어 지기 때문에 규칙 동사이다. 더욱 꼼꼼하게 선택하기 위해 *have, been, being* 다음에 *-ed*로 끝나는 더욱 복잡한 동사형에 대한 콘코던스를 검색하였다. *to ftp, to rlogin, to telnet, to gzip, to Mosaic*과 같은 동사들은 이런 방식으로 추출되었다. 동사 *to zip*은 명사 *zip*에서 파생되었고, 그 활용형은 *zips, zipping, zipped*이다. 이런 경우에 동사의 통사적 구조가 명확하듯이 동사와 명사사이의 관계는 명확하다.

(6) You can **zip** the file and attach it to your message

영어에서처럼 불어에서 이 용어가 사용될 경우에도 아래 경우처럼 아주 단순하다.

(7) Vous pouvez **zipper** le fichier et le joindre à votre message

어떤 동사들은 그 관계가 다소 불명확하다. *to FTP*는 FTP(File Transfer Protocol: 파일전송프로토콜)의 두문자어에서 파생되었고, *to Mosaic*은 *World Wide Web*(월드와이드웹)의 첫 브라우저의 이름인 *Mosaic*(모자이크) 에서 파생되었다.

(8) The latest source can be **FTPed** from the directory ftp...or **Mosaiced** from http

이런 경우에, 영어 문맥만으로는 동사의 기본적 통사 구조를 형성하는데 충분하지 않다. 그 의미는 비전공자들에게 여전히 불분명하다. 불어화자들이 이해하기 어렵고 심지어 문장을 잘못 이해할 수도 있다. 우리가 동일한 문맥에서 불어 대응 표현을 보면 아주 도움이 된다. 예시 (8)을 불어로 번역하면 다음과 같다.

(9) On peut **charger** la dernière version sur **ftp** ... et **sous Mosaic** depuis http ...

불어에서 *ftper와 같은 신조어들은 영어보다 더 많은 제약을 가진다.[9] 전문 서적을 불어로 번역하는 번역가들은 영어 동사가 파생되어 나온 본래 명사에 기초하여 바꿔 쓰기(paraphrase)하는 경향이 있다. 예를 들어 to ftp 와 to Mosaic 두 동사에 대하여 영어 표현 양식과 불어 표현 양식은 아주 다르다. 불어는 charger une version sur ftp (on ftp)와 sous Mosaic (under Mosaic) 으로 표현된다. 그러나 코퍼스에서 to FTP가 사용된 모든 경우를 찾아보니 또 다른 가능한 번역도 있었다.

(10) a. You can ftp it from sunsite.une.edu
     b. Vous pouvez l'obtenir par sunsite.une.edu

이중 언어 코퍼스를 사용하면 이런 다양성이 강조되고, 영어 전문 용어는 가끔 불어에서는 일정한 번역이 없다는 것을 알 수 있게 된다. 이런

---

9) 여기서 *ftper는 아마 활음조 규칙 때문에 불어 발음이 부드럽지 않은 단어라서 존재하지 않는 것 같다.

이유 때문에 가능한 모든 대응 표현을 수집할 필요가 있다. 불어 표현의 영어 대응어를 검색하면서, 명사로 사용된 *FTP* 주변에 영어 바꿔 쓰기 표현을 또한 발견했다.

(11) a. It can be obtained by anonymous FTP from sunsite.une.edu

b. On peut l'obtenir en faisant un FTP anonyme à partir de ...

불어의 활음조 규칙이 허용하는 범위 내에서, 몇몇 단어들은 완곡한 대응 표현이 함께 존재한다. 아래 예시를 보라.

(12) a. They must **telnet** to the firewall

b. Il faut se **connecter** au firewall par le **réseau**

(13) a. Only the administrator can **telnet** directory to the firewall via Port 24

b. Seul l'administrateur peut **télnéter** directement le firewall sur le port 24

첫 번역은 *telnet*(텔네트) 과정에 대한 설명을 나타낸다. 두 번째 번역은 꽤 놀라운데 그 이유는 영어의 전치사 동사구인 *Nhum telnet to Nmachine*[10]에서 타동사(차용 번역어)가 파생되기 때문이다.

---

10) 우리는 여기서 어휘론·문법론의 이론적 방법적 틀에서 사용되는 개념을 사용하고 있다. 예를 들어 어휘문법론에서는 *Nhum*은 인간 명사 즉, 인간(girl, driver, linguist, guy 등등)으로 간주될 수 있는 모든 명사를 나타내고 있다 (Gross 1975).

코퍼스에서 불어 동사 *télnéter*가 단 1회 발견되므로, 새로운 어휘를 만드는 모든 규칙을 충족시켰다고 하더라도 예시 (13b)의 수용가능성은 의문스럽다. 이런 경우에 빈도수와 구조를 모두 고려하는 것이 학습할 어휘의 범위를 정의하는데 유용하다. 빈도수가 낮고 의심스러운 구조는 제외시켜야 한다.

전산학에서 쓰이는 동사를 살펴 볼 때 분명히 주요한 문제들이 있다. 그 중에서도 첫째는 영어에서 불어로 번역할 때 규칙성이 없다는 것이며, 둘째는 기준과 실제 사용 관행이 들어맞지 않는다는 것이다. 즉, 정보용어정부위원회(Commission Ministérielle de Terminologie Informatique)와 같은 공식 기구에 의해 표준화된 용어가 항상 사용되는 것이 아니라, 전산학계에서 실제로 사용되고 있기 때문에[11] 공식 기구에서 반대하는 용어들이 확신을 가지고 계속 사용될 수 있다.

아주 빈도수(700 토큰 사용)가 높은 동사 *to boot*는 이런 문제를 잘 보여준다. 이 예에 대해서도 사전이나 교재와 같은 참고 문헌들은 그다지 소용이 없다. 온라인 『메리엄웹스터(Merriam-Webster)』[12] 사전에도 전산학에서 사용되는 *to boot*의 정의는 수록되어 있지 않으며, 대신 그 동사에 대해서 주어진 의미는 *to avail*(도움이 되다)과 *to profit*(이롭다)의 의미뿐이다. 『콜린스코빌드(Collins-Cobuild)』사전에는 *to boot*가 아예 동사로 들어가 있지도 있다. 웹상으로 사용할 수 있는 온라인 사전 중에서 워드넷(Wordnet)[13]은 전산학에서 이들 동사들이 특수하게 사용된 정의를 수록하고 있어서(예시 (15) 정의 참고) 다소 도움이 된다. 그러나 동사의 논

---

11) 이런 현상은 공유소프트웨어(GNU initiative)와 리눅스(Linux)사용자들이 특히 그러하다.

12) http://www.m-w.com

13) http://www.cogsci.princeton.edu/~wn/

항이나 통사적 구조에 관해서는 충분한 정보를 제공하고 있지 않다.

(14) Boot: kick; give a boot to(내차다)

(15) *boot*: cause to load (an operating system) and start the initial processes(운영체계를 초기화 시키다)

전산학 위주의 온라인 사전인 폴독(FOLDOC)에는 *to boot*는 *to pull oneself up by one's own bootstraps*(자력으로 성공하다)에서 나왔으며, 그 표현의 원래 뜻('to do something without help(도움없이 어떤 일을 하다)')이 (16)처럼 *to bootstrap*로 의미전이되었다고 설명한다.

(16) *Bootstrap: ('to pull oneself up by one's bootstrap*(자력으로 성공하다)'에서 나옴)

To load and initialize the operating system on a computer. (운영체계를 초기화 시키다)

Normally abbreviated to 'boot'(보통 'boot'로 줄여씀)

원래 동사인 *to bootstrap*은 우리의 코퍼스 자료에 따르면 전산학 분야 영어에서 그다지 자주 사용되고 있지 않다. *to bootstrap*은 단지 13개의 토큰으로 사용되었으며, 그 중 단지 2회만 코퍼스 상에서 동사로 사용되었다.

(17) a. This is useful to **bootstrap** Linux on a system with only one floppy drive

b. Ceci est utile pour **démarrer** Linux sur une machine qui ne possède qu'un lecteur de disquettes

프랑스에서는 문화부의 정보용어위원회(Commission de Terminologie Informatique)에 의해 표준화된 번역은 명사에 대해서는 *amorce*와 동사에 대해서는 *amorcer*이다. 이 두 단어는 'start'라는 뜻으로 이미 존재하는 용어가 특수하게 사용된 것이다. 그러나 명사 *amorce*는 불어 코퍼스에도 발견되는 반면, 동사 *amorcer*는 불어 코퍼스에서는 거의 사용되지 않는다. 불어 코퍼스에서 동사 *to boot*의 불어 대응어를 찾아보면 *démarrer*(시동걸다), *lancer*(던지다, 시작하다)로 나타나고, 드물게 영어식 어법인 *booter*로 나타난다.

(18) a. You can specify various hardware parameters before **booting** the Linux kernel.

b. Vous pouvez préciser différents paramèters materiels avant de **démarrer** le noyau Linux

(19) a. The system doesn't **boot** at all

b. Le système ne **boote** plus du tout

(20) a. LILO is a program that will allow you to **boot** Linux

b. LILO est un programme vous permettant de **lancer** Linux *démarrer*와 *lancer*에 해당하는 영어 대응어를 분석하는 관점을 취하여 *to boot*를 확인하였을 뿐만 아니라, 불어 *lancer*에 대응하는 영어가 *to run, to launch, to type, to issue*임을 발견할 수 있었다.

영어 동사를 사용하는 것은 불어 화자들에게는 아주 복잡한 문제가 될 수 있다. 영어 동사와 불어 동사의 콘코던스를 비교하여 어떤 문맥에서 그런 동사들이 사용되었는지를 스스로 발견할 수 있게 해야 한다.

불어 *booter*와 *amorcer*는 *to boot*를 정확히 번역한 것이다. *booter*는 임시 차용어이며, *amorcer*는 영어 *to boot*에 대한 공식적인 불어 대응어를 위해 기존의 동사에 새로운 사용법을 만들어서 사용한 것이다. 콘코던스를 비교하면 언제 *démarrer*와 *lancer*(때로는 *se lancer*)를 사용하는지를 정확하게 알 수 있다. 일반적으로 거의 예외 없이, 컴퓨터 운영체제를 작동시키는 문맥에서는 *démarrer*와 *lancer*의 번역으로 *to boot*가 사용된다.

본고는 여기서 어떤 언어적 정보가 코퍼스에서 추출될 수 있는지를 보여준다. 이 정보는 수업자료를 준비할 때도 이용할 수 있고 연습문제를 자동 생성하기 위해서도 이용될 것이다.

i) *to boot*는 능격 동사로서, 행위는 행위자 혹은 행위에 영향을 미치는 사람의 관점에서 묘사될 수 있다. 이런 능격 동사는 기본적으로 세 개의 논항을 가지며 주어는 행위의 주체이다[4].

N_0 *boots* N_1 *prep* N_2는 다음 논항 구조를 가진다.

---

14) N_0는 주어위치에 있는 명사이고, N_1은 목적어 위치에 있는 명사(들)이며, N_2는 제2목적어 위치에 있는 명사(들)이다.

N_0 =:	*Nhum*(인간명사) 혹은 *Nbootapple*(부팅 할 수있는 명사) (= 시스템이 부팅되도록 허용하는 리로(LILO)와 같은 응용 소프트웨어)
N_1 =:	*Nbootobj* (= 부팅될 수 있는 모든 대상: *opertating system, disk, bootdisk, hard disk, floppy disk, kernel*)
Prep =:	*with, from, off* (전치사)
N_2 =:	*Nbootingobj* (= 부팅시키는 대상, 예를 들어 *CD, CD-ROM, D:, C:, A:, file, emergency disk*)

(21) a. To **boot** one of your old kernels **off** the hard drive...

b. Pour **lancer** l'un de vox vieux noyaux **à partir du** disque dur...

(22) a. A good idea might be to **boot** the notebook **with** a kernel

b. Une bonne idée serait de **démarrer** le portable **avec** un noyau

(23) a. In order to have LILO **boot** Linux **from** OS/2 Boot Manager,...

b. Afin que LILO **lance** LInux **à partir** du gestionnaire de démarrage d'OS/2,...

코퍼스를 통해 다양한 영어 전치사를 접할 수 있고, 그것들이 어떻게 불어로 번역되는지 알 수 있다. 문장을 세 개의 논항 구조로 분석하면 각각의 위치에 대하여 논항 목록을 만들 수도 있다.

ii) 단순 타동 하위 구조가 가능하다: N_0 *boots* N_1

N_0 =:	Nhum +Nbootappl
N_1 =:	Nbootobj

(24) a. LILO is a program that will allow you to boot Linux.

b. LILO est un programme vous permettant de lancer Linux.

iii) 주어 위치에 있는 논항이 행동에 영향을 받는 요소를 나타내는 자동사 형태는 다음과 같다: N_0 *boots*, (여기에서 N_0 =: *Nbootobj*(부팅되는 대상 명사)

(25) a. When Linux boots, it is usually configured not to produce...

b. Quand Linux se lance, il n'est habituellement pas configuré pour...

iv) N_1(제 1 목적어) 자리에 있는 목적어가 삭제되는 것으로 추정되는 전치사 구조도 상당히 흔하다: N_0 *boots Prep* N_1 (여기에서 N_0 =: *Nbootobj*(부팅되는 대상), *Prep* =: *to*)

(26) a. Your BIOS may not allow you to boot directly to a SCSI drive.

b. Votre BIOS ne vous permettra peut-être pas de démarrer directement à partir d'un disque SCSI

(27) a. Your BIOS may not allow you to boot to a Linux installed there

b. Votre BIOS peut ne pas vous permettre de démarrer un système Linux qui y serait installé

이 문맥에서 *lancer*가 보다 일반적인 의미를 갖는 동사인 *to launch*(착수하다)로 번역되는 일은 매우 드물다. *lancer une commande*(명령을 실행하다(혹은 입력하다) 등)와 같은 전혀 다른 문맥에서 *to run, to issue, to type* 등으로 번역되는 경우를 볼 수 있다.

위에 나오는 구조와 논항은 일반 동사 *to boot*(이롭다, 도움이 되다)와 전문 분야에서만 사용하는 신조어 *to boot*(부팅하다)의 차이를 보여준다. 어원의(공시적인 관점에서 그다지 유용하지는 않은) 기원과는 별도로, 신조어 *to boot*는 일반 동사와는 논항 뿐 아니라 구조도 매우 다르다는 것을 보여준다. 이것은 아래의 두 예시에서 볼 수 있는데, 『더헤럴드트리뷴(The Herald Tribune)』의 콘코던스에서 추출한 것이다.

(28) In early 1988 the Saudis **booted out** Hume A. Horan

(29) ...eating habits under control by **booting** the French chef and his staff. The next...

다음의 4.2에서는 일반 영어에 존재하면서도 기술적 용법을 갖는 동사들의 문제를 다룬다.

4.2 영어 동사의 특수한 용법들

영어의 일반적인 의미와는 매우 다른 특수한 용법으로 일반 영어에 존재하는 동사들을 전산학에서 많이 찾아볼 수 있다. 동사들을 일반 영어의 용법뿐만 아니라 불어의 대응어와 비교해보면 아래 예시에서 보여주듯이 특수 전문 분야에서만 사용되는 용법을 분리시킬 수 있다.

to save

하우투(HOWTO)	헤럴드 트리뷴(Herald Tribune)
These settings will be **saved** for you Cette configuration sera **sauvegardée**	to **save** court time he returned to the church to **save** his skin the government hopes to **save** hundreds of millions of dollars

이 예시들은 동사의 논항이 전산학 분야 영어에서는 매우 다르다는 것을 보여준다. *to save*에 대한 불어 번역은 특수한 용법에서는 *sauvegarder*(저장하다)인 반면에 위에서 일반적인 용법으로 나타낸 세 가지 예시에서는 각각 *gagner*(돈을 벌다), *sauver*(구하다), *épargner*(아끼다)로 번역될 것이다.

신조어의 경우에서처럼 영어 동사를 불어 대응어와 비교하면 불어 화자에게 알려지지 않은 사용법을 예측할 수 있다. 전산학 분야 영어에서 *to post*의 선험적인 의미는 불어 번역에서 확인할 수 있듯이 'to send a message by e-mail, especially to a newsgroup(전자우편으로, 특히 뉴스그룹에 메시지를 보내다)'이다.

(30) a. Everybody should have a look through this section before
posting for help

b. Tout le monde devrait y jeter un coup d'œil avant **d'envoyer**
un message demandant de l'aide

다음 예시의 의미는 완전히 다르다.

(31) a. Called by the kernel when the card **posts** an interrupt

b. Appelé par le noyau quand la carte **déclenche** une
interruption

일반적 용법과 전문적 용법 사이의 거리는 '거의 일반적인' 것과 '완전히
전문적인'것 사이의 연속선상에 있다. 유닉스(UNIX)나 리눅스(Linux)같
은 운영 체제에서 사용하는 명령어들은 문장 속에서 아주 전문적인 의미
를 갖는 동사로 통합될 수 있다. 예를 들어 '컴퓨터 작업에서 빠져 나가
다'라는 *to quit*이 전문적으로 사용되면 그 동사의 일반적인 의미와 가깝
다. 유닉스나 리눅스에서 구동하는 전자우편에서는 *quit*은 삭제한 글을
저장하지 않고 응용 프로그램을 빠져나가는 것을 의미하는 명령어이다.
명령어의 이름이 문장에서 동사로 사용될 때 동사의 의미와 명령어의 이
름이 결합된다.

'quit'과 비교해 볼 때, 전산학 분야 용어에서 '갑자기 과정을 멈추다'
라는 의미인 *to kill*은 불어 번역에서 *détruire*(파괴하다, 지우다) 뿐 아니라
tuer(죽이다)로 나타나지만 일반적인 의미와 그다지 가깝지 않다. 더 깊이
들어가자면, *to zip*(불어: *compresser*)과 *to unzip*(불어: *décompresser*)의 일반적

용법과 전문적 용법 간의 차이는 매우 크다.15)

서로 다른 일반적 용법과 전문적 용법을 갖는 이러한 유형의 동사들은 아주 많으며, 그 가운데 몇몇은, 예를 들어 *to run*과 같은 것은 매우 자주 사용된다. *to run*은 다양하게 사용되며(코퍼스 증거에 따르면) 전산학 분야 영어에서 자주 쓰인다. 그것은 필자들이 갖고 있는 일반 신문(『더타임즈(The Times)』) 코퍼스에서도 상당히 자주 나타나지만, 다른 의미를 가지고 사용되고 있다. 전산학 분야 영어에서 자주 나타나는데도 불구하고 그 전문적 용법에 대한 표시는 참고문헌들에 거의 나타나지 않는다. 컴퓨터 사전에는16) 그것에 대한 언급이 없다. 『메리엄웹스터(Merriam-Webster)』에 나오는 약 30개의 사용 용례 가운데 단 하나만 컴퓨터와 관련되어 있다. 그 예는 *to run a problem through a computer*(컴퓨터를 통해 문제를 처리하다))인데, 전산학 분야 영어에서 상당히 드물게 사용되는 용법이다. 이 용례는 『콜린스 코빌드 사전(Collins-Cobuild)』에서도 볼 수 있는데, 이 용례 외에도 또 다른 용례가 있다(*You don't need a degree in mathematics to run (= operate) a computer*(컴퓨터를 운용하기 위해서 수학 학위를 가질 필요는 없다)). 하우투(HOWTO)와 알에프씨(RFC) 코퍼스에서 확인해 본 결과, 하우투(HOWTO)에서 *run something through*에 대한 예는 네 개 뿐이고, 알에프씨(RFC)에는 없었다. 더욱이 *to run*의 논항은 사전에 있는 *to run*의 논항과 일치하지 않는다.

---

15) 신조어 to gzip은 to zip에 근거하여 만들어졌다.

16) FOLDOC, A Glossary of Computing Terms, Dictionary of Computing For Learners of English.

(32) a. 사전들: To run a problem through a computer

b. 코퍼스: If you run your file through TeX program

이중 언어 사전을 훑어보면, 코퍼스에서 *to run*을 불어 동사로 번역한 예들을 볼 수 있는데, 불어 동사 *exécuter*(실행하다), *passer*(통과하다), *fonctionner*(작용하다), *être en marche*(돌아가다), 그리고 *utiliser*(활용하다) 등이 사용된다. 그런 다음 코퍼스에서 *to run*이 나타나는 경우들을 분석했다. 두 가지 코퍼스 모두 바로 위에 있는 불어 번역 동사만이 사용되는 것은 아님을 보여주며 다른 용례의 표현에 대하여 상세한 정보를 알려준다. 다음은 *to run*이 사용되는 기본적인 예들로 코퍼스에서 볼 수 있는 다양한 예이다.

i) *to run* ⟺ *lancer*(던지다, 시작하다), *exécuter*(실행하다)

(33) a. You forgot to **run** LILO or system doesn't boot at all

b. Vous avez oublié de *lancer* LILO ou le système ne boote plus du tout

(34) a. It just **runs** a command...

b. Il ne fait **qu'exécuter** une commande...

(35) a. ...32-bit code that runs in 16-bit mode...

b. ...du code 32 bit qui s'exécute en mode 16 bits...

ii) *to run* ⇔ *faire tourner*(돌게 만들다), *tourner*(돌다), *fonctionner*(작용하다)

(36) a. You can **run** Linux on any Alpha-based machine

b. Vous pouvez **faire tourner** Linux sur n'importe quelle machine Alpha

(37) a. The ability of any **Alpha-based machine to run** Linux (주어 자리에 있는 피영향자, 능동태)

b. La possibilité de **faire tourne** Linux sur une machine Alpha (운용소 *faire* ⇒ 주어 자리에 세 번째 논항을 도입)

(38) a. If the same program **is run** on a 21064...(주어 자리에 있는 피영향자, 수동태)

b. Si le même programme **tourne** sur un 21064... (주어 자리에 있는 피영향자, 능동태)

전치사 *on*과 *under*를 선택하는 것은 주어와 목적어 논항에 따라 달라진다. 즉 응용 프로그램이 운영 체제 **아래서**(under) 돌아가는 것과는 달리 응용 프로그램과 운영 체제 둘 모두는 기계나 운영 체제 기반 **위에서**(on) 돌아간다.

(39) a. VirtuFlex **runs on** standard UNIX Workstations

b. VirtuFlex **tourne sur** des stations UNIX standard

(40) a. ANSFORTH system that **runs under** Win 3.2, Win95, WinNT

   b. Le système ANSFORTH qui **tourne sous** Win 3.2, Win95, WinNT

이 예들이 보여주는 것은 코퍼스 분석이 어떻게 구조와 변형 사이의 관계 뿐 아니라 기존의 아주 다양한 구조와 논항들을 조명할 수 있는지에 관한 것이다. 동사의 왼쪽과 오른쪽에 있는 문맥을 추출해보면, 전산학의 전문가와 함께 확인해야만 하는 논항들의 목록을 얻을 수 있다. 리로(LILO)가 부팅 프로그램이며, 인터넷수퍼데몬(inetd)이 프로그램의 이름이고, 펜티엄(Pentium)이 마이크로프로세서이면서 '컴퓨터'에 대한 비유적인 표현이란 걸 비전문가들이 어찌 알겠는가?

전산학 분야와 일반 영어의 용례를 비교하면 기술(技術)과 관련된 동사들을 분리해낼 수 있다. 위에 나온 용례들은 일반 영어에서는 볼 수 없는 것들이다. 그리고 마찬가지로 전산학 분야 영어에서는 볼 수 없는 구조들이다.

(41) ...become a presidential concern about **running for** re-election in 1996...

(42) ...stamps, old coins, and odd documents, **run** around the square. Cafés and ...

4.3 일반 영어 동사

전산학 분야 영어를 가르칠 때 주어에 따른 특수한 용례나 기술(技術) 동사에만 치중할 수는 없다. 어떤 일반 동사들은 전산학 분야 영어에서 매우 자주 사용된다.

기술(技術)과 관련되지 않은 동사를 일반 코퍼스와 전문 코퍼스에서 비교해 보면 각기 다른 용례들에 대해서 출현 빈도의 차이를 보인다.

> (43) You must configure and **install** an appropriate kernel and then **install** the AX.25

컴퓨터에 관련된 텍스트에서 설치(install)되는 것은 모두 프로그램들뿐이다. 그와는 대조적으로 『더헤럴드트리뷴(The Herald Tribune)』에서는 사람을 논항으로 취하는 사례가 나온다.

> (44) the country's new president, who was **installed** in January. He was ...

기술과 관련된 *install* 동사의 용법은 일반 영어에서는 훨씬 드물다.

> (45) by having a catalytic converter **installed** in her old-fashioned Volkswagen Derby

명사의 사용도 기술과 관련된 영어와 일반 영어에서 차이를 보일 수 있다. 일반 영어에서 명사형은 *installation*이지만 전산학 분야 영어에서 가장 많이 사용되는 명사형은 *install*이다. 그런 이유로 동사/명사의 중의성은 전산학 분야 영어에서 해결하기 더 어려울 수도 있다.

동사/명사의 중의성과 관련된 다른 문제점은 불어와 영어에서 나타나는 동사와 명사 사이의 구조 차이에 있다. 동사 *access*는 적절한 예이다. 영어에서 명사 *access* 뒤에 전치사 *to*가 오고, 반면 불어에서 명사 *accéss* 뒤에 전치사 *à*가 온다. 그런데 *access*는 영어에서 또한 타동사인데 반해 불어 동사는 이 경우에 전치사 *à*가 따라온다(*accéder à*).

> (46) a. Postgress95 which provides simple **access to** any existing database
>
> b. Postgress95 qui fournit un **accès à** n'importe quelle base de données existante
>
> (47) a. The user can **access the system**
>
> b. L'utilisateur peut **accéder au système**
>
> *The user can **access to** the system

보충어가 오는 유형에서 볼 수 있는 이러한 차이로 인해 영어 동사 *to access* 뒤에 전치사를 쓰는 것이 불어 화자들이[17] 매우 흔히 하는 실수이다. 따라서 일반 영어 동사를 전문 코퍼스에서 찾는 것이 얼마나 유용한 일인지 알 수 있다.

---

17) 이것에 대해서는 학부 학생들에게서 수집한 많은 증거가 있다.

5. 결론

언어를 체계적으로 기술하는 일은 매우 전문적인 주제 분야에서는 쉬운 작업이 아니다. 언어학자들이 필수적인 전문 지식을 갖고 있는 것도 아니고 참고 문헌에서 찾을 수 있는 정보는 거의 도움이 되지 않기 때문에 언어학자들은 직관에만 의존할 수는 없다.

그러므로 반드시 근거 있는 자료를 사용하고 의존해야 한다. 이 연구에서 이중 언어 코퍼스에 대한 대조 작업을 통해 기술(技術) 동사들의 특성을 열거할 수 있었다. 또한 불어와 영어 사이에서 볼 수 있는 특정한 구조의 사용에서 나타나는 차이를 확인할 수도 있었다. 불어 동사와 같은 의미를 갖는 영어의 대응어를 찾는 것은 영어 동사가 갖는 여러 용례들 사이의 관계를 새롭게 설명하는 데 도움이 된다.

현재의 언어적 기술(記述)이 좀 더 다듬어져야한다는 점도 물론 분명하다. 구조 기술이 체계적이고 통계적인 정보와 연결되어 있지 않기 때문이다.

전산학 분야 영어를 가르치는 것에 관한 한, 학습자 코퍼스(learner corpus)를 컴파일링하는 것이 우리의 교수 목표를 성취하는 데 도움이 되어야 한다. 원어민이 아닌 학습자의 언어에 대한 코퍼스를 컴파일링하고 분석하는 것은 더욱 근거 있는 언어 기술을 할 수 있게 하며, Granger & Tribble(1998)에서 언급했듯이, 언어학자들이 학습자의 어려움을 조명하여 무엇을 가르쳐야할지를 결정하게 한다.

이 경우, 코퍼스 작업은 두 가지 목적을 달성할 수 있게 해준다. 하나는 대조 콘코던스의 샘플들에서부터 다른 동사 구조들을 보여줌으로써 병렬 코퍼스에서 같은 의미를 갖는 대응어를 찾을 수 있도록 해주는 것이다. 다른 하나는 동사에 대한 기술이 가능했는데, 그 차이와 잠재적인 문제점에 초점을 맞춰 기술할 수 있었다. 그래서 이러한 언어 기술을 사용하여 연습문제를 자동으로 만들어 낼 수 있었다.

빈 칸 채우기 연습문제들은 콘코던스를 기반으로 만들어질 수 있다. 예를 들면, 학생들에게 *to run* 다음에 오는 전치사를 찾도록 묻는 것이다 (그림 3 참조).

언어 기술을 정확하게 할수록, 연습 문제는 더 정교해질 수 있다. 게다가 언어 기술을 붙어 화자의 오류에 대한 코퍼스 기반 설명(Cornu et al. 1993)과 연결시키면 빈 칸 채우기보다 정확한 문법 점검이 필요한 덜 한정적인 연습문제에 대한 자동 수정이 가능해 진다.

그림 3. 빈 칸 채우기 연습문제: 학생들은 빈 칸에 정확한 전치사를 채워 넣어야 한다.

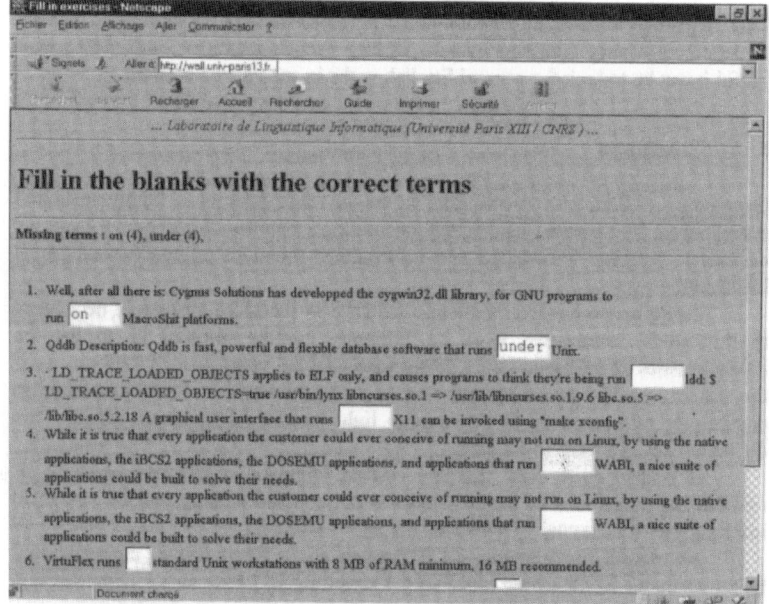

■ 참고문헌

Bosworth-Gerome, S., C. Ingrand, and R. Marret. 1992. *Comprendre l'anglais scientifique et technique*. Paris: Ellipse.

Brookes, M. and F. Lagoutte. 1993. English for the Computer World. Paris: Belin.

Cornu, E., N. Kübler, F. Bodmer, F. Grosjean, L. Grosjean, N. Lewy, C. Tschichold and C. Tschumi. 1997. Prototype of a Second-Language Writing Tool for French-Speakers Writing in English. *Natural Language Engineering, 2(3)*.

Foucou, P.-Y. and N. Kübler. 2000. A Web-based Environment for Teaching Specialised English. In Lou Burnard and Tony McEnery (eds) *Rethinking Language Pedagogy: papers from the third international conference on language and teaching*. Frankfurt am Main: Peter Lang GmbH.

Granger, S. and C. Tribble. 1998. Learner Corpus Data in the Foreign Language Classroom: form-focused instruction and data-driven learning. In: S. Granger (ed.) *Learner English on Computer*. London:Longman.

Gross, M. 1975. *Méthodes en Syntaxe*. Paris: Klinsieck.

Hoffman, L. 1985. *Kommunikationsmittel Fachsprache*. Tübingen: Günter Narr Verlag.

Johns, T. 1988. Whence and Wither Classroom Concordancing. In T.Bongaerts et al. (eds.) Computer Applications in Language learning, 9-27. Dordrecht: Foris.

Kübler, N. 1995. *L'automatisation de la correction s'erreues syntaxiques: application aux verbes de transfert en anglais pour francophones*. PhD thesis, Université de Marne La Vallée: publications de l'Institut Gaspard Monge.

Pearson, J. 1998. *Terms in Context*. Amsterdam: John Benjamins Publishing Company.

Trimble R. M. T. and L. Trimble. 1978. The Development of EFL Materials for Occupational English: The Technical Manual. In R. M. T. Trimble, L. Trimble and K. Drobnic (eds): *English for Specific Purpose. Science and Technology*. Oregon State University: English Language Institute.

Wichmann A. S. Fligelstone, A. McEnery and G.Knowles (eds). 1997. *Teaching and Language Corpora*. London: Longman.

4.

새로운 관용어구 사전에 대한 전망[1]

Elizabeth Dawes / 위니펙 대학(*University of Winnipeg*)

개요 ● 본고에서 계획하는 관용어 사전은 약 1,500개의 표현을 담고 있으며, 그 표현들은 프랑스와 퀘벡 지방에서 조사된 것이며, 최소 2개 이상의 불어의 관용어구 변이형(variant)이 존재하는 것들이다. 또한 이 사전은 프랑스와 퀘벡 지방에서 1990년 이후에 발행된 신문과 잡지를 자료로한 코퍼스를 토대로 편찬되었다. 이 사전 편찬의 목적은 두 가지로 볼 수있다. 첫째는 불어의 두 가지 변이형 속의 서로 다른 관용어구가 갖고 있는 형식이나 의미, 사용 또는 빈도에 따른 미묘한 차이점을 자세히 알아보고, 이를 통해 관용어구를 좀 더 체계적이고 통일성 있게 사전 편찬에

---

1) 이 논문은 '대조 언어학과 번역학: 실증적 접근방법(Contrastive Linguistics and Translation Studies: Empirical Approaches'(1999년 2월 5-6일, Louvain-laNeuve, Belgium))이라는 심포지움에서 발표한 불어 원본을 번역한 것이다.

맞는 분석을 하고자 한다. 각각의 변이형은 약 2,000개의 관용어구를 분석한 것을 바탕으로, 관용어구 변이성(variability)의 유형에 따라 분류되었다. 이런 종류의 분류는 본 프로젝트를 하나의 새로운 연구 유형으로 탄생시켰다. 본 논문에서는 이 사전 편찬의 목적과 이론적 틀에 대해 설명하고, 두 불어 변이형 사이의 변이성의 다른 유형을 밝혀줄 수 있는 기초적인 결과물을 보여줄 것이다.

1. 서론

지난 몇 십년간 관용어구에 관한 연구가 흥미로운 분야였지만, 그에 관한 본격적인 연구는 아주 최근에 되어서야 시작되었다. 관용어구 주제에 관한 많은 컨퍼런스 뿐 아니라, 유럽 어법 학회(European Society of Phraseology) 설립이나 사전 편찬 등을 통해 그러한 현상을 살펴 볼 수 있다. 관용어구에 대한 관심의 증가는 새로운 기술의 인기와도 같은 맥락이다. 이런 새로운 기술의 경향을 자연과학자들은 추종하였지만, 인문학자나 사회과학 연구자들은 경시해 왔다. 전산 코퍼스와 데이터베이스는 언어학 연구에 중요한 역할을 하기 시작했으며, 사전편찬자들에게 없어서는 안 될 도구가 되었다. 관용 표현은 고정성만큼이나 변이성의 특징을 갖는다는 사실을 연구자들이 정립할 수 있도록 도와 준 것은 바로 새로운 기술이었다.

　1995년에 프랑스와 퀘벡 지방에서 조사된, 적어도 두 개의 변이형을 가지고 있는 약 1,500개의 표현들로 구성된 관용어구 사전에 관한 프로젝트가 시작되었다. 프랑스와 퀘벡 지방에서 1990년대에 발행된 신문과 잡지를 자료로 한 코퍼스 조사는 두 가지의 목적을 가지고 진행되었다. 첫째는, 두 가지로 다르게 나타나는 불어의 관용어구가 형식이나 의미,

사용, 또는 빈도 등에 따라 다르게 나타나는 미묘한 차이점을 조명해 보는 것이다. 단, 이 사전에는 프랑스에서 사용되지 않는 퀘벡 불어의 관용어구나 반대로 퀘벡 불어에서 사용되지 않는 프랑스의 관용어구는 포함되지 않았다. 사전 편찬 연구의 두 번째 목적은 각 표현들의 사전 편찬적인 분석을 보다 체계적이고 통일성 있게 하는 것이다. 각 변이형은 약 2,000개의 관용어구 분석을 토대로 하여, 관용적 변이성의 유형에 따라 분류되었다. 이러한 종류의 분류가 본 프로젝트를 보다 획기적으로 만들어 주었다.

본고에서는 그 목적과 이론적 배경과 함께 이러한 사전 프로젝트를 설명할 것이다. 그리고 연구 대상인 두 가지 종류의 불어에 나타나는 변이성의 다양한 유형을 기술할 수 있도록 해 주는 몇 가지 기초적인 결과물을 제시할 것이다.

2. 퀘벡 불어에 대한 태도

지금까지는 프랑스 불어와 퀘벡 불어 화자 모두에게 공통으로 나타나는 표현들에 대해 특별히 관심을 두고 있는 사전은 없었다. 이 사전 편찬 프로젝트를 다른 관용어구 사전과 비교하기 위해서, 먼저 퀘벡 지방에서의 현재 사전 편찬 연구에 대해 간단히 살펴볼 것이다. 지금까지 퀘벡 불어에 대해 두 가지의 다른 태도를 반영하는 두 가지 접근법이 있었다.

퀘벡 언어에 대한 첫 번째 견해는 Poirier(1993: 52)의 언급을 통해 요약해 볼 수 있다. '퀘벡 불어는 2 가지의 종류로 나눌 수 있다. 하나는 퀘벡 불어에서만 나타나는 표현들로 구성된 것이고, 다른 하나는 프랑스에서 사용되는 언어와 동일한 것이다. 그러므로 프랑스에서 사용되는 불어 변이형을 달성하기 위해 모든 퀘벡 불어 표현들을 하나씩 수정하는 것이 필요하다.' 언어에 대한 이러한 경멸조의 견해로부터 알 수 있는 결론은 퀘벡 불어의 어법이 두 부분으로 구성되어 있다는 것이다. 즉, 하나는 프랑스에서 사용되는 불어와 같은 것이고, 다른 하나는 말할 필요도 없이 오직 퀘벡 불어에서만 나타나는 많은 영어식 표현들로 이루어진 부분이다.

퀘벡 불어에 대한 이러한 접근법은 Bruno Lafleur의 『숙어표현사전 (*Dictionnaire des locutions idiomatiques*(Dictionary of idiomatic expressions)』에 있는 서론에서 찾아볼 수 있다. Bruno Lafleur는 캐나다식 표현을 삭제하고 있으며, '어떤 경우에라도 그렇게 많은 캐나다식 표현이 있지 않으며, 그 표현들은 영어로부터의 단순한 번역인 경우가 많다는 인상을 갖고 있다(1991: xii)고 하였다. 그가 제시한 예들의 목록에서 '지나치게 세세하게 구별하다'라는 뜻의 *couper les cheveux en quatre*(to cut hairs in four, 머리칼을 4 갈래로 자르다)라는 표현의 이전 변이형인 *fendre les cheveux en quatre*(머리칼을 4갈래로 가르다)라는 표현을 찾아볼 수 있다는 것은 이상한 일이다. 왜냐하면 이 표현은 17세기의 최초의 불어 사전에 나와 있었던 표현이며, 퀘벡 불어의 영어식 표현이 아니기 때문이다. 그리고 Lafleur는 '영어식의 관용어구들은 서서히 프랑스 불어에 도입되고 있다' (1991: xii)고 덧붙였다. 이에 대한 예로, 그는 *prendre quelqu'un sous son aile*(to take someone under one's wing, 보호하다)나, *avec armes et bagages*(to pack up and go, 짐을 싸서 가다)와 같은 표현을 인용하였다. 그런데 이 두 관용어구는 중세 시대부터 사용되었던 것으로, Giuseppe di Stefano의 『중급 불어 구절 사전(*Dictionnarie des locutions en moyen français*)』(*sous son aile* 11a; *charger armes et bagages* 33a)에서 찾아 볼 수 있다.

비록 Lafleur의 사전이 퀘벡 불어 협회(*l'Office de la langue français du*

Québec; The Frency language association of Quebec)의 재정지원으로 캐나다에서 발간되었지만, 퀘벡 불어의 변이형들을 잘 설명하진 못한다. Lafleur는 두 불어에서 공통적으로 나타나는 관용어구들은 프랑스와 퀘벡 불어 모두에서 동일한 형태와 의미, 사용 또는 빈도를 보인다고 하였다. 그러나 본 연구에서는 이 견해와는 다른 관점을 제시한다.

퀘벡 불어에 대한 두 번째 접근법은 퀘벡 불어를 불어의 한 지역적 변이형이라고 보는 개념을 거부하는 입장이다. 그보다는, 퀘벡 불어가 프랑스의 불어와 마찬가지로 국가적 변이형을 나타낸다고 본다. 따라서 이 언어는 자체의 표준 형태를 가지고 있으며 퀘벡 불어 사전 독자적인 설명을 할 수 있다는 것이다(Martel & CajoletLaganiére 1996:14).

퀘벡 불어를 활성화시키고 발전시켜야 할 불어의 한 변이형이라고 보는 견해는 Pierre DesRuisseaux의 『퀘벡 불어 표현 사전(Dictionnaire des expressions québécoises; Dictionary of Quebec expressions)』과 같은 퀘벡 관용어구 표현 모음집에서 찾아 볼 수 있다. 이 사전은 4,000개 이상의 관용어구들을 수록하였고 다음과 같은 내용을 포함하고 있다.

1) 다양한 퀘벡 불어 신조어: *passer [se faire passer] un sapin* 'to fool someone[to be fooled(누군가를 놀리다)]' (334)와 같은 퀘벡 불어의 많은 신조어 중 상당수가 영어에서 온 것이다. (예를 들어 *faire qqch. sur la slide*(341)은 영어의 *to do something on the sly* '몰래 어떤 일을 하다'에서 유래하였다.)

2) 불어 관용어구의 새로운 퀘벡 불어 변이형: 예를 들어 *C'est le crémage sur le gâteau!* 'It's the cream on the cake(금상첨화야)!'(117)나 *C'est le glaçage sur le gâteau!* 'It's the icing on the cake'(183)나 *C'est la cerise sur*

le gâteau(sundae)! 'It's the cherry on the cake(sundae)'(82) 가 있다. 본 사전의 저자 Pierre DesRuisseaux는 관용어구 연구에 대한 대조적 접근법을 사용하지 않았기 때문에, 프랑스와 캐나다 두 곳에서 사용되는 변이형인 *C'est sur le gâteau!*(첨상첨화야)을 구분하지 않고 있다. 명사 *crémage*(크림)는 사실 캐나다식 표현이다(Dulong 1999: 490). 또한 명사 *sundae*(선데이)는 호두나 시럽, 캐러멜, 쵸컬릿, 과일 등을 얹고 제일 위에 체리를 올린, 장식된 아이스크림 또는 아이스크림 디저트를 의미하는 미국식 표현이다(Dulong 1999: 490). *cerise*(체리)보다 *glaçage*(아이싱)이란 단어를 사용하는 것은 영어의 *the icing on the cake* 표현에서 온 것이다.

3) 불어 관용어구의 고어나 방언과 같은 변이형: *tirer la couverture à soi* 'pull the blanket to oneself(상황을 자기에게 유리하도록 바꾸다)'의 변이형인 *tirer la couverte(de son bord)* (115) 'pull the blanket to one's side'가 여기에 해당하는 예인데, 그 의미는 상황을 자신의 이익을 위해 바꾼다는 것이다. 명사 *couverte*(blanket, 이불)는 고어 어휘 형태로, 캐나다에서는 여전히 사용된다(Dulong 1999: 490). 또한 '옆'이라는 의미를 가진 명사 *bord*는 방언 형태의 변이형으로 캐나다에서 널리 사용되고 있다(Paquot 1988: 105). *de son bord*라는 구절은 Oudin & Cotgrave(Di Stefano 1991: 216a)가 보여준 *tirer la couverte de son costé*라는 형태와 유사하다.

4) 불어의 관용어구: 예를 들어 *donner sa langue au chat* 'to give up(포기하다)'(222)

이러한 종류의 사전 편찬 목적은 독자들이 불어의 한 변이형인 퀘벡 불어의 관용어구에 초점을 두고 그 관용어구의 풍부함을 알 수 있게 해주는데 있다. 그러나 본고에서 다뤄지는 사전은 두 지방의 불어에서 공통적으로 사용되는 관용어구를 조사하는 대조 접근법을 중심으로 한다.

3. 관용어구 변이형의 사전 편찬적 설명

기존의 사전은 관용어구의 체계적이고 통일성 있는 사전 편찬적인 분석을 제시하지 못한다. 어떤 경우에는 하나의 동일한 표현의 변이형들이 상호 참조(cross-reference) 없이 사전 여기 저기에 흩어져 있다(위에서 언급했던 *C'est la cerise sur le gâteau!*(금상첨화야!) 경우 참조). 또 어떤 경우에는 변이형들이 그 자체가 속한 일관된 시스템을 참조하지 않고 무작위적으로 삽입되었다. *mettre*(put, 놓다)나 *placer*(place, 두다) 와 같은 기동(ingressive) 동사나, *être*(be, -이다)나 *avoir*(have, -을 가지다)와 같은 명사격(essive) 동사, 그리고 *rester*(remain, 남겨두다), *demeurer*(stay, 머무르다), *laisser*(leave, -를 남겨두다), *garder*(keep, 가지다), *maintenir*(maitain, 유지하다)와 같은 지속상(durative) 동사들을 포함하는 상적 체제의 경우에 그러하다. (예를 들어, *être*(be, -이다)나 *laisser*(leave, -를 남겨두다), *mettre*(put, 놓다), *jeter*(throw, 던지다) 등과 같은 동사들과 함께 은유적으로 사용되는 *sur le carreau* 'on the ground(땅 위에)'의 예가 있다 [Rey & Chantreau 1997: 142a].) 마지막으로, 변이형들이 전반적으로 사전에 나와 있지 않는 경우가 너무 많다. (예를 들어, *remettre les pendules à l'heure* [Le Nouveau Petit Robert 1993: 1625b] 'to set the record straight(의견을 공적으로 표현하다)'라는 표현은, *ramener*(put back, 되돌리다), *mettre*(put, 놓다), *garder*(keep,

가지다) 등의 동사를 사용한 코퍼스에서는 찾아 볼 수 없다.)

그러므로 나의 두 번째 목표는 어법 변이성의 유형론에 따라 표현과 그 변이형을 규정함으로써, 그 표현과 변이형들의 사전 편찬 기술을 개선하고자 하는 것이다.

4. 이론적 틀

관용어구와 그 변이형에 대한 본 논문의 이론적 틀은 언어학자인 Valerij M. Mokienko의 연구에서 가져왔다. 본고에서는 관용어구를 추상적인 모형이나 **관용어 스키마**(phraséoschémà; idiomatic schema)로 보고 (Mokiwbko 1980: 43 참조), 그 스키마가 다양한 방법으로 실현될 수 있다고 본다. 그 모형의 각 실현 형태들은 관용어구 변이형으로 볼 것이다. 실용적인 목적으로, 그 모형에서 오직 하나의 형태를 망구조의 대표로 이해한다. 일반적으로, 이 방법은 사전 편찬의 전통에 의해 정의된 형식이다. 그 예로, *renvoyer qqch aux calenders grecques*(to postpone something indefinitely, 어떤 것을 무한정 연기하다)는 *renvoyer qqch aux calendes, remettre qqch aux calendes grecques, reporter qqch aux calendes grecques, le renvoi aux calenes grecques de qqch, la remise aux calendes grecques de qqch, le rapport aux calendes grecques de qqch, aux calendes grecques* 등을 포함한 망구조를 형성한다.

망구조로서의 관용어구에 대한 개념은 동일한 언어 체계(즉, 어떤 특정 기간에 나타나는 특정 방언)내에서 보이는 매우 다양한 형태를 설명할 수 있게 해준다. 또한 이 개념은 관용어구의 통시적인 진화를 설명해 줄 수 있고, 또한 동일한 표현이 언어에 따라, 언어의 변이에 따라 혹은 방언 등에 따라 다른 많은 형태로 존재할 수 있다는 사실도 설명해 줄 수 있다.

그러면, 어떻게 관용어구 변이형이 정의될 수 있을까? 본고에서 다루는 사전은 '관용어구 변이형이란 그 언어 사용자가 그 의미를 학습해야 하는 고정된 형태를 가진 관례적(conventional) 구문이다'라는 정의에 따라 구상되었다. 이 정의는 더 자세히 설명될 필요가 있다.

관례적 변이형은 원어민들이 인지하는 변이형이다. 사실 여기에서는 **일부의** 원어민이란 말이 더 적합할 것이다. 원어민의 능력이 다르다는 사실을 염두에 두었을 때, 특히 자주 사용되지 않는 표현들은 모든 원어민이 모든 변이형을 이해한다고 볼 수는 없다(사용 빈도도 낮을 것이다).

관용어구 변이형은 구절이거나 통합체(역자설명(syntagm): 발화 중에서 통합적 의미 관계를 가진 어구)이다. 같은 표현의 변이형들이 꼭 같은 형태론적 범주에 속하는 것이 아니므로(예를 들어 어떤 표현들은 동사구로, 또 어떤 것들은 명사구 등으로 나타남), 각각의 **변이형** 범주를 정의해 주는 것이 꼭 필요하다. 변이형 자체가 구절이기 때문에 문장의 위상을 갖지는 않는다. 그러나 문장 도입 어휘 항목이 첨가될 경우에는, 문장의 형태를 가진 표현이 예외적으로 있을 수도 있다. *(c'est) la cerise sur le gâteau*((that's) the cherry on the cake(금상첨화야))이나 *(c'est) un coup d'épée dans l'eau*((it is) a complete waste of time; (그것은) 완전히 시간 낭비야)과 같은 경우이다. 격언과 같이 문장의 형태를 가진 경우는 관용어구가 아니며, 따라서 격언학(paremiology)은 별개의 연구 분야로 보아야 할 것이다. 그러나 격언은 종종 관용어구의 출처가 되기 때문에 이에 대한 언급은 흥미로울 수 있다. 예를 들자면, *vendre la peau de l'ours*(to sell the bearskin, 곰 가죽을 팔다)는 *il ne faut jamais vendre la peau de l'ours avant de l'avoir tué*(you should never sell a bearskin before the bear has been killed,

곰을 잡기 전에 곰 가죽을 팔지 마라)라는 격언에서 온 것이다. 이 의미
는 'never count your chickens before they are hatched(떡 줄 사람은 생각
도 않는데, 김칫국부터 마신다.)'와 비슷하다.

　　동일한 관용어구의 모든 변이형들은 보통 적어도 하나의 어휘항목
을 공통적으로 가지고 있다. 따라서 명사 *calendes*(역자 설명: 고대 로마 달
력의 초하루)는 관용어구 *renvoyer qqch aux calendes grecques*(무한정 연기하다)
의 모든 경우에서 찾아볼 수 있다. 동시에 같은 관용어구의 두 변이형에
공통된 어휘항목이 없는 경우도 있는데, 퀘벡 불어의 표현인 *c'est la cerise
sur sundae*와 *c'est le glaçage sur le gâteau*가 그 예가 될 수 있다. 이 두 표현은
각각 모두 공통된 어휘항목을 가지고 있지 않다 하더라도, 하나의 공
통점인 표준 형태 *c'est la cerise sur le glaçage*와 공통성을 갖는다. 그러므로
같은 관용어구 스키마에 속하는 망구조는 어느 정도의 안정성을 지니고
있다.

　　특정 문맥이나 문체의 효과를 위해서 도입되었던 문체적 변화에도
불구하고, 제한적이기는 하지만 이 안정성으로 인해 화자가 관례적 변이
형을 인지하는 것이 가능하다. 문체적 변이형은 주어진 문맥 속의 개체
들에 의해 도입된다(예를 들어, *renvoyer qqch aux calendes grecques*의 문체적
변이형을 살펴보자. "Alors que l'Eurostar va parcourir le Kent à la vitesse
d'un cheval au galop et que la liaison vers Liège *est remise aux calendes belges*,
le VSOE(Venise-Simplon- Orient-Express) poursuit son service, de
Londres à Venise, sur la ligne rouverte en 1982 grâce à James Sherwood"
(『르몽드(Le Monde)』), '유러스타가 전속력으로 달리는 말의 속도로 켄
트를 횡단할 것이고, 리에주로 가는 접속로가 **무한정으로 연기되었을**
때, VSOE(베니스 심플론 오리엔트 익스프레스)는 1982년에 James

Sherwood에 의해 다시 개통된 노선으로 런던에서 베니스로 가는 서비스를 계속하였다.'). 문체적인 변이형이 관례적인 것은 아니지만, 시간의 흐름에 따라 그렇게 될 수도 있다. 언론사에서 이러한 문체적 변이형을 자주 사용하는데, 특히 프랑스 신문 『리베라시온 (Libération)』에서 자주 사용된다.

동일한 표현의 관례적인 변이형들이 꼭 같은 의미를 가지는 것은 아니기 때문에, 각 변이형의 의미가 결정되어야 한다. 문장의 의미가 각 단어 성분이 가진 의미의 조합이 아니라는 것은 당연한 사실이다. 그럼에도 불구하고, 그 글자 그대로의 의미로 사용되는 요소를 포함한 변이형들이 많이 있다. 예를 들어, *promettre monts et merveilles* 'to promise mountains and wonders'(불가능한 것을 약속한다는 의미)에서 사용되는 *promettre*(promise)가 글자 그대로 이 경우의 예이다. 또한, 의미적 차이점이 잘 드러나는 변이형 쌍도 있다. (예를 들어, *être bien dans sa peau*는 문자 그대로의 뜻은 '누군가의 피부가 좋다고 느끼다'이고, 실제 뜻은 '기분이 좋다'라는 의미인데, *être mal bien dans sa peau*는 '기분이 좋지 않다'라는 의미이다.) 그러나 글자 그대로의 의미를 가진 성분이 없는 경우에서조차 관용어구 변이형이 완전히 자의적이지는 않다. 실제로, 단어 성분의 문자 그대로의 의미가 종종 텍스트에 사용된다. (예를 들어, *couper l'herbe sous le pied de qqn*는 단어 그대로의 뜻은 '어떤 사람 발 아래에 있는 풀을 자르다'로, '미리 손쓰다, 선수 쓰다'라는 의미를 가진다. "La vache folle a coupé l'herbe sous le pied des experts qui s'apprêtaient à crier "mort aux vaches!" pour mieux dissimuler leurs responsabiliés"(『르몽드(Le Monde)』), '책임을 은폐하기 위해서 "소들을 죽여라!"라고 막 외치려는 전문가들보다 광우병이 선수를 쳤다.') 그럼에도 불구하고, 변이형이 고어 형식을 가지거나(예를 들어, *en catimini,* 'on the sly(살짝, 남몰래)') 변형된 형태(예를 들어, *depuis belle lurette* [heurette], 'for quite a long time(꽤 오랜 시간동안)') 를 가지고 있다면, 그 의미는 자의적인 것처럼 보일 수 있다.

5. 관용어구의 유형론적 분석

본 사전의 이론적 바탕이 되는 각 표현의 유형론적 분석은 관계 데이터 베이스(relational database)의 도움으로 개발되었다. 필자는 데이터베이스 에서 각 변이형의 언어학적 부류를 체계적으로 정리하여, 철자상, 형태상, 통사적, 어휘적, 의미적 변이형 사이의 구분을 하고 있다. 각각의 범주는 다시 하위 범주로 나누어졌고, 모두 40개의 하위 범주가 되었다. 이 데이 터베이스는 한 유형의 변이형이 공통적으로 가지고 있는 모든 표현의 목 록에 대한 접근이 바로 이루어 질 수 있게 한다. 예를 들어, 구어에서 표 시 안된 수와 관련된 형태적 변이성을 선택했을 때 *de tous côtés/de tout côté, à tous crins/à tout crin, en tous genres/en tout genre, de tous poils/de tout poil, à tous venants/à tout venant, racler les fonds de tiroir(s), user ses fonds de culotte(s), être sur la même longueur d'onde(s), sans tambour(s) ni trompette(s), contre vent(s) et marée(s), réclamer qqch à cor(s) et à cri(s), se défendre bec(s) et ongles* 등과 같은 결과물을 얻을 수 있다. 변이형의 부류에 따른 표현 분석은 특정한 유형 의 변이를 갖는 표현이 어떤 측면을 공유하고 있는지를 보여주고, 관용 적 변이성의 경향을 확인시켜 줄 수 있다.

새로운 관용어구 사전 편찬은 '닭이 먼저냐 달걀이 먼저냐'라는 문 제를 일으킨다. 어떻게 모든 표현들과 다양한 변이형의 목록을 도출하기 전에 관용적 변이성을 분석하는 것이 가능할 수 있는가? 아니면 그 반대 는 어떻게 가능한가? 실제로 연구자들은 반복 기법(iterative approach)을 채택해야 한다. 새로운 변이형에 대한 모음집을 만드는 과정에서, 초기 코퍼스와 관련하여 이루어진 유형론은 점점 발전할 것이다. 이 연구가 성공적이라면, 훨씬 더 세련된 다른 변이형들을 찾아서 사용할 수 있을 것이다. 유형론은 연구의 도구이면서, 이 도구가 연구를 수행할 수 있도록 해주는 분석의 결과물이 된다. 이러한 유형론에 의존하는 관계 데이터베이스는 연구 프로젝트가 진행됨에 따라 더욱 발전될 것이다.

6. 관용어구 변이형

다음 예들은 코퍼스의 대표적인 표본 예시로, 프랑스의 불어와 퀘벡 불어 사이에 나타나는 차이점의 유형에 대해 설명하는데 사용될 것이다. 모든 관용어구는 첫 번째 인용이 프랑스 불어와 퀘벡 불어 모두에서 입증된 변이형을 포함하고 있으며, 두 번째 인용은 불어 코퍼스에서 발견되지 않는 변이형을 포함하고 있다.

6.1 비 기능적 변이형

6.1.1 형태적 변이형

1. 구어체 언어에서 표시된 수: 다음의 두 가지 예를 보자. "Savoir *jouer aux chaises musicales*"(『르몽드(Le Monde)』) 'To know how to play musical chairs(의자 빼앗기 놀이 하는 법 알기)' 그리고 "Et J'avais rarement les mêmes ailiers. On *jouait à la chaise musicale*"(『르솔레이(Le Soleil)』) 'And I rarely had the same wingers. *We played musical chairs.*(그리고 나는 같은 윙어를 거의 가지지 않았다. 우리는 의자 빼앗기 놀

이를 했다.)' 퀘벡 표현법은 종종 영어식 어법으로 오해되기 때문에 단수형으로 된 퀘벡 불어 변이형이 영어의 *to play musical chairs*에 있는 명사 *chairs*가 복수형이라는 것과 일치하지 않는다는 사실은 흥미롭다.

2. 구어체 언어에서 표시되지 않는 성: 다음의 두 가지 예를 보자. "La saga familiale *repart de plus belle*, dès la fin de la seconde guerre mondiale"(『르몽드(Le Monde)』), 'The family saga *really got underway again* at the end of the Second World War(가족 무용담은 **실제로** 세계 2차 대전 말기에 **다시 시작되었다**)' 그리고 "Cet été, il s'accordera plusieurs semaines de répit, avant de *repartir de plus bel* cet automne dans ces projets qui mijotent sur papier et dans sa tête" (『르솔레이(Le Soleil)』), 'This summer, he is going to take a break for several weeks before he *makes a new start* this autumn on all those projects which he has been concocting on paper and in his head.(그는 서류상으로 그리고 머릿속으로 계획하고 있는 모든 프로젝트들을 올 가을에 **새롭게 시작하기** 전에, 이번 여름에 몇 주일간 휴식을 취할 것이다.)' 퀘벡 불어에서 계속 사용되는 변이형은 고어 형태인데, 중성형인 *bel*은 표준어에 있는 여성형 *belle* 대신에 사용되었다.

3. 구어체 언어에서 표시된 성: 다음의 두 가지 예를 보자. "Dès la première crise de politique étrangère depuis qu'il est premier ministre, M. Hariri a donc *placé la barre haut*, et il entend bien se tenir à cette position envers et contre tout" (『르몽드(Le Monde)』), 'Right from the first crisis he had in foreign policy since becoming Prime Minister, Mr Hariri therefore *set a high standard* and he intends to maintain this stance against all odds.(Mr. Hariri는 수상이 된 이후, 외교 정책에서 첫 번째

위기를 맞고 난 후에 그는 높은 기준을 설정하였으며 역경을 딛고 이러한 입장을 고수 하고 있다.)' 그리고 "Nos deux compères *placent la barre haute* et avec raison d'ailleurs" (『르드브와르(Le Devoir)』), 'Our two partners set a high standard and quite rightly too.(우리의 두 파트너는 매우 적절하게 높은 기준을 설정했다.)' 대중적 언어에서는 본래 형용사에서 온 몇 개의 부사는(예를 들어 *haut*(높은), *bas*(낮은)) 다시 형용사가 되었고 여성 일치를 취한다(Lefebvre 1982: II21).

4. 한정사의 선택: 다음의 두 가지 예를 보자. "Rémi Muzeau, militant de longue date du RPR, qui l'avait *remplacé au pied levé*, pour les élections municipales..n'a pas douté un seul instant être le candidat légitime."(『르몽드(Le Monde)』), 'Rémi Muzeau, a long-standing militant of the RPR, who had *replaced him at a moment's notice* for the municipal elections.(RPR의 오래된 투사인 Rémi Muzeau는 지방 자치 선거를 위해 즉시 그를 대신하여 후보가 되었고 ... 적절한 후보자가 되는 것에 대해 조금도 의심하지 않았다...)' 그리고 "Je suis dexième et je dois toujours être en mesure de *remplacer Damian à pied levé*" (『르드와(Le Droit)』), 'I am second and I always have to be ready to *replace* Damian *at a moment's notice*.(나는 2인자이고 언제라도 Damian을 대신 할 수 있도록 항상 준비해야 한다.)' 퀘벡 불어에서 보존된 변이형은 중세 시대에 나타났던 고어체 변이형이다(Di Stefano 1991:675c 참조).

6.1.2 통사적 변이형

1. 전치사의 대치: 다음의 두 가지 예를 보자. "C'est pas pour mettre du beurre dans leurs épinards qu'elles tapinent toutes, ces avocates, ces

psys, ces ingénieurs, ces gynécos, c'est pour se mettre un peu de baume au coeur", (『르몽드(Le Monde)』) 'It's not because they want to *earn a bit more* that they are on the game, all these lawyers, psychologists, engineers and gynaecologists, it's because they are seeking solace.(변호사들, 심리학자들, 기술자들, 산부인과 의사들이 돈을 절도하는 것은 좀 더 벌기 위해서가 아니라 위안을 찾고 있기 때문이다.)' 그리고 "Certains veulent mettre du beurre sur leurs épinards et je les comprends" (『르드브와르(Le Devoir)』), 'Some people want to earn a bit more and I can understand them.(어떤 사람들은 돈을 더 벌기를 원하고 나는 그들을 이해 할 수 있다.)' 이것은 퀘벡 불어 변이형에서 유일하게 나타나는 변이형의 드문 예 중의 하나이다.

2. 구의 대치: 다음의 두 가지 예를 보자. "[...], chacun ayant tenté de *tirer la couverture à soi*, bref d'acquérir la plus grosse part du marché, avec le résultat que l'on sait", (『르몽드(Le Monde)』),'[...], everyone having tried to *turn the situation to his own advantage*, in other words, trying to have the largest market share, and we all know what the consequences were. ([...], 모든 사람들은 그 상황을 자기에게 유리하게 바꾸어 놓으려고 한다. 즉, 그들은 가장 큰 시장 점유율을 가지려 하고 있다. 그리고 우리는 그 결과가 어땠는지 알고 있다.)' 그리고 "Et dans un tel contexte social, que penser de la double et parfois triple rémunération de certains privilégiés, [...], qui persistent à *tirer la couverture de leur bord* [...]",(『르솔레이(Le Soleil)』), 'And, in a given social context, what should we think about the double and sometimes triple amount of income enjoyed by certain privileged people who keep on *turning the situation to their own*

advantage.(그리고 사회적인 문맥을 고려하여, 계속적으로 그 상황을 자기에게 유리하게 바꾸려는 특권층 사람들이 누리는 2~3배의 수입에 대해서 우리는 어떻게 생각해야 하는가?)' 퀘벡 불어 변이형은 Oudin과 Cotgrave가 입증한 형태인 *de son costé*(Di Stefano 1991: 216a)와 유사한데, 'côte'(측면)를 의미하는 방언 형태 *bord*와도 유사하다.

3. 단어의 삽입: 다음의 두 가지 예를 보자. "<<Il vit avec l'avenir, il n'est pas malade, il *vit à cent à l'heure*>>, répéta encore son père sur de vieilles bandes de France 2", (『르몽드(Le Monde)』), '<<He lives for the future, he isn't ill, he *lives at a hundred miles an hour*>> his father kept on repeating on old tapes broadcast by France 2 (<<그는 미래를 위해 살고 있고, 아프지 않으며, **바쁘게 산다**>>, 그의 아빠는 France 2에서 방영되는 오래된 테이프들을 계속해서 따라하였다.)' 그리고 "La première est une verbomoteur et *vit à cent milles à l'heure*. le seconde est un passionné des chiffres [...]", (『르드와(Le Droit)』), 'The first never stops talking and lives at a hundred miles an hour, the second loves figures [...] (첫째는 결코 말하는 것을 멈추지 않고 **바쁘게 살고 있으며**, 둘째는 숫자에 관심이 많다 [...])'. 캐나다 정부가 미터법을 채택하고 있지만, 캐나다 사람들은 영어권 국가의 측정법을 잘 알고 있어, 명사 *mile* 과 *kilometre*를 자유롭게 같이 사용 하고 있다.

4. 구의 추가: 다음의 두 가지 예를 보자. "*Mettant les points sur les i*, il a précisé que la Caisse avait néanmoins réalisé en octobre un bénéfice de sept millions de dollars [...]", (『라프레세(La Presse)』), '*Dotting the i's and crossing the t's*, he claimed that the bank had nevertheless made a profit of seven million dollars in October [...]. (그는 **상세히 설명하면**

서, 그 은행이 그럼에도 불구하고 10월에 700만 달러의 수익을 창출했다고 주장했다[...])' 그리고 "Vous êtes rédacteur, traducteur, réviseur ou correcteur, [...], Ou un lecteur qui tient absolument à *mettre les points sur les i est les barres sur les t*", (『르드와(Le Droit)』), 'You are an editor, translator, reviser or proofreader, [...] or a reader who absolutely insists on *dotting the i's and crossing the t's.* (너는 편집자이자 번역가이며 교정자 또는 교정관이며 또한 상세하게 표시하기를 분명하게 주장하는 독자이다.)' *les barres sur les t* 구의 추가는 영어의 *crossing the t's* (t자에 횡선 긋기)에서 유래된 것 같다.

6.1.3 어휘적 변이형

1. 파생 동의어: 다음의 두 가지 예를 보자. "<<Même quand je travaille beaucoup, parfois jusqu'à 80 heures par semaine, je ne parviens pas à *joindre les deux bouts*>>, avoue Brian", (『르몽드(Le Monde)』), '<<Even if I work a lot, sometimes as much as 80 hours a week, I don't manage to *make ends meet*>>, Brian admits (<<비록 내가 가끔씩 한 주에 80시간만큼 많은 일을 할지라도 나는 수지를 맞출 수가 없다>>라고 Brian이 고백 한다)' 그리고 "En ces années où une grosse partie de la population a de la difficulté à *rejoindre les deux bouts*, nos représentants gouvernmentaux continuent à distribuer des millions de tous les côtés [...]", (『르솔레이(Le Soleil)』),'During these times when a large proportion of the population finds it difficult to make ends meet, our government representatives continue to spend millions in all kinds of ways [...]. (많은 인구로 인해 수지 맞추기가 어려운 시기에도 정부 대

표자들은 다양한 방식으로 수백만 달러를 계속 소비하고 있다. [...])'
캐나다의 퀘벡 불어에서 *démontrer* ('montrer', show(보다)), *accroire*
('croire', believe(믿다)), *rejoindre*('joindre', join(가입하다))와 같은 특정
동사들은 '표준어와는 다른 파생 단계를 보여주고 있으며, 그러한 단
어들은 형태적으로 계속해서 진화되어 왔고 어떤 접두사와 접미사를
상실해 왔다'(Rodriguez 1984: 59).

2. 비파생 동의어: 다음의 두 가지 예를 보자. "C'est que
l'ultramatérialisme des dernières décennies, [...], nous a *laissés sur notre
faim*, avec un sentiment de vide intérieur", (『쿠프드뿌스(Coup de
pouce)』), 'It's that the extreme form of materialism of the last few
decades, [...], *has not lived up to our expectations*, leaving a feeling of
emptiness inside. (그것은 지난 수십 년 동안 유물론의 극단적인 형태
이고 [...], 내면에 공허함의 감정을 남기면서 **우리의 기대에 부응하지
못했다**.)' 그리고 "Cette orgie d'effects spéciaux [...], ne *laisse personne sur
son appétit*", (『라프레세(La Presse)』), 'This profusion of special effects
[...] *lives up to everyone's expectations*. (이러한 풍부한 특수 효과는 [...] 모
두의 기대에 부응한다.)' 퀘벡 불어 표현에 있는 명사 *appétit*의 사용
은 고어 형태이며, 퀘벡 불어 변이형 *laisser en appétit qqn*형태는 중세
불어에서 나타났다(Di Stefano 1991: 28b-c).

3. 공동 하위어(Co-hyponyms): 다음의 두 가지 예를 보자. "Une
augmentation de 4% du smic, *c'est la cerise sur le gâteau*", (『마리안
(Marianne)』), 'An increase of 4% in social security is the cherry on the
cake. (사회보장제도의 4% 증가는 **금상첨화다**.)' 그리고 "[...], avoir la
chance d'être champion du monde, *c'est la cerise sur le sundaë*", soupirait

Sébastien Lareau hier soir à Hartford", (『라프레세(La Presse)』), '[...], being lucky enough to be the world champion is like *the cherry on the sundae*, sighed Sebastien Lareau in Hartford last night. ([...], 세계 챔피언이 될 만큼의 행운아가 되는 것은 금상첨화와 같다 라며, 지난밤 하트퍼드에서 Sébastien Lareau가 한숨지었다.)' 단어의 유래가 잘 알려지지 않은 미국식 표현 *sundae*는 북미에서 매우 인기 있는 디저트를 나타낸다(상단 참조).

4. 형태나 의미적으로 관련 없는 단어들: 다음의 두 가지 예를 보자. "Toutes les économies accumulées - 10,000 roubles en une vie de travail-ont *fondu comme neige au soleil* à cause de l'inflation", (『르몽드(Le Monde)』), 'All the savings made - 10,000 roubles during a life's work - *melted away like snow in the sun* because of inflation. (일생동안 모았던 10,000 루블이라는 모든 저축금은 인플레이션 때문에 **수포로 돌아갔다**.)' 그리고 "A sa deuxième semaine, ce petit bijou de romantisme arrive largement en tête, devant l'ennuyeux film d'action *Mauvais Garçons*, qui voit son auditoire *fondre comme neige au printemps*", (『르솔레이(Le Soleil)』), 'During its second week, this marvellous piece of Romanticism comes way out on top, ahead of the boring action film *Bad Boys* whose audience is *melting away like the snow in spring*. (둘째 주 동안에 이 훌륭한 낭만주의 작품은 지루한 액션 영화 '나쁜 녀석들에 앞서 선두를 유지하고, 반면 '나쁜 녀석들'의 관객은 그 영화에 **실망하고 있었다**.)' 퀘벡 불어 변이형은 눈이 11월 초에 내리기 시작하여 3월말이나 4월초에 녹는 캐나다의 생활을 반영한다.

6.2 기능적 변이형

6.2.1 의미적 변이형

1. 다의적 관용어구: 다음의 두 가지 예를 보자. "Les jeunes producteurs ont tous *mangé de la vache enragée*, comme on dit.(...) On ne fait pas ce métier-là chez nous pour s'enrichir, mais parce qu'on est fou du cinéma", (『라프레세(La Presse)』), 'Young producers *have all gone through hard times*, as they say. (...) We don't do that job here to get rich but we do it because we love the cinema. (젊은 연출자들은 그들이 말한 것처럼 어려운 시기를 겪고 있다.(...) 우리는 부를 얻기 위해서 여기에서 일을 하는 게 아니라 영화를 사랑하기 때문에 일을 한다)' 그리고 "L'histoire ne dit pas si Damphousse a *mangé de la vache enragée* avant de se pointer au Forum, hier soir!(...) Pas une fois l'an dernier n'a-t-on vu chez lui autant de hargne, de rage", (『라프레세(La Presse)』), 'The story doesn't say whether Damphousse was *bad-tempered* before showing up at the Forum last night!(...) Not once last year did he appear to be so aggressive and furious. (그 기사는 Damphousse가 지난밤 공개 토론회에 나타나기 전에 **기분이 불쾌**했었는지 아닌지에 대해 말하지 않았다!(...) 작년에 그는 그만큼 공격적이며 격노한 것처럼 보인 적이 한 번도 없었다.)' 첫 번째 예문에 있는 'to go through had times(어려운 시기를 보내다)'(Rey and Chantreau 1997: 896b)를 뜻하는 관용어구가 두 번째 예문에서는 형용사 enragé '격노한' 때문에 'bad- tempered(기분이 불쾌한)'의 뜻을 만들어낸다(DesRuisseaux 1990: 375).

2. 특수한 용법: 다음의 두 가지 예를 보자. "Dix-huit années de traque

auront été nécessaires au FBI *pour mettre la main au collet de* Ted
Kaczynski, [...]",(『르피가로(Le Figaro)』), 'It took the FBI eighteen years
to *collar* Ted Kaczynski, [...]. (FBI가 Ted Kaczynski를 체포하는데 18년
이 걸렸다, [...].)' 그리고 "Si le Canadien venait *mettre la main au collet*
*d*Alain Vigneault, les Sénateurs pourraient obtenir une compensation qui
pourrait s'avérer être un joueur, un choix au repêchage ou une somme
d'argent",(『르드와(Le Droit)』), 'If the Canadiens *hired* Alain Vigneault,
the Senators would be able to obtain compensation which could turn
out to be a player, a draft pick or a sum of money. (만약 캐나다 사람
이 Alain Vigneault를 고용했다면, 상원의원들은 최고의 선수나 돈벌이
가 되는 선수로 판명될 수 있는 보상을 받을 수 있었을 것이다.)' 퀘벡
불어에서, 하키와 관련된 관용어구의 뜻은 '누군가를 체포하는 것'이
아니라 '몇 개의 팀이 찾고 있는 선수를 고용하는 것'을 의미한다.

6.2.2 통사적 변이형

1. 타동성: 다음의 두 가지 예를 보자. "<<C'est ma contribution
personnelle pour faire en sorte que la nouvelle *CS parte du bon pied* et
non dans une impasse>>, dit-il", (『르솔레이(Le Soleil)』), '<<It's my
personal contribution to make sure that the new *CS gets off to a good start*
and doesn't finish up in a dead-end>>, he said. (<< 나는 새로운 CS가
성공적으로 시작하여서, 곤경에 빠지지 않도록 개인적으로 기여했다
>> 라고 그가 말했다.)' 그리고 "Moi, j'aimerais jouer pendant encore
trois ans, le temps d'économiser assez d'argent pour me payer ma
maison et mon jeep et *partir du bon pied* ma carrière dans la police",(『르

솔레이(Le Soleil)』), 'I would like to play for another three years, long enough to be able to save enough money to pay off my house and my jeep and get my career in the police *off to a good start*. (나는 또 다른 3년 동안 연주하기를 원한다. 그 3년이라는 시간은 나의 집과 차를 마련할 만큼 충분한 돈을 모을 수 있고, 경찰의 경력을 성공적으로 시작할 수 있을 만큼의 충분한 시간이다.)' 퀘벡 불어에서 동사 *partir* (leave(떠나다), set off(출발하다))는 'set up(시작하다), launch(사업을 시작하다), put into operation(시행하다), start off(착수하다)'라는 의미로 타동적으로 사용되어 질 수 있다(Dulong 1999: 370).

6.3 빈도의 차이

다음의 관용어구는 프랑스 불어와 퀘벡 불어 모두에서 나타나는 두 개의 변이형을 가지고 있다. 첫 번째 예문은 프랑스에서 가장 일반적인 것을 예시하고 있고, 두 번째 예문은 퀘벡에서 가장 일반적인 것을 예시한다.

6.3.1 비 기능적 변이형

1. 형태적 변이형: 다음의 두 가지 예를 보자. "<<[...] le redéploiement pourrait intervenir vendredi ou samedi>>, estimait un haut responsable palestinien *sous couvert d'anonymat*', (『리베라시옹(Libération)』), '<<[...] redeployment could take place on Friday or Saturday>>, was the *anonymous* opinion of a Palestinian leader. (<<[...] 부대는 금요일이나 토요일쯤에 이동 할 것 같다>>는 익명의 팔레스타인 독자의 의견이었다.)' 그리고 "<<[...] il avait tendance à protéger la machine>>, résume

un élu, *sous le couvert de l'anonymat*", (『라프레세(La Presse)』), '<<[...] he tended to protect the machine>>, summed up an elected representative *anonymously*. (<<[...] 그는 그 기계를 지키려고 했다>> 라고 **익명으로** 선출된 대표자가 요약해서 말했다.)' 퀘벡 불어에서 관사를 사용하는 것은 고어 형태이다(Grevisse 1993: 1022, 615).

2. 어휘적 변이형: 다음의 두 가지 예를 보자. "En l'espèce, toute une palanquée de saillies assassines qui ne ménagent ni la chèvre ni le chou, portrait au vitriol d'un tout-info qui *n'est que la partie visible de l'iceberg*, [...]",(『리베라시온(Libération)』), 'The case in point refers to a multitude of aggressive witticisms which please nobody at all and is a type of vitriolic news bulletin that *is only the tip of the iceberg*, [...]. (적절한 사례는 바로 누구도 기쁘게 만들지 않을 매우 지나친 조롱을 말하는 것이며, **단지 빙산의 일각** 이라는 신랄한 뉴스 속보의 한 종류이다, [...])' 그리고 "Et ce *n'est là que la pointe de l'iceberg*, affirme M. Patakflavi, puisque <<la situation n'a cessé de se détériorer depuis>>", (『라프레 세(La Presse)』), 'And it's *only the tip of the iceberg*, according to Mr. Patakflavi, as <<the situation has not ceased to deteriorate ever since>>. (그리고 Mr. Patakflavi에 의하면 <<그 상황은 그 이후로 지 금까지 악화 되고 있다>> 그런데 그것은 **단지 빙산의 일각이다.**)' 퀘 벡 불어에서 *la pointe de l'iceberg* 는 단연 가장 빈번한 변이형인데 비해 프랑스에서는 보편적으로 나타나지 않으며 프랑스에서 가장 빈번한 변이형은 *la partie émergée de l'iceberg* 와 *la partie visible de l'iceberg* 이다.

6.3.2 기능적 변이형

1. 의미적 변이형: 다음의 두 가지 예를 보자. "Ce devrait être la dernière Volvo *"pure lainé"*, les prochains modèles étant appelés à être des hybrides Volvo-Renault, voire Volvo Mitsubishi..."(『르몽드(Le Monde)』),'This should be the last, *true* Volvo, future models being a cross between Volvo and Renault or even Volvo and Mitsubishi ... (최후의 진정한 볼보는 볼보와 르노의 절충형이 되고 심지어 볼보와 미쓰비시의 절충형 정도 되는 미래형 모델이 되어야 한다...)' 그리고 "Aux écoles que fréquentent ses enfants, à l'Université de Moncton où il a fait ses études et à Shippagan d'où vient sa femme, tout le monde pensait qu'il était un Acadien *pure lainé*", (『라프레세(La Presse)』), 'At the schools his children go to, at the University of Moncton where he studied and at Shippagan where his wife comes from, everyone thought he was an Acadian, *born and bred.* (그의 아이들은 학교에 가고, 그는 Moncton 대학에서 공부 했으며 그의 부인은 Shippagan 에서 태어났으며, 모든 사람들은 그가 아카디아 **토박이였다고** 생각했다.)' 프랑스에서 *pure laine* (pure wool(순모))의 첫 번째 의미는 '어떤 것과도 혼합되지 않고 이질적인 성분을 가지지 않는 것'을 뜻한다(*Le Nouveau Petit Robert* 1993: 1823a). 반면에 퀘벡에서 첫 번째 의미는 '오래된 혈통, 문화적으로 융합된, 순종의'라는 뜻이다(Dulong 1999: 297).

2. 통사적 변이형: 다음의 두 가지 예를 보자. "Coup de chapeau en passant à cet éditeur qui, *contre vents et marées* et malgré les deboires de cette forme d'édition, continue de publier à tour de bras des livres de haut niveau sur l'architecture et la ville", (『르몽드(Le Monde)』), 'In

passing, congratulations to the editor who, *come hell or high water* and in spite of the setbacks with this type of publication, has continued to publish dozens of high-quality books on architecture and the town. (말이 난 김에, **어떤 일이 있어도**, 즉, 이런 종류의 출판에 대한 방해에도 불구하고 건축물과 도시에 대한 수십 권의 질 좋은 책을 계속해서 출판해 온 편집자에게 축하 인사하기)' 그리고 "L'argent de poche des amateurs de disques risque fort d'enrichir René, Céline et compagnie aux dépens de tous ces autres braves qui se battent *contre vents et marées* pour réussir dans cette jungle qu'est la musique populaire", (『르솔레이 (Le Soleil)』), 'The pocket money of those who buy records will probably make Rene, Celine and others a lot richer at the expense of other poor people struggling *against all odds* to succeed in this jungle of popular music. (그들의 용돈으로 산 음반들은 대중음악의 세계에서 성공하기 위해 **역경을 딛고** 노력하는 불쌍한 사람들의 희생으로, 결국 René와 Céline 그리고 다른 사람들을 더 부유하게 만들어 줄 것이다.)' 퀘벡에서 그 관용어구는 대개 '모든 장애에 대항하여'라는 뜻을 가지고 있으며, 전치사 *contre* '~와 겨루어'(*se battre, se baganer, lutter*, '싸우다'의 동의어)를 취하는 동사의 보충어로써 사용되는 반면에, 프랑스에서는 지속동사(*s'obstiner* (persist, 지속하다), *rester*(remain, 남아있다), *survivre*(survive, 생존하다))와 함께 '모든 장애에도 불구하고'의 의미를 가지고 부사적으로 사용된다.

7. 결론

일반적인 퀘벡 불어 어휘처럼 퀘벡 불어의 관용어구는 두 가지 경향으로 특징지을 수 있다. 한 가지는 고어 형태와 방언 형태에서 나타나는 보수적인 경향이고, 다른 하나는 형태와 의미 그리고 용법에서 영어 차용어와 신조어를 채택하고 있는 혁신적인 경향이다. 본고에서 다루는 사전은 불어와 퀘벡 관용어구 변이형을 체계적이고 광범위하게 분석한 최초의 대조 사전을 나타낸다. 1990년대의 신문과 잡지들을 자료로 한 신문 잡지 코퍼스에 나타난 항목의 분석은 기존의 사전에 표현되지 않은 형태, 의미, 용법 그리고 빈도 등에서 보여 지는 다양한 차이를 최초로 보여주었다.

이러한 기존의 사전들은 각 관용어구를 독립적이고 전혀 예측 할 수 없는 현상으로 다루는 경향이 있으며, 변이형에 대한 설명을 표준화하지 못하고 있다. 본고에서 제시한 사전은 관용적 변이의 유형학에 기초하여 변이형에 대한 유형학적인 분류를 제공 할 수 있을 것이다. 그 유형학을 변이형의 수집, 자료 분석, 자료 입력의 편집 과정에서 사용하게 된다.

마지막으로, 관용어구의 새로운 사전을 만들기 위해서는 과거의 연구가 개별적인 특성에 초점을 맞추었던 것만큼 관용어구의 체계적인 특성에 대해서도 많은 관심을 가져야 한다. 새로운 기술이 이러한 연구에 많은 도움을 준 것은 사실이지만, 관용어구를 가장 잘 확인할 수 있는 텍스트 읽기나 그 기술을 사용할 때 연구자들이 사용하는 분석력을 대신할 수는 없을 것이다.

■ 참고문헌

DesRusseaux, Pierre. 1990. *Dictionnaire des expression québécoises.* (1980). Quebec: Bibliothèuqe québécoise.

Di Stefano, Giuseppe. 1991. *Dictionnaire des locutions en moyen français.* Bibliothèuqe du moyen français 1. Montreal: CERES.

Dulong, Gaston. 1999. *Dictionnaire des canadianismes.* (1989). Sillery, Quebec: Septentrion.

Grevisse, Maurice. 1993. *Le Bon Usage.* 1936. 13th edition, recast by André Goosse. Paris/Louvain-la-Neuve: Duculot.

Lafleur, Bruno. 1991. *Dictionnaire des locutions idiomatiques françaises.* 1979. Ottawa: Renouveau Pédagogique.

Lefebvre, Claire. 1982. *La syntaxe comparée du françaises standard et populaire: approaches formelles et fonctionnelles.* In: Langues et sociétés. 2 volumes. Quebec: Editeur officiel du Québec.

Martel, Pierre and Hélène Cajolet-Laganière. 1996. *Le Français québécois. Usages, standard et aménagement.* Sainte-Foy, Quebec: Les Presses de l'Université Laval.

Mokienko, Valerij M.1980. *Slavjanskaja frazeologija.* Moscow: Moskva vissaja skola.

Paquot, Annette. 1998. *Les Québécois et leurs mots. Etude sémiologique et sociolinguistique des régionalismes lexicaux au Québec.* Sainte-Foy, Quebec: Les Presses de l'Université Laval.

Poirier, Claude. 1993. Description du lexique et incidence normative. In: AUPELF-UREF (ed.), *Inventaire des usages de la francophonie. nomenclatures et méthodologies,* 47-63. Paris: John Libbey Eurotext.

Rey, Alain and Sophie Chantreau. 1997. *Dictionnaire des expressions et locutions.* 1989. Paris: Dictionnaires Le Robert.

Rey-Debove, Josette and Alain Rey. 1993. *Le Nouveau Petit Robert.* Paris: Dictionnaires Le Robert.

Rodriguez, Liliane. 1984. *Mots d'hier, mots d'aujourd'hui.* Saint-Boniface, Manitoba: Plaines.

역자 박기성(朴基星)
   부산대 영어영문학과 졸업
   미국 뉴욕주립대학(버팔로) 대학원 언어학과 수료(1995 언어학박사)
   부산대 영어영문학과 교수(1996-현재)
   캐나다 University of British Columbia(2007-2008) 언어학과 방문 교수
   번역서 『문법화』(공저) 1999, 한신문화사
         『기능영문법I』(공저) 2002, 박이정
         『기능영문법II』(공저) 2002, 박이정
   연락처 부산대학교 인문대학 영어영문학과 / ksepark@pusan.ac.kr

대조 언어학과 번역학의 코퍼스 기반 방법론 연구

발행일 • 2009년 2월 28일
저자 • Sylviane Granger, Jacques Lerot, Stephanie Petch-Tyson 엮음/역자 • 박기성
발행인 • 이성모/발행처 • 도서출판 동인/등록 • 제1-1599호
주소 • 서울시 종로구 명륜동2가 아남주상복합아파트 118호
TEL • (02) 765-7145, 55/FAX • (02) 765-7165/E-mail • dongin60@chol.com
Homepage • donginbook.co.kr

ISBN 978-89-5506-389-9
정가 20,000원

※ 잘못 만들어진 책은 교환해드립니다.